법조인의 길

KB191919

법조인의 길

발행일   2024년 10월 1일

지은이   서울지방변호사회 회보편집위원회
펴낸이   손형국
펴낸곳   (주)북랩
편집인   선일영   편집   김은수, 배진용, 김현아, 김다빈, 김부경
디자인   이현수, 김민하, 임진형, 안유경, 한수희   제작   박기성, 구성우, 이창영, 배상진
마케팅   김회란, 박진관
출판등록   2004. 12. 1(제2012-000051호)
주소   서울특별시 금천구 가산디지털 1로 168, 우림라이온스밸리 B동 B111호, B113~115호
홈페이지   www.book.co.kr
전화번호   (02)2026-5777   팩스   (02)3159-9637

ISBN   979-11-7224-294-7 03360 (종이책)   979-11-7224-295-4 05360 (전자책)

(주)북랩 성공출판의 파트너
북랩 홈페이지와 패밀리 사이트에서 다양한 출판 솔루션을 만나 보세요!
홈페이지 book.co.kr   ▪ **블로그** blog.naver.com/essaybook   ▪ **출판문의** text@book.co.kr

작가 연락처 문의 ▸ ask.book.co.kr

작가 연락처는 개인정보이므로 북랩에서 알려드릴 수 없습니다.

법과 정의를 향한
변호사 30인의 성장 일기

법조인의 길

서울지방변호사회 회보편집위원회 지음

2023-2024

북랩

발간사

변호사의 역할은 송무와 자문을 넘어 다채롭게 변모하고 있습니다. 이러한 시대상을 반영하듯, 경험과 열정을 두루 갖춘 수많은 변호사가 우리 사회 곳곳에서 힘 있게 활약하고 있습니다. 『법조인의 길』에는 그러한 변호사들의 생생한 경험담과 활동상이 고스란히 담겨 있습니다.

풍부한 경륜을 갖춘 원로·선배 법조인의 조언은 새로운 미래를 준비하는 독자분들의 지혜를 더 풍성하게 만들어 줄 것입니다. 참신한 영역에 도전해 놀라운 성과를 거둔 청년 변호사의 도전 정신은 이 책을 펼치신 모든 분의 용기를 북돋워 줄 것입니다. 이 책에 담긴 인터뷰는 법조계의 테두리에 갇힌 평범하고 뻔한 이야기가 아닙니다. 자신의 영역에서, 새롭게 지평을 넓힌 산뜻한 스토리가 포함돼 있습니다. 모든 국민의 공감대를 얻고, 감동을 주기에 충분하다고 생각합니다.

이 책이 세상에 빛을 보기까지, 서울지방변호사회 소속 회보편집위원회의 보이지 않는 헌신이 있었습니다. 2만여 변호사 회원이 가입한 서울지방변호사회는 명실공히 전국 최대 규모의 변호사회입니다. 서울지방변호사회에서 매달 발행하는 회보는 회원들의 목소리만 대변하는 데 그치지 않고, 사회적 울림이 담긴 소중한 콘텐츠를 발굴해 생산하고 있습니다.

특히 인터뷰에 대한 독자들의 호응이 뜨거웠습니다. 소우주와 같은 인생사를 몇 장의 지면에 다 담기는 어렵습니다. 그러나 소중한 지침이 될 수 있는 메시지가 고스란히 녹아 있습니다. 인터뷰가 진로를 결정하는 데 큰 도움을 주었다는 긍정적인 반응이 넘쳤습니다. 이에 회보 인터뷰만 단행본으로 제작해 더 많은 국민과 나누고 싶다는 요청이 있었고, 서울지방변호사회 집행부는 회보편집위원회의 고민과 계획에 적극 공감하여 단행본 발간에 힘을 실어 주었습니다. 그리고 마침내 이 책을 통하여 뜻깊은 결실을 맺게 되었습니다.

모쪼록『법조인의 길』을 읽으시는 독자 제현께서 삶의 통찰과 유익한 깨달음을 얻게 되기를 간절히 기원합니다. 서울지방변호사회도 독자 여러분의 여로에 도움이 될 수 있도록 함께 최선을 다하겠습니다.

제97대 서울지방변호사회 회장
김정욱 변호사

머리말

서울지방변호사회 회원들을 대변해 온 서울지방변호사회 회보가 첫발을 내딛은 지 어느덧 20여 년의 세월이 흘렀습니다. 회원 여러분들이 직접 나서서 다양한 명사의 목소리를 듣고 기록하면서 달려온 시간이었고, 그동안 적지 않은 옥고(玉稿)가 켜켜이 쌓였고, 이는 누군가의 이정표가 되는 향기로운 발자취로 남았습니다.

이러한 옥고를 통해 만난 인터뷰 대상들의 다양한 사연과 활약상은 많은 분들께 많은 간접 경험과 깊은 통찰력을 얻을 기회를 안겨 주었습니다. 나이와 경력, 성별에 상관없이 각계에서 활동 중인 회원 여러분들의 솔직한 경험담은 매번 신선했고 또 감동적이었기 때문에 도움이 필요하신 독자분들께 믿음직한 길잡이 역할을 했으리라 생각합니다.

지난 4년 동안 회보편집위원회 위원장으로 지내며 뜻깊은 분들과 만나고 그분들의 이야기를 담을 수 있었던 것은 제게도 큰 영광이었습니다. 매월 다채로운 빛깔을 가진 변호사님들의 이야기를 만나고 편집하는 것만으로도 크게 유익하였습니다만, 이제는 더 나아가 회보의 인터뷰 콘텐츠를 더 많은 분들과 공유하고 싶다는 생각이 들었습니다. 원로 법조인의 경륜과 청년 변호사의 열정, 중견 변호사의 지혜가 귀한 인터뷰에 고스란히 담겨 있기 때문입니다.

그러한 마음이 모여 이번에 서울지방변호사회 회보편집위원회에서는 인터뷰만을 따로 묶은 단행본의 출간을 기획하였습니다. 서울지방변호사회 소속 회원들뿐만 아니라, 이 글을 접하는 모든 분들께 도움이 될 수 있으리라는 소박한 기대 때문이었습니다. 각자 자신의 분야에서 치열하게 고민하며 성장한 이야기는 법조계를 넘어 사회 모든 영역에서 깊은 공감대를 형성할 수 있을 것이라고 믿습니다.

　　그간 회보를 통해 인터뷰를 진행했던 모든 분들의 이야기를 담고 싶었습니다만 지면의 한계 때문에 부득이 최근 2년간의 인터뷰만 먼저 추려서 담을 수밖에 없었고, 이 점에 대해서는 못내 아쉬움이 남습니다. 하지만 이번 출간을 계기로 향후 단행본 발간이 지속된다면 언젠가는 미처 담지 못한 인터뷰도 빛을 볼 수 있을 것으로 기대해봅니다.

　　이번 단행본 제작에 힘써 주신 서울지방변호사회 회보편집위원회 위원님들과 공보팀 직원들 그리고 선뜻 출간을 허락해 주신 김정욱 서울지방변호사회 회장님을 비롯한 제97대 집행부 임원분들께도 아울러 깊은 감사의 말씀을 전합니다. 아무쪼록 이 책이 모든 독자 여러분들의 현명한 선택과 판단에 도움이 될 수 있기를 간절히 기원합니다.

서울지방변호사회 회보편집위원회 위원장
조성권 변호사

목차

· Part 1 ·
선배 법조인의 지혜와 조언

· Part 2 ·
변호사들의 열정과 도전

Part 1.

선배 법조인의
지혜와 조언

"전문성과 열정이 최고의 덕목"

'법무법인 세양' 김광훈 변호사

Q. 변호사님에 대한 간단한 소개 부탁드립니다.

저는 경북 영주에서 태어나 중학교까지 영주에서 다니다가 고등학교 때 대구로 진학하였고, 서울대학교 법과대학을 졸업하였습니다. 고향을 떠나 대구와 서울에서 생활한 기간이 훨씬 길었지만 어릴 적 시골에서의 생활이 말씨와 건강, 생각 전반에 바탕이 되고 있다고 말씀드릴 수 있습니다.

Q. 사법시험 제25회, 사법연수원 제15기를 수료하시고 30년이 넘는 기간 동안 변호사로 활동해 오셨는데, 원래부터 변호사가 꿈이셨는지요?

대학을 졸업하던 해인 1983년에 사법시험에 합격하고 연수원 2년과 군 복무 3년을 마친 뒤 1989년부터 변호사로 일해 왔습니다. 연수원에 들어가서 공부하고 법원 실무 수습을 할 때 지도부장님께서 "김 시보는 법원으로 오는 것이 맞는 것 같다."라고 격려해 주서서 나름 연수원에서 열심히 공부하고 법관이 되고자 하는 마음이 있었습니다. 그런데, 당시 연수원 성적 비중이 큰 민사실무 시험에서 쟁점을 달리하는 의견을 제시하는 바람에 법원으로 가지는 못하였습니다. 다른 기관이나 기업, 언론사에 갈 수도 있었는데, 당시 법조 시장의 상황이 곧바로 변호사업계로 진출하는 분위기가 막 형성되고 있어서 고민 끝에 변호사로의 길을 택하게 되었죠.

Q. 다시 청년 김광훈으로 돌아가 진로를 선택하라고 한다면, 그때도 변호사 또는 법조인을 선택하실 건지요?

벌써 34년간 변호사로서 무탈하게 생활하여 왔는데, 참으로 변호사가 천직인 셈이지요. 변호사에게는 전문성이 요구되고, 의뢰인과의 관계를 형성하는 소통 능력, 사건 수임 능력 이런 것들이 필요한데, 주위에서 제가 변호사로 적성에 잘 맞는다는 얘기를 많이 들어 왔습니다. 처음에 법무법인에 소속되어 변호사로서 일을 시작하는데, 제대로 변호사 활동에 적응하기도 전부터 엄청 바빴어요. 그때만 해도 변호사들이 수행하는 사건에 대해 작성하여 제출하는 서면 분량이 지금보다 훨씬 적었어요. 저는 서면을 충실하게 작성하고 열심히 입증 방법을 강구하면서 사건을 수행했던 것 같고, 업무의 성과도 매우 좋았다고 기억이 됩니다.

Q. 현재 '법무법인 세양'의 대표변호사로 일하고 있으신데요, 어떤 과정을 거쳐 '세양'을 설립하셨나요?

변호사 시보 시절에 당시 재야변호사로서 유명하셨던 고 조영황 변호사님 사무실에서 수습 활동을 하게 되었는데, 조 변호사님께서 변호사 활동의 보람과 중요성에 대하여 좋은 말씀을 많이 주셨습니다. 조 변호사님은 변호사로서 활동을 제대로 하려면 적어도 개인 변호사 사무실을 5년 정도는 운영해 보는 것이 필요하다고 하셨어요. 저는 만 30세에 변호사 활동을 시작하였는데, 법무법인 소속변호사 약 5년, 개인 개업변호사 약 5년, 합동법률사무소 약 5년을 차례로 거쳐 2006년에 선배 변호사님과 함께 '법무법인 세양'을 설립하여 현재까지 운영하고 있습니다.

Q. 금융, 파산 및 회생, 지적재산권 분야 업무를 많이 하고 계신 것으로 알고 있습니다. 주된 업무 분야가 어떻게 되시는지, 최근에는 어떤 사건을 많이 하시는지 궁금합니다.

저는 변호사로서 활동하면서 일반 송무뿐 아니라 자문 업무도 중요하고, 전문 분야 업무를 개척하는 것이 매우 중요하다고 생각하였습니다. 제가 지금까지 꾸준히 개척하고 활동한 분야가 말씀하신 금융, 파산 및 회생, 지적재산권 분야라고 할 수 있습니다. 아울러 토지보상 분야도 지속적으로 관심을 기울여 10년이 넘게 한국감정평가사협회 법률고문을 계속하면서 해당 분야 소송과 자문도 열심히 하고 있습니다. 최근 몇 년간 '세양'에서 수행하고 있는 사건 숫자나 비중을 보면 금융 사건, 공기업 사건, 토지보상 사건이 많고, 고문 회사 30여 개에 대한 자문 업무도 많이 수행하고 있습니다.

Q. 변호사 생활 중 가장 기억에 남는 사건이나 경험이 있다면 말씀 부탁드리겠습니다.

짧지 않은 변호사 생활 중 많은 사건의 소송수행과 자문을 해 왔는데, 그중 몇 가지가 특별하게 기억납니다. 가장 먼저 기억나는 사건은 사기단 일당이 제가 쭉 인연을 맺고 자문해 오고 있는 주식회사의 주총회의록 등을 위조하여 대표이사 등 임원진을 전부 해임하고 회사를 탈취한 후 제3의 회사와 합병을 한 사건에서 각종 상사가처분, 합병무효소송 및 형사고소 등을 거쳐 회사를 되찾은 사건입니다. 다음으로는 국방부에서 군부대 부지로 수용한 토지에 대해 토지보상법 규정을 열심히 연구한 후 환매소송을 제기하여 상당 부분 토지를 되찾게 된 사건이 기억납니다. 형사 사건도 꽤 수행하였는데, 제약회사 직원이 업무상횡령죄로 기소된 사건에서 무죄 판결을 받자 그 의뢰인께서 사무실에 와서 떡과 꽃다발을 주시면서 큰절을 하는 바람에 기쁘면서도 당황했던 기억도 납니다.

Q. 서울지방변호사회 재산관리사업회 위원장, 인사위원회 위원장, 재정위원회 위원, 공제신용사업회 위원, 대한변호사협회 이사 등 변호사회의 각종 사무에도 큰 관심을 갖고 참여해 오신 것으로 알고 있습니다. 어떤 계기로 회무를 활발하게 하시게 된 것일지요.

서울지방변호사회는 사회 소수자를 위한 인권 운동, 형사당직변호사, 중소기업고문변호사단 사업 등 다양한 활동을 수행하고 있습니다. 저는 회원으로서 과거 변호사회 주관의 신년교례회 등에 매년 참석하면서 다른 법조 단체와의 관계, 변호사회의 역할과 활동에 대하여 관심을 가지게 되었고, 작은 봉사라도 하고자 하였습니다. 법무법인을 운영하느라 변호사회 상임이사 등을 맡아 좀 더 많이 봉사하지 못한 점에 대해서는 개인적으론 마음 한구석에 빚진 마음과 아쉬움을 크게 가지고 있습니다.

Q. 회무뿐 아니라 중앙행정심판위원회 비상임위원, 법제처 법령해석심의위원회 위원, 전자상거래분쟁조정위원회 조정위원, 콘텐츠분쟁조정위원회 조정위원 등 다양한 사회활동도 많이 하고 계신 것 같습니다. 특별히 지향하는 사회 활동의 방향이 있을지요?

돌이켜 보면, 바쁜 변호사 활동 중에도 법률 분야와 관련이 있는 사회 활동을 나름 열심히 해 온 것 같습니다. 중앙행정심판위원회 위원이나 법령해석심의위원회 위원 활동은 각각 6년씩 했는데, 업무의 중요성이나 전문성을 깊이 하는 측면에서 보람이 컸고, 각종 조정기관 조정위원 업무는 다양한 사회적 갈등 문제에 대하여 변호사로 쌓은 경험과 역량을 발휘하여 소송 외적으로 분쟁 해결을 도모하는 보람된 활동이었다고 생각합니다.

Q. 요즘 변호사 시장이 포화 상태에 달했고, 위기시대라는 말들이 참 많습니다. 오랜 기간 재야 법조계를 지켜 오신 변호사님께서 작금의 문제를 해결하기 위해 후배들이나 변호사회에 주실 수 있는 조언이 있을지요?

변호사 시장의 포화 상태에서의 타개책 내지 직역 확대 문제는 우리 변호사업계가 안고 있는 가장 중요한 문제 중 하나라고 할 수 있습니다. 그 해결을 위해 준법 지원인 제도의 확대 등 제도적인 문제와 아울러 현재 상태에서 변호사들의 적극적인 노력과 활동도 매우 필요하다고 생각합니다. 변호사들의 시장 개척 대상 분야는 무엇보다 중소기업이 되어야 할 것입니다. 우리나라에서 중소기업은 숫자 면에서 전체 기업의 99% 이상이 되고, 몇백만 개나 되는데, 중소기업들은 대기업과 달리 기업활동 중에 법률 수요가 있어도 제대로 된 법률적 조언을 받지 못하고 있는 것이 현실입니다. 개인 변호사들이나 법무법인들은 중소기업을 상대로 시장을 개척하는 적극적인 활동이 꼭 필요한 것으로 생각합니다.

저의 경험으로 보면, 중소업체들이 많이 입주해 있는 집단상가번영회나 집합건물관리단과 무보수나 소액의 고문료를 받는 조건으로 법률고문 계약을 체결하고, 집행부 회의 등에 참석하여 인사를 하고, 변호사의 역할과 활동에 대한 홍보를 하는 활동이 매우 효과가 있었습니다. 변호사사무소 또는 분사무소를 시장 지역이나 지식산업센터 건물 등에 개설하는 것도 적극적인 시장 개척의 방법이 될 수 있을 것입니다. 중소기업이나 상인을 상대로 하는 시장은 무궁무진하다고 생각합니다. 기업들과 고문 계약 1건이 체결되면, 1년간의 고문료뿐만 아니라 최소한 연간 1건 이상의 본안사건 수임이 되어 사무실 운영의 기초가 보장되는 것이라고 볼 수 있거든요.

Q. 변호사로서 가장 중요한 경쟁력이나 갖춰야 할 덕목이 있다면 무엇일까요?

변호사 시장이 포화 상태인 상황에서는 변호사로서 제너럴리스트 (Generalist)가 되기보다는 스페셜리스트(Specialist)가 되어야 할 것이며, 무엇보다 어떤 분야에 종사하든 해내고야 말겠다는 열정이 반드시 필요하다고 생각합니다. 전문성과 열정은 변호사로서 꼭 갖추어야 할 덕목인데, 고객들이 변호사를 선택함에 있어 그 점을 중요하게 생각하고 있다고 보아야 할 것입니다.

Q. 변호사님과 같이 성공적인 개업변호사로 성장하기 위한 팁이 있다면 무엇일까요?

"세상에 공짜는 없다"라는 말이 있지요. 법률 시장의 변화에 맞추어 전문성을 갖추는 데 노력을 아끼지 말아야 할 것입니다. 전문성을 기르기 위해서는 공부를 하거나 해당 분야 자격을 취득해야 하는데, 가장 효과적이고 경제적인 방법은 변호사회에서 진행하는 각종 교육 프로그램 이수라고 생각합니다. 그리고 동아리 활동, 종교 활동, 다양한 사회 활동을 통하여 인적 네트워크를 확대하는 것이 개업변호사로서의 성장에 참 중요하다고 봅니다.

Q. 변호사님은 고등학교 동창회 활동도 열심히 하신 것으로 들었는데요.

예, 지방 출신들이 도시에서 생활하게 되면 친목 도모와 인적 네트워크 확대를 위하여 동창회 활동을 많이 하는데, 저는 2018년부터 2019년까지 2년 동안 대구고등학교 재경총동창회장을 역임하였습니다. 제가 회장으로 있는 동안 모교 야구부가 전국야구대회에서 3차례 우승과 1차례 준우승을 하는 보람이 있었습니다.

Q. 평소 스트레스 관리, 건강 관리 등은 어떻게 하고 계실지요?

변호사의 업무는 어떤 직종에 못지않게 업무상 스트레스가 크다고 볼 수 있습니다. 저는 '공들인 음악이 만드는 세련된 사회'를 모토로 하는 '풍월당'에서 운영하는 클래식 아카데미 CEO 과정에 등록하여 8년째 공부하고 있습니다. 음악이라는 예술 분야에 대한 안목을 키우고, 다양한 인문학 책 읽기를 통하여 보다 나은 교양인이 되고자 노력하고 있습니다.

건강 관리는 헬스 클럽에서 매주 2회씩 꾸준히 PT를 받고 있는데, 건강 유지에 큰 도움이 되고 있습니다.

Q. 지금까지 변호사로 생활하면서 아쉬운 점은 어떤 점이 있나요?

젊은 시기에 해외 연수든 유학이든, 외국어를 좀 더 익힐 수 있는 기회를 놓쳐 버린 것이 아쉽습니다. 다양한 글로벌 업무나 국제 조정

업무를 수행하기 위해서는 외국어 능력이 매우 중요하기 때문에 후배 변호사님들은 처음부터 관심을 가지고 공부할 기회를 놓치지 않았으면 합니다. 또한 변호사로서 생활하면서 공부하거나 수행한 다양한 업무 자료나 사람과의 관계를 좀 더 체계적으로 보관하고 기록해 두지 못한 것도 아쉽습니다. 그런 자료들을 모아서 주제나 시기별로 정리해 두면, 인생의 소중한 기록으로 남을 수 있기 때문입니다.

Q. 자녀분들 중 법조인의 길을 걷고 있는 자녀분이 있나요?

딸과 아들 남매가 있습니다. 첫째인 딸은 애초부터 법조인이 되고자 하는 생각이 없어 경영학 쪽을 공부하였는데 현재는 관세사로서 관세법인에 근무하고 있고, 둘째인 아들은 로스쿨을 나와 올해부터 다른 법무법인의 금융그룹에 소속되어 막 변호사의 길을 걷기 시작하였습니다.

Q. 변호사 김광훈으로서 앞으로의 계획이 어떠신지 궁금합니다.

기초 체력이 좋아서 아직은 건강상 변호사 활동을 하기에 큰 지장은 없습니다. 제가 없더라도 '법무법인 세양'이 차질 없이 운영되도록 팀별로 역량과 고객 확보를 할 수 있는 시스템을 구축하고자 합니다. 그리고 기회가 되면 의료인, 세무 전문가 등과 협업하여 주변 사람들

의 건강, 상속, 세무 문제에 대하여 상담하고 봉사하는 활동을 하고
자 하는 작은 꿈을 가지고 있습니다.

**Q. 마지막으로, 서울지방변호사회 회원분들께 전하고 싶으신 말씀이 있다면
부탁드리겠습니다.**

우리 회원분들은 우리 사회에서 최고의 자질을 가지고 있는 분들이
고, 신분과 활동에 대해 인정받고 있습니다. 늘 변호사로서의 자부심
과 명예를 잊지 않고 활동하여 사회의 각 분야에서 중요한 역할을 하
시기를 기원합니다. 변호사회 회무 활동도 적극적으로 하시기를 권유
드립니다. 반드시 보람 있는 활동이 될 것입니다.

"스스로 판단하고 설득할 수 있는 커뮤니케이션 스킬과 판단력 배양을"

'HYBE' 정진수 변호사

Q. 변호사님에 대한 간단한 소개 부탁드립니다.

내세울 것은 없지만 법대와 연수원을 나와서 법무관을 마치고 바로 로펌에 들어가서 변호사 업무를 시작했습니다. 그 로펌에서 한 15년 정도 일을 하다가 '엔씨소프트(이하 '엔씨')'라는 사기업으로 옮겨서 한 11년 정도 일을 하다가, 지금은 '하이브'라는 기업에서 업무를 하고 있습니다.

Q. 1997년 '김앤장 법률사무소(이하 '김앤장')'에서 본격적인 법조 커리어를 시작하셨습니다. 변호사, '김앤장'을 선택하신 특별한 이유가 있으신가요?

당시에는 '국제변호사'라는 말이 아주 유명했습니다. 어머니께서 관련 기사가 나오면 스크랩도 해 주시고, "할 거면 그런 걸 한번 해 봐라"라고 이야기도 하셔서 변호사 업무에 관심을 가졌습니다. 저희 때만 해도 법원 6개월, 검찰 4개월 시보를 했는데, 법원은 너무 심심했고 검찰은 재미는 있었지만, 시보 경험이면 충분하겠다고 생각했습니다. 판사처럼 중간에 서서 판단하기보다는 어느 한쪽 편에 서서 일을 하는 게 저에게 더 맞을 것 같다는 생각도 들어서 큰 고민 없이 진로를 정했습니다.

Q. 1997년부터 IMF 외환위기를 겪으며 인바운드 M&A 딜이 폭발적으로 증가했습니다. 당시 분위기는 어땠나요?

제가 '김앤장'에 합류했을 당시에는 100명이 안 되는 규모였습니다. 지금 규모에 비하면 정말 가족적이었죠. 많은 대형 로펌들이 그때 도약을 했죠. 인바운드 M&A 직전에도 도산 사건들이 매우 많았어요. 1~2년 차 때부터 호텔 방에 들어가서 집중적으로 일을 많이 했습니다. 변호사가 들락날락하면 회사가 위험하다는 소문이 나니 보안이 굉장히 강조되던 시절입니다. 바쁘게 일을 하기도 했지만, 도산 관련 일을 하는 것은 매우 마음 아픈 일이었습니다. 당시는 평생직장 개념이 보편적이었는데, 많은 사람이 옷을 벗을 수밖에 없는 상황에서 관계자들로부터 회사가 어려워진 이야기를 듣는 것은 정말 힘든 일이었습니다. 그래도 IMF라는 상황이 빨리 극복됐다는 것은 모든 사람에게 다행이지 않았을까 하는 생각은 합니다.

Q. '김앤장'에서는 주로 어떤 일을 많이 하셨습니까?

다양한 일을 했습니다. 1년 차 때부터 도산 관련 일을 하고, 그다음에는 지식재산권 관련 일들도 하고, 듀 딜리전스(due diligence, 실사)부터 계약까지, M&A 일도 많이 했습니다. 나중에 연차가 올라가면서는 화이트칼라 형사 사건들도 많이 했습니다.

Q. 가장 기억에 남는 일이 있다면 무엇인가요?

여러 명의 회장님의 접견을 한 점이 가장 기억에 남아요. 회장님들을 접견하면서 물론 회사 관련 이야기도 들었지만, 살아오신 삶의 이야기들도 많이 해 주셨어요. 지금까지 어떤 마음과 의지로 기업을 경영해 왔는지 같은 이야기를 들으면서 대단하다는 생각을 많이 했습니다. 드라마 〈재벌집 막내아들〉 같은 것을 보면 재벌이 굉장히 이기적인 모습으로 비치기도 하는데, 저는 그분들로부터 이 사회에 대한 강한 책임감 같은 부분도 많이 느꼈습니다. 단순히 개인적인 욕심을 채우기 위해서라고만은 설명할 수 없는 다른 부분이 많이 있다는 것을 느꼈습니다.

Q. '김앤장'에서 약 15년 재직하시다가 2011년 '엔씨'에 합류하셨습니다. 어떤 인연 혹은 계기였습니까?

당시 제가 40대 초반이었는데, 그때 커리어 전환을 안 하면 평생 '김앤장'에 있을 것 같다는 생각이 들었어요. 마침 저랑 가까운 선배님이 '기업에 가서 사내변호사를 해 보는 건 어떻겠냐?'는 이야기를 해 주셨어요. 그전까지는 전혀 생각이 없었는데, 그 말을 들으니 '내가 한번 직접 뛰어들어서 좋은 회사를 만드는 데 기여를 하는 것은 어떨까'라는 고민을 하기 시작했습니다. 기업에 있는 분들과 함께 일했던 경험도 영향을 미쳤던 것 같습니다. 6개월 정도 고민하다가 한번 도전해 보자고 결정했습니다. 저는 일단 결정하면 별로 뒤돌아보거나 후회하는 스타일은 아닙니다. 그래서 결정하고 그냥 갔죠.

Q. 큰 결정이었을 것으로 생각하는데, 주변 반대는 없었나요?

'어차피 이건 나의 결정이다'라고 생각했습니다. 제가 '김앤장'을 선택했을 때는 굳이 왜 로펌을 가냐는 시선도 많았고, 저희 장모님은 "내 친구들은 '김앤장' 모른다"라고 하시면서 되게 섭섭해하셨었거든요.

우리 집사람도 '여태까지 매일 주말도 없이 나가서 일하고 고생했으면서, 왜 갑자기 또 새로운 것을 하려고 하냐'면서 반대했는데, 새로운 커리어 전환을 할 타이밍이라고 잘 설득했습니다.

'김앤장'에서 친했던 선후배들한테 "저 여기 그만두고 '엔씨'에 가기로 결정했습니다."라고 이야기했을 때 다들 굉장히 놀랐죠. '삼성전자'나 '현대자동차'도 아니고 게임 업체로 간다고 하니까요. 제가 꼬셔서 '김앤장'에 데려온 후배들로부터 '아니, 우리를 잡아 모아 두고 뭐 하는 겁니까'라는 이야기를 듣기도 했죠(웃음).

변호사는 로펌에서 일해도, 회사에서 일해도 변호사라고 생각합니다. 내가 뭔가 기여를 하고 더 큰 역할을 할 수 있으면 모두 의미가 있다고 생각하면서 이직을 했습니다.

Q. '엔씨'에서 11년을 계셨습니다. 2011년 CLO(전무)로 합류하셔서 약 4년 동
안 '엔씨'의 법무 기능을 강화하고, 법 제도적 절차 정립, 보호 및 관리 업무
를 주도한 것으로 평가받고 계신데, 처음 합류하셨을 때 '엔씨'는 어떠셨나
요?

제가 합류하기 전까지 미국 변호사가 리걸 담당자였고, 그 아래 법
무팀은 있었지만 변호사는 없었습니다. 제가 최초의 변호사로 합류했
고, 나올 때는 법무팀 전원이 다 변호사로 바뀌었습니다.

Q. 회사의 CLO 업무는 로펌의 변호사 업무와 어떤 점이 달랐습니까?

로펌 변호사로 일할 때는 전문화를 키워 나가는 쪽에 좀 더 포커스
를 두었다면, 사내변호사는 'General Counsel'이라는 말처럼 이슈들
을 빠르게 캐치해서 솔루션도 찾으니 시야가 더 넓어진 느낌이 있었
습니다.
또 로펌은 클라이언트가 일을 가져와야 그 일을 하고, 내가 그 일이
좋아도 클라이언트가 돈을 적게 주거나 하는 경우에는 일정 지점을
넘어서 일을 하면 안 되는 경우도 있었는데, 기업에서는 원하는 이슈
에 관해서 굉장히 깊게 파고들 수 있는 부분이 재미가 있더라고요.

Q. 사내에 완벽하게 적응하셨던 노하우를 부탁드립니다.

저도 시행착오를 겪었을 것입니다만, 로펌에 있으면서 기업에 계신 분들과 대화를 할 기회가 많다 보니 '우리가 변호사 자격증을 갖고 일을 하지만, 기업에 계신 분들도 본인 분야에서 열심히 자기 인생을 걸어와 성공한 사람들이기 때문에 그분들에 대한 리스펙트를 가져야 한다'라는 생각을 했던 것 같습니다.

같이 일을 한다는 것은 알게 모르게 서로의 내공을 겨루어 보는 것입니다. 일을 해 보면 기업에도 굉장히 똑똑한 분들이 많습니다. 그래서 한국 기업들이 잘되는 것이겠지요. 저도 '엔씨'에 합류해서 타 부서 임원들에 대해서도 충분히 리스펙트하고, 공감했던 것 같습니다. 나만 잘났다는 독불장군식 태도는 기업에서는 특히 안 좋은 것 같습니다. 내부에 적을 만들게 되죠. 조직을 키우기 위해서는 예산도 따오고 인원 TO도 따와야 하는데, 이럴 때 다들 저를 안 좋아하면 곤란하지요. '세상에 나만 잘난 게 아니다'라는 것을 알고, 많이 조심했던 것 같습니다.

Q. 2015년부터는 회사 운영 전반을 맡아 최고운영책임자(COO, 회사운영총괄부사장)로 활동하셨습니다. 단순히 법무 영역을 넘어 감사, 홍보, 대관 등 대외 업무를 총괄하신 건데요, 2020년부터는 수석부사장으로, 윤재수 부사장 퇴사 이후로는 재무, IR 등 CFO 역할까지 대행하시면서 사실상 전문경영인 역할을 하신 것으로 평가받고 계십니다. 어떤 업무가 가장 재미있으셨나요?

HR(인사) 업무가 굉장히 어렵고 중요하다는 생각이 들었습니다. 기업에서 성과를 평가하고 인사에 관한 논의와 의사 결정을 하는 과정은 굉장히 중요하지만 어렵습니다. 인사 자체가 사내에 주는 메시지도 있으니 더욱 어렵습니다.

Q. 변호사님의 차별적인 강점은 무엇이라고 생각하시나요?

평범한 것이 제 차별성이 아닐까요(웃음). 굳이 이야기하자면 저보다 훌륭한 분이 항상 많다는 것을 삶의 전제로 삼고, 스펀지처럼 그분들의 장점을 많이 흡수하자는 마인드로 살아왔던 것 같습니다.

Q. 성공하는 게임과 그렇지 않은 게임의 차이는 무엇일까요?

좋은 게임을 개발하는 것이 제일 중요하지만, 어떻게 운영하느냐가 롱런 여부를 결정합니다. 유저들은 너무 레벨이 쉽게 올라도 재미없다고 하고, 너무 어렵게 해도 못 하겠다고 하니 적절한 수준으로 레벨링을 하는 작업이 굉장히 어렵습니다. 잘되는 게임과 도태되는 게임은 이렇게 결정이 되는 것 같습니다.

Q. 국가별 게임 문화 차이도 있을 것 같습니다.

한국이나 중국 사람들은 도박적 요소를 즐기고 좋아합니다. 그리고 비용을 지불해서 어느 정도 쉽게 레벨이 오르는 부분이 있어도 받아들이는 편인 데 반해 미국 사람들은 이런 부분을 굉장히 싫어합니다. 미국 사람들은 시간을 투자하거나 자기가 잘한 부분을 인정하지만 소위 돈을 내고 쉽게 하는 것은 반칙이라고 생각하는 것이지요. 그러다 보니 우리나라에서 성공한 게임이라도 서양에서도 성공하기가 쉽지가 않습니다.

Q. 2022년 '하이브'에 합류하셨는데, 계기가 궁금합니다.

'엔씨'에 그만두겠다고 이야기를 하고 언제쯤 일을 다시 시작할까 하는 고민을 할 때 '하이브'의 박지원 대표로부터 연락을 받았습니다. 2015년 '엔씨'와 '넥슨' 사이 일종의 경영권 분쟁이 있었습니다. 당시 박지원 대표가 '넥슨 코리아' 대표로 카운터 파티였는데, 서로 예의를 지키고 나이스하게 업무를 했던 경험이 있습니다. '하이브'에 와서 할 일이 많을 것 같은데 같이 볼 생각이 있냐고 하셨는데, 엔터테인먼트 회사에 가서 일하는 것도 재미있을 것 같아 쉽게 결정했습니다. 사실 좀 더 쉬고 싶었는데, 일이 많으니 빨리 나오라고 해서 4개월 쉬고 출근했습니다.

Q. 사내에 계신 후배들에게 해 주고 싶은 말씀이 있으신가요.

적극적으로 생활하시면 좋을 것 같습니다. 요즘 후배님들은 재직하던 회사에서 3~4년 근무하시고 다른 회사로 자리를 옮기기도 하는데, 저는 이직을 나쁘다고 생각하지는 않습니다. 다만, "내가 과연 이 회사에서 어떤 큰 목표를 갖고 최선을 다했는가"라는 고민은 할 필요가 있다고 생각합니다. 회사는 미시적으로 일하자고 보면 한없이 미시적으로 일할 수 있는 곳입니다. 하지만 깊이 있게 공부하고자 하면 찬스가 굉장히 많습니다. 여러 부서에서 온갖 리스크를 다 가져다주니까요. 이런 부분에서의 노력을 연차가 낮을 때일수록 더 많이 하면 좋지 않을까 하는 생각을 합니다.

Q. 기업에서 법조인은 어떤 역할을 해야 한다고 보시나요?

할 말이 있으면 하는 것이 변호사들의 장점입니다. 변호사의 가장 좋은 점은 연차가 올라갈수록 자기가 판단해서 결정하고 의견을 내는 상황이 많아진다는 것입니다. 이걸 회피하기 시작하면 훈련이 안 됩니다. 결정적인 상황이 왔을 때도 남의 눈치를 보게 되고, 의견을 못 내게 되는 것이죠. 사내 정치라는 것도 있긴 하겠지만, 변호사라면 필요 이상으로 눈치를 보면 안 됩니다. 설령 정답이 아닐지 몰라도 선명한 의견을 적극적으로 낼 수 있어야 합니다.

그리고 변호사는 그 의견을 조리 있게 커뮤니케이션할 수 있는 능력을 갖추고 있습니다. 기업에서도 이런 장점을 많이 활용하셔야 합니다. 위에다가 말할 수 없을 때에는 조직 내에서 말할 수 있고, 상사와 함께 회의를 하거나 메일을 보낼 때 "내가 리서치한 결과를 볼 때 이런 것 같다"라고 할 수 있어야 합니다. 상사나 회사가 그 의견을 쓰든 말든, 법조인으로서 의견을 항상 갖고 있어야 해요. 속으로 아무 말 못 하고 끌려가면 안 되죠. 시간이 지나면 리서치는 AI가 훨씬 더 잘할 텐데, 우리가 할 수 있는 것은 결국 판단 능력이라고 생각합니다. 스스로 판단하고 그 판단을 설득하는 훈련이 중요합니다.

물론 사내에는 강한 법무를 견제하는 조직들도 있을 수 있고 그렇다 보면 위축될 수도 있지요. 그렇지만 변호사는 뚫고 나가려는 노력을 의식적으로 좀 하셔야 할 필요가 있습니다.

Q. 법조인이 아닌 인간 정진수를 한마디로 표현한다면?

부족함이 너무 많지만, "남에게 뭔가 도움이 되는 사람이 되자"는 신조로 살고 있습니다. 제 수준에서 할 수 있는 덕을 베풀고 좋은 일을 하면서 살면, 제 아들이 됐든 손주가 됐든 언젠가는 다 돌아오지 않을까 하는 막연함 믿음을 중요하게 생각하면서 살고 있습니다.

Q. 변호사님의 삶에 가장 큰 영향을 준 인물과 그 이유가 궁금합니다.

어머니입니다. 저희 어머니가 제 성격을 잘 알아서 "교만하지 말아라. 겸손해라" 이런 말씀을 항상 많이 해 주셨습니다. 작년에 암 진단을 받으시고 두 달 후에 돌아가셨는데, 저희 아이들 생일 때마다 직접 손으로 글을 써서 주시는 감성이 있으셨어요. 삶을 살아가는 자세를 어머님께 배웠고, 많이 존경했습니다.

Q. 앞으로 꼭 이루고자 하는 것이 있으시다면 무엇일까요?

세계에서 성공하는 한국 기업의 탄생에 일조하고 싶습니다. 사실 미국 기업의 한국 지사 사람들은 말을 너무 잘 듣습니다. 물론 그쪽의 보고, 관리, 평가 시스템이 잘 되어 있기도 합니다. 그런데 반대로 한국 회사들이 미국 지사를 하려고 하면 미국 직원들이 말을 별로 잘 안 듣습니다. 저는 이런 부분이 정말 속상해요. 한국 회사들이 글로벌 무대로 나가서 지금 미국 회사가 각국의 지사에 호령하는 것처럼 할 수 있는, 그런 멋진 기업이 하나 좀 나오면 좋겠고, 그게 '하이브'가 될지는 모르겠지만 그런 기업이 탄생하는 데 일조하고 싶습니다.

Q. 다시 태어나신다면, 그때도 법조인이 되실 건가요?

예, 저는 변호사라는 직업이 너무 좋습니다.

Q. 슬하에 2남을 두신 것으로 알고 있는데, 자녀분들에게 법조인이라는 직업을 권하셨습니까?

둘 다 이과생입니다. 저 개인적으로는 변호사를 하겠다고 하면 되게 좋았을 텐데, 아무래도 아들들이 어렸을 때 제가 '김앤장'에서 일하는 것을 보면서 변호사는 하면 안 되는 것 같다고 생각을 했는지 다 이과로 진출했습니다(웃음).

Q. 시간 터널을 발견해서 3년 차 정진수 법무관을 딱 5분 동안 만날 수 있다면, 어떤 이야기를 해 주실 건가요?

하루하루 더 성실하게 살아야 한다. 특히 영어, 일어 공부를 더 열심히 해라.

Q. 법조인의 삶을 시작하는 후배 변호사들에게 조언 한마디 부탁드립니다.

변호사 숫자가 많아지면서 법조 시장이 힘들어졌습니다. 그렇지만 변호사 업무라는 본질 자체가 달라진 건 없습니다. 본질은 결국 정리된 생각을 바탕으로 자기 의견을 갖고, 그 의견을 조리 있게 전달할 수 있는 커뮤니케이션 스킬, 나아가 판단력을 갖는 것들이죠.

변호사의 리걸 트레이닝 과정에서 이런 부분이 굉장히 발달할 수밖에 없습니다. 대한민국 어느 분야에 계신 분들과 견주어도 우리가 가장 잘할 수 있는 강점입니다. 본질을 갖추면 나중에 기업에서도, 공직에서도 역할을 할 수 있습니다. 미국의 많은 변호사가 그렇듯 변호사라는 백그라운드를 바탕으로 다양하고 많은 도전을 할 수 있게 될 것이라고 생각합니다.

"현상에 얽매이지 않는 창의적 해법이 중요"

'법무법인(유) 바른' 박기태 변호사

Q. 변호사님에 대한 간단한 소개 부탁드립니다.

서울대학교 법과대학 및 미국 Columbia Law School(LL. M.)을 졸업하였고, 행정고시와 사법시험 양 과에 모두 합격하였으며, 현재 '법무법인(유) 바른'의 대표변호사로서 M&A, SOC 및 부동산개발프로젝트, 관세 및 통상 사건 등을 주된 업무로 하고 있습니다.

Q. 1980년 제24회 행정고시에 합격하시고, 2년 후인 1982년 연이어 사법시험에 합격하셨습니다. 공부 과정에서 노하우나 에피소드가 있으셨을 것 같습니다.

중학교, 고등학교, 대학교를 함께 다닌 오랜 친구인 한위수 변호사('법무법인(유) 태평양', 연 12기)를 비롯해 제가 넘볼 수 없는 공부의 신 같은 특출난 친구들이 늘 주변에 있어서 특별히 공부에 대한 노하우나 자질이 있다고 생각해 본 적이 없습니다. 그 친구들은 머리도 비상했을 뿐만 아니라 노력도 아주 남달랐거든요. 제가 게을러지고 공부하기 싫어질 때는 그런 친구들을 생각했습니다. 내가 이렇게 노는 동안 그 친구들은 훨씬 열심히 할 것이라고 생각하면서 긍정적 자극을 받고 스스로를 통제하며, 집중력과 지구력을 유지할 수 있었던 것 같습니다.

Q. 법학 전공자로서 행시에 먼저 도전하시게 된 계기가 궁금합니다.

공무원이셨던 선친의 영향이었습니다. 아버지가 도시 계획부터 시작해서 행정부에 관한 여러 일들을 이야기해 주셨습니다. 법과대학에 다녔지만, 행정고시도 법 과목을 기본으로 하고 있었기 때문에 공부하는 것은 크게 어렵지 않겠다고 생각해서 도전하게 되었는데, 운이 좋게 합격했지요.

Q. 군법무관을 마치시고 1988년 법무법인 '김신&유(이하 '김신유')'에서 본격적인 법조 커리어를 시작하셨습니다. 선행 인터뷰에서는 '사법시험에 합격한 후 로펌에 들어오게 된 이유도 해외 유학 기회 등 국제 감각을 키울 기회가 많아 보였기 때문'이라는 취지로 말씀하셨는데, 로펌을 선택하신 특별한 이유가 있으셨나요?

제가 그 당시에 결혼을 일찍 했어요. 그러다 운명처럼 '김신유'라는 곳을 알게 되었는데, 해외 관련 업무를 많이 하고 유학도 보내 준다고 하며, 급여도 괜찮아서 지원을 해서 합격했습니다.

Q. 법원이나 검찰, 다른 커리어에 대한 생각은 없으셨습니까?

역시 선친의 영향이었는지 모르겠지만, 사실 저는 행정부로 가고 싶은 마음이 있었습니다. 행시 합격 후 일정 기간 연수원 입소 유예가 가능해서 '김신유' 입사 후 대표님께 말씀드린 적도 있었습니다. 그런데 대표님께서 '변호사를 열심히 해라'라고 하셔서 지금까지 계속 로펌에 있습니다(웃음). 누구나 그렇겠지만 가 보지 않은 길에 대한 궁금함이나 아쉬움 같은 것은 어느 정도 있습니다. 행시가 되어서 더욱 그럴 수도 있고요. 그렇지만 행시에 합격했기 때문에 변호사를 하면서도 여러 가지 덕을 보았습니다. 중요한 대관 업무를 많이 경험할 수 있었지요.

Q. '김신유'는 섭외 사건으로 유명한 1세대 로펌입니다. 당시 분위기는 어땠나요?

한마디로 일이 넘쳐났습니다. 이 일을 전부 감당할 수 있을까 싶을 정도로 일이 쏟아졌습니다. 사건 수가 많기도 했고, 집중적으로 진행되는 경우들이 많았습니다. 아침부터 내부 회의를 시작하고, 이후에 협상을 합니다. 협상을 하면서 점심에 잠시 쉬고 오후에 또 협상을 합니다. 그리고 저녁때 돌아와서 그날 일한 것을 정리하고 검토한 후에, 계약서 수정안을 준비합니다. 코멘트도 달고 하다 보면 새벽이 되지요. 그리고 다음 날, 또 오전 9시에 회의가 이어지는 그런 나날이었습니다. 아무래도 외국에서 사람들이 오니까 집중적으로 일을 하고 가려고 했지요. 호텔에서 계속 일하면서, 잠은 몇 시간 못 잤죠. 다 같이 팀 단위로 일하다 보니 나중에는 일종의 전우애 같은 것이 생기더군요.

Q. 당시에는 로펌 규모가 지금처럼 크지 않았던 것 같습니다.

'김신유'에 국내외 변호사가 20명 정도로 가족적인 분위기였지요. 당시 다른 로펌들도 그리 규모가 크지는 않았습니다만, 그 후 경영자의 선택이나 구성원들의 역량 등에 따라 지금은 많이 달라졌지요. 일반 기업도 마찬가지지만 규모를 키워 확장하는 길과 적절한 규모를 유지하면서 알차게 운영하는 길이 있는데, 그때그때 상황에 따라 구성원들이 결정해야 하고, 계속해서 고민해야 할 문제입니다.

Q. '김신유'에서 약 17년 동안 재직하시다가 2005년 법무'법인(유) 바른(이하 '바른')'에 합류하셨습니다. 어떤 인연 혹은 계기였나요?

당시 송무 분야의 강자로 자리 잡은 '바른'이 자문 역량 강화를 추진하던 중이었는데, '바른'의 창업 멤버이자 연수원 동기인 강훈 변호사님과의 인연으로 합류하게 되었습니다.

Q. '바른'은 어떤 회사인가요?

작명을 참 잘했다고 생각합니다. 제가 만난 바른 변호사님들은 실력도 실력이지만, 겸손하고 예의가 바른 분들이셨습니다. '바른'이라는 이름이 영향을 미쳤다고 생각합니다. 저 역시도 고객에게 명함을

드리거나 사무실에 출근하면서 '바른' 두 글자를 항상 접하는데, 회사
가 좋은 명성을 획득하고 유지할 수 있도록 한 이유 중 하나라고 봅
니다.

Q. 변호사 생활 중 기억에 남는 순간이나 사건이 있다면 무엇일까요?

군대와 결혼을 제외하고, 2017년도에 변호사회 회무를 경험한 일이
가장 결정적인 순간입니다. 부끄러운 일이지만 그 이전까지는 로펌 변
호사라는 좁은 동네를 벗어난 적이 없었습니다. 로펌 변호사는 회사
에 기여를 해야 하고 밤낮없이 일을 하지만, 어디까지나 의뢰인과 나
를 위한 일입니다. 회무는 나를 위한 업무는 아니지만 우리 변호사들
에게 미치는 영향이 아주 지대한 공적인 업무입니다.

사실 일반 변호사들이 변협이나 지방회가 어떤 일을 하는지, 왜 선
거를 하는지 잘 모릅니다. 저도 해 보기 전까지는 몰랐고요. 그런데
들어가서 회무를 해 보니 시간을 내고 싶지 않아도 부득이 시간을 낼
수밖에 없고, 또 자발적으로 시간을 내야 되겠다는 생각이 들 정도로
중요한 업무들이 너무 많았습니다. 단순히 보람을 느꼈다고만 하기에
는 표현이 안 될 정도로 변호사로서 새로운 세상을 보았습니다.

Q. 법조인이 아닌 인간 박기태를 한마디로 표현한다면?

'역지사지', 상대방을 배려하는 사람. 사실 법조인 박기태와 별 차이가 없는 사람일 것으로 생각합니다. 어릴 적부터 아버지로부터 상대를 배려하고, 인내심을 가져야 한다는 말씀을 들었습니다. 변호사 일이라는 것도 결국 대립과 분열 상황을 바꾸어 분쟁을 해결하고 화해하며 통합하는 것으로 생각합니다.

Q. 평소 하시는 운동이 있으신가요?

산책을 많이 합니다. 험한 산은 아니지만 산행을 좋아합니다.

Q. 변호사님의 삶에 가장 큰 영향을 준 인물과 그 이유는 무엇인가요?

부모님을 제외하고는 '김신유'의 김진억 대표님이십니다. 변호사로서 기본자세를 가르쳐 주셨어요. 연수원 시보에게도 '시보 영감'이라고 불러 주던 특권 의식 가득하던 시절에 변호사업은 결국 서비스업이라는 점을 알려 주셨어요. 변호사업은 고객이 원하는 니즈를 파악하고, 그에 맞는 서비스를 제공하는 일이라는 것이죠. 또, 변호사로서의 용기를 주셨습니다. 투자 업무를 하다 보면 처음 보는 특별법 검토를 해야합니다. 해석이 쉽지가 않을 때가 많지요. 그럴 때 힘들다는 취지로 이야기하면, '변호사가 해결하지 못하는 법률 문제는 없다. 네가 다 할 수 있다. 일본 판례건, 뭐든 다 찾아서 해결할 수 있다.'라고 용기를 주셨습니다. 제가 평생의 스승이라 생각하는 분입니다.

Q. 앞으로 꼭 이루고자 하는 것이 있으시다면 무엇이 있을까요?

혜택을 많이 받은 사람이니, 그 고마움을 어떻게 환원해야 할지 고민 중입니다.

Q. 변호사님께서 가장 큰 성취감을 느끼는 순간은 언제입니까?

미국에서 골프를 처음 배웠는데, 그 사부에게 '오늘 골프 잘 치셨습니까?'라고 여쭤보면 스코어와 관계없이 '어떤 상황에서 내가 어떻게 쳤더니 그대로 딱 되었다. 그래서 기분 좋은 날이야.'라고 말씀해 주셨어요. 성취감이라는 것이 다른 큰 것이 아니라 결국 내가 하려고 준비하고, 노력했던 것이 그대로 이루어지면 큰 성취감을 느끼는 것 같습니다. 소송도, 협상도 같습니다. 중간중간 임기응변과 수정도 필요하겠지만, 큰 그림은 초반에 전부 그려 두는 것이 맞다고 생각합니다. 증거를 언제 넣을지, 주장을 언제 할지 계획을 전부 세워 두었는데, 예상대로 진행되어 승소하였을 때의 성취감이 변호사로서 가장 큰 성취감이 아닐까 생각합니다.

Q. 다시 태어나신다면, 그때도 법조인이 되실 건가요?

물론입니다. 법조인의 업무는 법률이나 판례 등에 기초하는 것이지만 그것에 단지 얽매이기보다는 여러 사회적 현상 등을 감안하여 보다 합리적인 해법을 찾아내는, 매우 창의적일 뿐만 아니라 보람 있는 일이라고 생각합니다.

Q. 시간 터널을 발견해서 3년 차 박기태 법무관을 딱 5분 동안 만날 수 있다면, 어떤 이야기를 해 주실지요?

군 생활을 잘 활용해서 어학 공부를 하라는 이야기를 해 주고 싶습니다. 영어든 불어든, 그냥 읽고 쓰는 정도가 아니라 대화를 열심히 하라고 이야기해 주고 싶습니다. 외국인과 대화할 수 있다는 것은 그 상대방을 알 수 있다는 것이죠. 결국 외국어로 소통할 수 있다는 것은 무한한 자유를 얻는 것입니다.

Q. 법조인으로서의 삶을 시작하는 후배 변호사들에게 조언 한마디 부탁드립니다.

제가 선배들로부터 들었던 이야기를 해 주고 싶습니다. 우리 후배님들이 로스쿨에 들어가서 변시에 합격하는 그 어려운 관문을 통과했다는 것은 대한민국 최고의 인재라는 것입니다. 일부 본인이 뜻한 것을 이루지 못하고 만족하지 못하는 상황이 있을 수도 있지만, 변호사로서 할 수 있는 활동 영역은 굉장히 넓으니 변호사로서의 자신감과 자부심을 가지고 어떤 일이건 부딪쳐서 해결하고 헤쳐 나가면 좋겠습니다. 멀리 내다보고 긴 호흡으로 승부를 보면 노력의 대가를 반드시 얻을 것이라는 말씀을 드리고 싶습니다.

"도전, 배움의 자세로
어려움을 헤쳐 나가야"

김소영 변호사(전 대법관)

Q. 변호사님에 대한 간단한 소개를 부탁드립니다.

저는 1990년부터 22년간 법관으로 재직한 후, 2012년에 여성으로서는 4번째로 대법관에 임명되었습니다. 2017년에는 법원행정처장을 겸임하고, 2018년에 대법관으로서의 6년 임기를 마친 뒤 퇴임하였습니다. 그리고 2020년 말 변호사로 등록하여 현재는 '김앤장' 법률사무소에서 송무 업무 외에도 법률문화연구소 소장과 '재단법인 나은'의 이사장을 맡고 있습니다.

Q. 1990년에 판사로 법조인으로서의 첫발을 내딛으셨습니다. 특별히 법관을 선택하신 이유가 있으신가요?

부친께서 20년 이상을 검사로 지내셨는데요, 검사로 지내시는 동안 억울한 사람이 생기지 않도록 최선을 다하시는 모습을 지켜보면서 저는 판사나 검사가 되고 싶다는 꿈을 가지게 되었습니다. 왜 검사가 아니라 판사가 되기로 결정한 것이라고 물으신다면 억울한 사람이 없도록 최종적으로 판단하는 것은 판사라고 생각했기 때문입니다.

Q. 바람직한 판사는 어떤 모습이어야 한다고 생각하시나요?

법관은 대부분이 사실심 법관인데요, 사실심 법관의 주된 업무가 구체적 사실을 세심히 살피는 것입니다. 그리고 그 구체적 사실에 따라 과거 선례가 있다고 하더라도 선례의 법리를 그대로 적용할 수 없는 경우가 생깁니다. 당연히 구체적 사실이 동일하다면 동일한 법리를 적용하는 것도 법적 안정성 측면에서 중요하기도 하고요. 그렇기 때문에 법관은 기본적으로 구체적 사실을 꼼꼼히 파악해야 한다고 생각합니다. 그러기 위해서 당사자의 주장을 열심히 경청하고, 모든 자료를 세심하게 살펴야 하지요. 만약 선례의 법리가 적용될 수 없는 사안이라면 다른 법리를 찾아보거나 새로운 법리를 구상해야 할 텐데, 이때 법리에 조예가 깊을 필요도 있겠지만 형식적인 법 논리에 너무 얽매이지 않으면서 무엇보다 당사자 간의 균형점을 찾는 것도 중요해 보입니다.

Q. 판사 생활 중 가장 기억에 남는 사건이 있다면 소개 부탁드립니다.

많이 알려진 사건이긴 한데요, 대법관으로 지내던 시절에 전자정보 압수수색 참여권 보장에 관한 사건이 있었습니다(대법원 2015. 7. 16. 2011모1839 전원합의체 판결). 사건의 개요는 검사가 적법하게 압수한 정보 저장 매체 이미징 사본에서 다시 임의로 개인의 하드디스크에 파일을 전부 복제한 후 검사의 사무실에서 피압수자 측의 참여권을 보장하지 않은 채 복제한 파일을 탐색하고, 처음 발부받은 압수수색 영장에 기재된 혐의 사실과 무관한 여죄를 발견한 후 이를 다른 검사에게 제보하여 그 여죄에 관하여 다시 압수수색 영장을 발부받게 한 사례였습니다.

당시 첫 번째 영장에 의한 압수나 두 번째 영장에 의한 압수가 모두 실무에 영향을 미치는 쟁점이어서 확실한 기준을 세울 필요가 있다고 생각하여 전원합의체에 회부하였는데요, 첫 번째 영장에 의한 압수 부분에서는 혐의 사실과 무관한 증거까지 재복제하고 출력한 부분이 위법한 압수처분이라는 데에는 대부분 동의하였지만, 혐의 사실과 관련한 증거에 대해서까지 압수 절차가 위법하다고 볼 수 없는 것이 아닌가 하는 문제가 있었습니다. 그러나 검사가 처음에 의도한 혐의 사실을 입증하지 못함에도 변두리 혐의로 망라적 기소를 하는 잘못된 수사 관행에 비추어 피압수자 측의 참여권을 보장하는 것 외에는 압수처분의 오남용을 방지할 수단이 없다는 점을 중시하여 결국 피압수자 측의 참여권을 보장하지 않은 경우에는 압수 절차 전체를 위법한 것으로 보아야 한다고 전원합의체로 판결하게 되었습니다.

Q. 20여 년간의 판사 생활을 접으시고 2020년에 변호사로 활동하시기 시작하였는데, 법원을 나오게 되신 이유가 있으실까요? 당시 어떤 느낌이셨을까요?

대법관은 임기가 6년이고 연임할 수 있지만, 대부분 연임을 원하지는 않습니다. 그 이유는 대법원 업무가 격무이기 때문인 듯합니다. 저도 대법관으로 임기 6년을 마치고 법원을 떠났는데요, 당시에 중책을 무사히 마쳤다는 안도감이 컸습니다. 특히 저는 법원행정처장과 선임대

법관 재임 시 법원행정처와 판사들에 대한 조사와 수사 논란 등이 있어서 마음고생이 많았기 때문에 더 그런 감정이 들었던 것 같습니다.

Q. 법조인으로서의 지난 삶을 회고하신다면 어떠신지요?

많은 분께서 제게 여성 최초 심의관, 지원장, 법원행정처장 등 '여성 최초'라는 수식어를 붙여 주셨습니다. 사실 이렇게 최초라 불린 것은 제가 남들보다 조금 더 적극적으로 응하거나 지원하였기 때문에 이루어진 부분이 큽니다.

제가 판사가 처음 되었을 때만 하더라도 대전지법 같은 큰 법원에도 여자 화장실이 남자 화장실 안에 칸막이로만 분리되어 있는 등 환경이 열악했고, 여성 법관이 야간 당직을 할 것인가가 논란이 되던 시절이었습니다. 저는 여성 법관이 한 사람의 법관으로서 자기 역할을 하기 위해서는 업무에 있어서도 남녀를 구분할 필요가 없다고 생각하였고, 어느 여성이든지 여성 최초로 해당 보직을 맡아 수행하기만 하면 그 후에는 여성 법관이 배제되지 않을 것이라 믿었습니다. 그래서 심의관, 총괄심의관 등 행정 업무도 마다하지 않으며 지원장이나 전속 부장 연구관에도 여성으로서 최초로 지원을 하게 된 것이었고요. 보직을 맡은 뒤에는 누구보다 잘 해내려고 노력도 많이 했습니다.

제가 부장판사로 지방에 내려가야 할 때가 있었는데, 인사희망원에 1지망부터 5지망까지 모두 부장판사가 지원장이 되는 지원을 기재할 정도로 적극적이었던 기억이 납니다. 당시 법원행정처는 여성 법관에게 지원장을 맡겨도 되는지에 대하여 고심이 있었다고 들었지만, 제가 공주지원장을 한 이후에는 실제로 많은 여성 법관들이 지원장에 보임되었고, 맡은 바 역할을 훌륭하게 해내고 있습니다. 저 역시 한 가정의 주부이자 엄마로서 법관으로서의 일과 가정을 양립하여야 했기 때문에 어려움도 많긴 했지만, 다행히 많은 분들의 도움을 받아 일과 가정에 모두 충실히 매진할 수 있었다고 생각합니다.

Q. 법조인으로서 중요하게 생각하시는 덕목이나 명제가 있으신지요?

제가 30년 이상의 긴 시간 동안 법조인 생활을 하면서 가장 중요하게 생각하는 것은 무엇보다 일을 두려워하지 않는 자세, 새로운 분야에 과감하게 도전할 수 있는 용기, 끊임없이 공부하여 발전하는 노력, 이 세 가지입니다. 저도 이 세 가지 덕목에 부합하려고 많은 노력을 기울여 온 것 같습니다. 이 세 가지 덕목을 갖춘다면 법조인으로서 어떠한 어려움도 헤쳐 나가는 것은 물론, 훌륭한 법조인으로 성장할 수 있을 것이라 생각합니다.

Q. 전직 대법관을 역임하시면서 우리나라 사법 체계가 나아가야 할 방향에 대한 고견을 듣고 싶습니다.

법원의 근본 역할이자 가장 큰 사명은 공정하면서도 신속한 재판이 이루어지는 것입니다. 그리고 사법 체계 또한 이 두 가지 사명을 모두 만족시키는 방향으로 자리 잡아야 한다고 생각합니다. 사실 현재의 법원은 이 두 가지를 만족시키지 못하는 경우가 많다는 비판이 제기되고 있는데요, 판사들의 격무도 해결해야 할 문제이긴 하지만, 무엇보다 판사들이 재판부 이동과 전보인사로 인하여 구술심리의 훼손과 재판의 지연 문제를 심도 있게 고민할 필요가 있습니다. 제가 변호사를 하면서도 1년마다 재판장 혹은 배석판사가 변경되고, 그로 인하여 변경 전에 열심히 재판부를 설득해 놓은 변론들이 무용지물이 되었다는 당사자들의 한탄을 많이 접하였습니다. 실제로 선진국의 경우 재판부가 1~2년마다 변경되는 경우가 없거든요. 이제 우리 사법부도 판사가 오랜 기간 동안 동일한 재판부를 담당하는 구조로 변경될 필요성에 관한 논의가 필요하다고 생각합니다.

Q. 법조인이 아닌 '인간 김소영'을 한마디로 표현한다면?

사실 제가 무언가 경계를 긋고 규정짓는 것을 꺼리는 편이긴 한데요, 한 인간을 어떻게 한마디로 규정할 수 있겠습니까마는, 굳이 표현하라고 한다면 저는 『무문관(無門關)』 조주무자 화두에 나오는 '무(無)'라고 하고 싶습니다.

Q. 다시 태어나신다면, 그때도 법조인이 되실 것인가요?

판사라는 직업은 일의 수준이 높고 보람도 큰 직책이어서 저에게는 늘 천직이라고 생각해 왔습니다. 아마도 다시 태어나면 그때의 조건과 상황에 맞는 직업을 선택할 것 같지만, 현재와 조건과 상황이 동일한 경우라면 법조인을 또다시 선택할 수도 있을 것 같습니다. 한편으로는 만약 지금 젊은 시절의 능력이 있다면 사물의 본성을 성찰하는 철학이나 물리학 같은 기초 과학을 공부해 보고 싶은 욕심은 있습니다.

Q. 후배 변호사들에게 특히 하고 싶은 조언이 있으시다면 말씀 부탁드립니다.

지금 법조 시장의 상황이 법조인 수의 급격한 팽창으로 포화 상태에 가까워 많은 후배 변호사님들이 어려움을 겪고 있다는 점은 통감하고 있지만, 꺾이지 않는 마음으로 꿈을 잃지 말았으면 합니다. 세상이 바라는 공정하고 풍요로운 사회를 만들기 위해서는 후배님들과 같은 법조인의 역할이 대단히 중요하다고 생각합니다. 그래서 후배님들이 제가 앞서 언급한 세 가지 덕목을 갖추고 많은 경험을 쌓으면서 노력하신다면 더 나은 삶으로의 기회는 열려 있을 것입니다.

Q. 끝으로 향후 변호사님의 활동 계획에 대해서 듣고 싶습니다.

저는 현재 '김앤장' 법률문화연구소 소장직을 맡고 있는지라 연구소를 운영하면서 공익적 가치가 있는 법률문화 관련 연구 주제를 선정하여 심층적으로 연구하고, '재단법인 나은'과 함께 이론과 실무를 아우르는 법률 분야 연구를 지원하고 있습니다. 그 외에도 '재단법인 나은'과 법조 공익 단체들의 활동도 지원하고 있습니다. 향후에도 이러한 공익 활동을 지속할 계획이고, 이를 통해 선진적인 법률문화를 조성하고 사회적 약자들의 권익을 향상하는 데에도 기여하고 싶습니다.

"전문가로서의 균형 감각이 가장 중요"

최완주 변호사(전 서울고등법원장)

Q. 변호사님의 간단한 약력 및 자기소개를 부탁드립니다.

저는 1981년도에 사법시험을 합격하고, 연수원을 13기로 수료하고, 86년에 처음 동부지원 판사로 발령받았습니다. 이후 행정처 심의관, 부장판사로 근무하기도 하고, 고등법원장까지 역임하게 되었습니다. 보통은 고등법원장을 마치고 퇴임들을 하시곤 하는데, 저 같은 경우는 정년까지 판사로 근무하고자 파주시법원에서 원로법관을 4년간 맡은 뒤 최종 정년퇴직을 하게 되었습니다. 돌이켜 보면 30년 5개월이라는 긴 시간을 법관으로 지내게 되었네요.

Q. 1986년에 판사로 법조인으로서의 첫발을 내딛으셨습니다. 특별히 법관을 선택하신 이유가 있으신가요?

특별히 판사를 선택한 것이 어릴 적부터의 큰 포부나 사명감이 있었기 때문은 아닌 것 같습니다.

저는 충남 예산이라는 소도시에서 고등학교까지 학업에만 충실하다가 고3이 되어서 진로를 결정할 때 법조인이 적성에 맞다고 생각하여 법대를 진학하고 법관까지 된 것 같습니다. 사실 공부에 매진할 때는 종교나 철학과 같은 형이상학 분야에 관심이 많았는데, 이러한 점이 진로를 결정하는 데에 영향을 끼친 것으로 보입니다. 저는 오히려 법관 일을 수행하면서 누구의 지시 없이 독립적인 지위에서 업무를 수행한다는 점이 저의 천직이라는 것을 깊이 느낀 것 같습니다. 그러한 점이 정년까지 법관 일을 하게 된 원동력이 되었다고 생각합니다.

Q. 30년을 넘게 판사 생활을 마치시고 올해 변호사로 개업하셨는데요, 중간
   에 퇴직을 할 생각도 있으셨을 것 같은데요.

  사실 법관이라는 직업이 경제적으로 풍족한 생활을 영위할 수 있
는 것은 아니어서 솔직하게는 단독판사 때 경제적 문제나 외부의 유
혹도 있어 퇴직의 고민도 한 적이 있습니다. 그런데 무엇보다 저는 재
판하는 것이 너무 좋았습니다. 변호사를 할 것이냐, 법관을 지속할 것
이냐는 등 고민도 하긴 했지만 제 재판 업무가 제 천직에도 맞는 업무
인 터라 그리고 그 일이 좋아서 정년까지 법관을 한 것 같습니다.

  이렇게 법관을 계속할 수 있었던 것은 가족의 도움도 크다고 생각
합니다. 아버지로서, 집안의 가장으로서 경제적 풍족함을 고민하지
않을 순 없었지만, 제 가족들이 더 큰 풍족함보다는 남편이, 그리고
아버지가 좋아하는 일을 계속할 수 있도록 불평, 불만 없이 지원해
준 부분에 지금도 많은 고마움을 느끼고 있습니다.

Q. 판사 생활 때 다루신 사건 중 변호사들이 가장 흥미 있어 할 만한 사건이
   있다면 소개 부탁드립니다.

  어떠한 것이 변호사들에게 흥미 있을지 정확히는 잘 모르겠지만 개

인적으로 기억에 남는 사건을 몇 개 소개해 보자면, 거대 기업의 경영권 다툼과 관련한 한 사건에서 수많은 변호사들이 변호인단을 꾸려 참여한 적이 있었습니다. 당시에 관련 사건의 법리가 제대로 정립이 되지 않았던 때였는데, 많은 변호사들이 단초를 제시해 주면서 법관만의 노력뿐만 아니라 변호사들의 조력을 받아 새로운 법리를 정립시키게 되어 보람찬 사건으로 기억이 남습니다.

또 다른 사건을 소개해 보면 제가 춘천에서 재직할 때 맡은 한 살인 사건이 기억이 납니다. 당시에는 살인 사건의 경우 사형 선고에 더하여 사형 집행도 가능하던 시절이라 나름의 큰 부담을 느끼고 있었습니다. 피고인은 완강히 부인하는 사안에서 배석판사와 고뇌 끝에 최종적으로 무기징역을 선고하게 되었습니다. 시간이 흐른 뒤 그 사건의 피고인으로부터 사형 선고를 하지 않은 고마움과 진심 어린 반성의 내용이 담긴 편지가 한 통 받으면서, 인간이기를 포기하지 않고 계도된 피고인의 모습을 보면서 사형이 아닌 무기징역을 선고한 데에 개인적인 안도를 느낀 적도 있었습니다.

Q. 길었던 법원 생활을 자평하면 어떤 법관이셨습니까?

법관 생활을 하면서 가장 힘든 것은 사실관계 확정이라고 할 수 있습니다. 법관은 당사자와의 관계보다 사실관계에서 가장 먼 위치라 할 수 있는데도 실체 진실을 밝히는 것이 저뿐만 아니라 다른 법관에게도 정말 어려운 일이라고 생각합니다. 특히 저 같은 경우는 가장 기본적인 부분을 지키는 것이 답에 가까워질 수 있다고 믿었고, 무엇보다 기본적인 절차 규정을 엄격하게 지키도록 노력하였습니다. 돌아보면 저는 절차 규정 준수 등 기본에 충실한 법관이었다고 생각합니다.

Q. 변호사 수가 급증하는 현실에 대하여 가지시는 문제의식이 있으실까요?

제가 법관으로 심의관직을 맡았을 때 사법개혁과 로스쿨 제도를 도입하고자 하는 논의가 시작되었고, 저 또한 고민을 하기도 했습니다.

개인적으로는 변호사 수가 아직 부족하고 늘려야 한다는 점에는 공감을 했지만, 증가하는 속도와 현실적인 변호사 시장이 이를 수용할 수 있는 여건을 갖추고 있냐는 것이 가장 큰 문제라고 생각합니다. 이런 점들이 충분히 논의되지 않은 채 많은 변호사만을 배출하는 것은 결국 부작용을 유발하기에 문제가 있습니다. 우선은 현재는 규정대로 배출이 진행된다고 하더라도 변호사 시장의 수용력을 늘리기 위하여 유사 직역으로의 변호사 직역 확대와 시장의 보완이 필요한 것 같습니다. 그렇다 하더라도 쉽지 않은 것이기에 많은 노력이 필요하다고 생각합니다.

Q. 법조인으로서 중요하게 생각하시는 덕목이나 명제가 있으신지요?

법관 시절에 가장 기본적인 것부터 충실하였기 때문에, 스스로는 절차 규정의 준수와 연장 선상에서는 선입견을 배제하는 것이 가장 중요하다고 생각합니다. 사람은 누구나 조금씩의 편향적인 면이 있습니다. 특히 법관은 훈련 등을 통해서 선입견 배제, 균형 감각을 가져야 합니다. 감정이입이 시작되면 균형 감각을 잃기 쉽게 되는데, 법관을 포함한 모든 법조인은 정확한 업무 수행을 위하여 전문가로서 이런 균형 감각을 갖추는 것이 가장 기본적으로 필수 요소라고 생각합니다.

Q. 법조인이 아닌 '인간 최완주'를 한마디로 표현한다면?

제가 현재 그렇다기보다는 그렇게 되고 싶은 것이기도 합니다. 노자 도덕경에 '으뜸의 선은 물과 같다', 그리고 '흐르는 선은 다투지 않는다'고 가르치고 있는데요, 본성은 잃지 않고 한결같이 다툼 없는 '물 수(水)'가 되고 싶고, 그렇게 되고자 노력해 왔기에 저를 감히 '물 수'라고 표현해 보고 싶습니다.

Q. 프로필상 취미는 바둑으로 알고 있습니다. 바둑은 변호사님께 어떤 의미일까요?

저에게 바둑은 특별한 의미가 있습니다. 제가 처음 바둑을 접한 것은 바둑을 즐겨 두시는 아버지의 어깨너머로 배우면서입니다. 사실 제

아버지는 남들보다 조금 더 무뚝뚝한 편이라 그런 아버지로부터 무언가를 진지하게 배운다는 것이 큰 재미가 있었습니다. 그리고 바둑을 가르쳐 주실 때 제 아버지는 평소보다 훨씬 인자하기도 하셨고요.

성인이 되고 나서도 아버지와 바둑을 같이 두면서 바둑은 평소 다하지 못한 부자 간의 정을 쌓는 것으로 발전한 것 같습니다. 그래서 지금도 저에게 바둑이란 무뚝뚝하셨지만 정겨웠던 돌아가신 아버님의 모습을 추억하는 취미라 할 수 있습니다.

요즘은 두지 않은 지가 10년이 넘어서 지금도 취미라고 하기에는 어렵지 않나 싶기도 하네요.

Q. 서울지방변호사회에서 바둑대회를 열곤 하는데, 참가하실 계획이 있으실까요?

연수원 동기 사이에서도 바둑대회가 따로 열리고 하였는데, 그때는 참가도 하고 그랬습니다. 그러다 시간도 부족하고 노력도 부족하여 소홀해지기도 해서 지금은 실력이 부족한 탓에 참가할 수 있을까 싶지만, 시간이 된다면 다시 실력을 닦아 보아서 참가해 보고 싶은 마음은 분명히 있습니다.

Q. 변호사님의 삶에 가장 큰 영향을 준 인물과 그 이유는 무엇인가요?

제 삶의 방향을 결정하게 된 데에 영향을 가장 많이 주신 분은 당연히 부모님이라 할 수 있습니다. 제 부모님은 어려운 가정 환경임에도 교육열이 다소 높으신 편이었습니다. 성실한 삶을 살아오시면서 제게 열심히 공부하고 바르게 살아가면서도 가정의 평화를 중시하도록 내적으로 많은 가르침을 주셔서 존경심을 많이 느끼고 있습니다. 힘든 와중에도 저에게 아낌없는 지원을 해 주시고 믿어 주신 덕에 지금의 제가 있지 않았나 싶습니다.

그러한 가르침과 영향 덕에 저도 가정의 평화를 가장 우선시하면서 살아가고 있습니다.

Q. 후배 변호사들에게 특히 하고 싶은 조언이 있으시다면 말씀 부탁드립니다.

새내기 변호사라 변호사로서는 드릴 얘기는 부족해 보이네요. 다만 법조인 선배로서 말씀드리고 싶은 점은 변호사 수도 많이 늘고, 한 사건 한 사건이 중요하고, 의뢰인들에게 감정 이입도 되고, 법리 싸움으로 진행되기보다는 감정싸움으로 치닫는 경우가 잦아지는데, 그러면서 상대방의 법리 주장에 대한 공방에 치중하기보다는 상대방 변호사나 상대 의뢰인 자체에 대하여 비난에 포인트를 두는 공방이 이루어지는 경우를 접할 때마다 안타까운 마음이 들었습니다. 이런 점은 정작 법관한테도 좋은 점수를 따긴 힘들다고 생각합니다.

그래서 후배님들이 의뢰인에게 보여 주기식보다는 상대방에 대한 존중과 배려를 갖추고 업무에 임한다면 개인적은 물론, 사회적으로도 큰 성과를 더 이루어 내지 않을까 조심스레 말씀드려 봅니다.

Q. 끝으로 향후 변호사님께서 앞으로 꼭 이루고자 하시는 것이 있나요?

제가 장기적으로 계획을 세우는 스타일은 아니거든요. 지금은 저혼자 이루어 나가기는 힘들어 지인들과 함께 법인을 꾸려 나가고 있습니다. 제 목표는 법인을 대형으로 키우고자 하는 것보다는, 앞으로 제가 속한 곳이 가족 같은 분위기에서 어느 곳보다 즐거운 법인이면서도 실력도 출중하다는 평가를 받을 수 있는 명품 부띠끄펌으로 이름 새기는 것이 제 앞으로의 남은 목표점이라고 생각합니다.

"정직함과 정의에 대한 의지가 반드시 필요"

'법무법인(유한) 태평양' 유욱 변호사

Q. 변호사님에 대한 간단한 소개를 부탁드립니다.

인터뷰에 초대해 주셔서 영광입니다. 저는 1993년에 개업하면서 '태평양'에 입사를 하고, 지금까지 31년째 근무를 하고 있고요, '태평양'에 있으면서 북한팀과 공익활동위원회를 22년 전에 만들고 지속적으로 활동해 온 것이 주된 경력이라고 할 수 있습니다.

Q. 1993년에 '태평양'에서 개업을 하셨습니다. '태평양'을 선택하신 특별한 이유가 있었나요?

제가 '태평양'에 입사했을 때만 해도 변호사가 30명도 안 되었을 정도로 규모가 작은 편이었고, 저 또한 '태평양'이라는 곳에 대해서 잘 알지는 못했습니다. 저 같은 경우는 노동 쪽에 관심도 많았지만, 제가 연수원을 마쳤을 때인 1990년대에 세계사적 전환이 크게 있었는데요, 노동 영역도 중요하지만 한국 경제와 사회를 함께 다룰 수 있는 넓은 영역에서 활동하고 싶은 마음이 있어서 로펌이라는 곳에 조금 더 의미를 두고 '태평양'에 입사하게 되었습니다.

Q. 1997년에는 하버드 로스쿨을 졸업하셨는데요, 쉽지 않은 도전이었을 것 같습니다. 당시 어떤 마음가짐이었나요?

당시 '태평양'에서는 인재 양성 측면에서 인센티브로 해외 연수를 보내 줬습니다. 저도 처음에는 어쏘변호사로 고생을 많이 했었는데요, 해외 연수가 저에게 넓은 세상도 경험하는 한편, 개인적으로는 업무에서 벗어나서 견문을 넓힐 수 있는 기회라고 생각하고 도전하게 되었습니다. 다행히도 하버드대학교에서 저를 받아 주어서 조금 더 좋은 환경에서 공부할 수 있었습니다.

Q. 유학 생활이 어떠셨을지 궁금하기도 합니다.

저도 송무에만 매진하던 변호사여서 영어 때문에 조금 힘들기도 했습니다. 그러나 미국 생활을 보고 느낀다는 것 자체가 사고의 지평을 넓혀 준다는 점만으로도 큰 의미가 있었습니다. 미국 로스쿨 경험으로 인상적이었던 것은 하버드대학교 로스쿨 학생 중 절반이 여학생일 정도로 여학생 비율이 높았다는 점과 수업 전반의 프로페셔널리즘이 탁월하다는 점이었습니다.

Q. 통일부 개성공단포럼, 개성법률자문회의 등 남북문제에 대하여 관심이 높으신 것으로 알고 있습니다. 이에 대하여 한 말씀 부탁드리겠습니다.

'태평양'의 창립 변호사이신 김인섭 변호사님께서는 '겟 투게더'라는 가족적인 분위기 조성을 강조하시는 한편, 무엇보다 가치 집단의 형성과 책임에 무게 중심을 두셨고, 그러한 점이 저의 활동에 큰 영향을 미쳤다고 생각합니다.

하버드대학교 로스쿨에서 해외 연수를 마치고 10년 차에 처음 파트너 변호사가 되었는데요, 로펌변호사로서의 아이덴티티를 어떻게 세울지에 대하여 고민을 많이 했습니다. 그 끝에 '제가 가치 집단으로서 우리 사회의 과제 중 책임감을 가질 수 있는 분야는 북한이 아닐까'라고 생각을 하게 되었고, 그 분야는 변호사로서도 큰 의미가 있을 것이라고 믿고 개성공단을 중심으로 북한 경제특구법제를 마련하기 위해 노력했습니다. 80개 넘는 용역보고서, 20편 이상의 논문, 토론회, 학술대회, 약 20년의 정부자문위원 등을 수행하면서 나름대로 큰 성과를 이루기도 하였습니다. 2016년 개성공단이 중단되고 북미 관계가 난항을 겪으면서 남북 관계가 현재로서는 해결이 쉽지 않은 상황인 것도 맞지만, 개인적으로 이 프로젝트는 필생의 과제라고 생각하고 있습니다.

Q. 현재는 '법무법인(유한) 태평양'의 '재단법인 동천'의 이사를 맡고 계신데요, '재단법인 동천'에서는 어떠한 역할들을 수행하고 있나요? 그리고 앞으로 역할을 수행하고 싶으신 부분은 무엇일까요?

제가 '태평양'에서 공익활동위원회를 2001년도에 만들었는데요, 로펌 중에서는 최초가 아닐까 합니다. 이 위원회는 태평양의 창립 변호사인 김인섭 변호사님의 말씀과 같이 가치 집단으로서의 실천을 위하여 만들어졌습니다. 당시 변호사로서의 공익 활동은 전문성을 살리는 측면이 있어야 한다고 생각했기에 장애인팀, 난민팀, 탈북민팀 등 각 공익 활동 분야에 관여하던 변호사들로 구성하여 체계적인 공익 활동을 진행해 나갈 수 있었습니다.

현재는 '태평양'의 신입 변호사 중 70% 이상이 공익활동위원회에 가입하고 있기도 하고요, 실제로 공익 활동이 목적인 변호사들이 다수 '태평양'에 입사를 하고 있어 공익사건의 전문적, 체계적 수행이 가능한 기반이 마련되었다고 생각합니다. 이번에 변호사시험에 수석 합격을 하신 변호사도 공익 활동을 위하여 '태평양'에 입사를 하였고, 시각 장애인으로서 이번 변호사시험에 합격하신 김진영 변호사도 같은 목적으로 동천에 입사하였습니다. 저희가 공익활동위원회와 동천을 시작한 이후 다른 대형 로펌에서도 공익활동위원회를 구성하는 등 선한 영향을 미치고 있다고 생각합니다. 변호사분들이 공익 활동을 할 수 있도록 공익법 수요자와 매치업 하는 역할을 동천이 수행하고 있다고 볼 수 있습니다.

제가 최근 관심을 기울이는 주제가 공익재단과 공익신탁인데요, 과거에는 경영권 승계를 위한 탈법적 도구로 공익재단이 악용되기도 하였지만, 자본주의가 성숙해지려면 공익재단의 통제와 규제에만 초점을 맞추지 말고, 공익재단이 주축이 되어 공익적 사회 환원이 가능하도록 발전해야 한다고 생각합니다. 국가적 지배 구조보다는 민간재단을 통한 사회 환원이 창의적으로 이루어질 수 있어야 하는데, 이러한 의미에서 동천은 NPO법센터와 주거공익법센터를 설립하여 현 사회의 문제들에 관하여 책임 있는 대안을 마련하기 위하여 노력하고 있습니다.

공익재단의 선한 영향과 사회적 대타협을 이루기 위해서는 10년 이상, 20년 가까이 오랜 시간이 걸릴 것으로 예상되지만 저 또한 이 분야에 오랜 관심을 가져 온 만큼 앞으로도 헌신을 다할 생각입니다.

Q. 변호사로서 공익 활동 등 여러 가지 활동을 하시면서 기억에 남으시는 사건이나 사연이 있다면 소개 부탁드리겠습니다.

가장 기억에 남고 보람을 느꼈던 사건을 꼽자면 군산에 있는 복지원 사건입니다. 이 복지원은 한국 전쟁 직후에 선교사님이 만든 곳으로, 그 건물이 수용되고 보상금을 받으면서 새로 복지원을 지어야 했는데요, 행정청과의 다툼이 생겨 보상금이 예치된 계좌에서 건축을 위한 자금 인출을 할 수 없게 된 사안인데, 1심과 2심을 모두 패소한 상황에서 사건을 맡아 대법원에서 2심 법원의 판결을 뒤집어 복지원이 존폐 위기에서 벗어나도록 하였다는 큰 보람을 느꼈습니다.

또 다른 하나는 공익법인의 기부금 전용 계좌 사건인데요, 법률상 국세청에서 소득 공제를 받는 공익법인들은 기부금을 받을 때 전용 계좌를 개설하여 받도록 규정되어 있었습니다. 그런데 규모가 작은 곳은 절반 이상이 개설을 하지 않는 것이 현실이었습니다. 당시 한 소규모 공익법인이 사적 유용이 전혀 없었음에도 전용 계좌를 개설하지 않고 기부금을 받았다는 이유로 거액의 가산세를 부과받은 사안이었는데요, 행정편의주의적으로 과도한 가산세를 부과한 것의 부당성을 강력히 주장하여 관련 법 개정 및 가산세 부과 유예 등 결과를 이끌어 내었는데, 전국에 있는 수많은 소규모 공익법인의 권익을 보호하였다는 데에 보람을 느꼈습니다.

Q. 최근 로펌에 대한 압수수색이 빈번하게 이뤄지고 있는데, 변호사의 비밀유지권(ACP)에 대한 생각을 듣고 싶습니다.

변호사의 의뢰인 간의 비밀이 유지가 안 된다고 한다면, 무엇보다 국민인 의뢰인의 변호권에 중대한 침해가 발생하게 됩니다. 개인적으로는 이 부분에 대해서는 입법적인 보완 개선이 시급하다고 생각합니다. 적어도 미국법의 ACP 법안과 유사한 형태로 수정 및 보완되어 마련될 필요가 있어 보입니다. 즉, 중대한 공익이라는 예외 사유를 두더라도 변호사에 대한 압수수색에 대하여는 이의 신청 규정을 두는 등의 대안이 반드시 마련되어야 할 것입니다.

Q. 법조인으로서 갖춰야 할 필수적인 덕목은 무엇이라고 생각하시나요?

변호사는 무엇보다 정직함을 갖춰야 하고 기본적으로 정의에 대한 의지가 있어야 한다고 생각합니다. 당연히 의뢰인의 정의도 추구해야 하지만, 객관적인 정의 또한 함께 고려하는 것이 가치 집단이라 할 수 있는 법조인이 사회에서의 기본적인 책임을 실현하는 것이라고 생각합니다.

Q. 법조인이 아닌 '인간 유욱'은 어떤 분일까요?

저는 재미는 별로 없지만, 호기심이 굉장히 많은 사람이라고 할 수 있습니다. 이러한 점이 로펌 변호사로서 역할을 수행하면서도 북한, 탈북민의 문제와 공익 활동 등 다양한 프로젝트를 꾸준히 진행해 온 원동력이 되었다고 생각합니다.

Q. 변호사님의 삶에 가장 큰 영향을 준 인물과 그 이유는 무엇인가요?

저는 기독교인이라 예수님이 저의 삶에 가장 큰 영향을 준 분입니다. 그중에서도 특히 크고자 하면 남을 섬기라는 제 모교의 교훈에 기독교의 진리가 들어 있다고 생각합니다. 제가 젊은 시절에 성경 맨 앞장에 '섬김의 명령 가운데서 나는 하나님을 발견한다'라고 적은 적이 있는데요, 섬김의 명령을 누가 누구에게 강요할 수는 없지만, 성경에 가난한 자, 병든 사, 지극히 작은 자의 문구가 많이 나오는데 이는 하나님은 가난한 자의 편이기 때문이라고 생각합니다.

Q. 후배 변호사들에게 꼭 해 주고 싶은 조언이 있다면?

저는 후배 변호사들에게 두 가지를 말씀드리고 싶습니다. 꿈과 뜻! 제가 5년 전까지만 해도 『꿈이 나에게 묻는 열 가지 질문』이라는 책을 바탕으로 태평양 신입 변호사들에게 이러한 내용의 강의를 하곤 했는데요, 꿈이라고 하는 것이 변호사로서 필수적으로 필요한 덕목임은 말할 나위 없고, 그러한 꿈을 이루어 내기 위해서 뜻이 반드시 함께해야 합니다. 여기서 뜻을 가진다고 하는 것은 어려울 때 나를 일어서게 만들고, 버팀목이 되어 주며, 지속할 수 있게 해 주고, 이룰 수 있게 해 준다는 의미라 할 수 있습니다. 이러한 마음가짐이 지금까지 저를 버티게 해 주고 있고, 은퇴 후 공익변호사의 꿈을 꾸게 한다고 생각하고 있습니다.

"사회 변화와 발전에 관한 지식을 쌓아야"

'법무법인 광장' 한양석 변호사

Q. 변호사님의 간단한 약력 및 자기소개를 부탁드립니다.

저보다 훨씬 오랜 세월 훌륭한 법조 경력을 쌓아 오신 분들이 많으신데 제가 선배 법조인이라는 코너에서 조언을 하게 되니 조금 민망합니다. 변호사로서는 이제 10년 남짓한 시간밖에 되지 않았지만, 그래도 이제 변호사를 시작하는 후배 변호사님들에게 이야기한다고 생각하고 대답을 하겠습니다.

저는 사법연수원 17기를 수료하고 광주지방법원에서 처음 판사를 시작하였으며, 그 후 대법원 재판연구관, 사법연수원 교수, 서울중앙지방법원 부장판사 등을 거쳐 서울고등법원 부장판사를 마지막으로 공직을 마치고 2013년에 '법무법인 광장'에 입사하게 되었습니다.

Q. 1988년에 판사로 법조인으로서의 첫발을 내딛으셨습니다. 법관을 선택하신 특별한 이유가 있으신가요?

처음 법대를 가고 사법시험을 준비하면서 판사 검사 변호사가 어떠한 차이점이 있는지를 깊이 있게 탐구해 본 것은 아니었고, 세 직역모두 기본적으로 사회 정의에 이바지한다는 막연한 생각만 하고 있었습니다.

그런데 사법연수생 시절, 세 직역에서 실무 수습을 하면서 각 직역의 차이점을 조금은 알게 되고, 검사나 변호사라는 직업이 다소 활동적인 사람에게 적합하다면, 판사라는 직업은 분석하고 사고하는 부분이 더 많이 필요한 것으로 보였습니다. 읽고 생각하는 것을 좋아하는 저에게 판사가 더 적합하다고 생각해서 큰 고민 없이 선택했던 것 같습니다.

Q. 2007년에 배심원단이 참여한 첫 재판을 이끄신 판사로 알려져 있으신데요. 이에 대한 소감이 있으실지요?

국민참여재판은 2008년에 처음 시작되었는데요, 참여재판을 준비하기 위하여 2007년 당시 제가 있던 재판부가 참여재판 전담 재판부로 지정되면서 2주간 미국 법원에 출장도 가고, 몇 차례 모의 재판도 하였습니다.

우리나라에서 처음 시행되는 재판이었고, 법률은 있었지만 구체적인 부분에 있어서는 아직 많은 부분이 확립되지 않은 상태였기 때문에 모의 재판 등을 거치면서 모범 재판 진행 절차라고 할까요, 새로운 모델을 만들어 가는 과정에서 개인적으로 보람을 느끼고 즐기면서 준비를 했던 것 같습니다.

참여재판제도가 실시된 지 15년이 지난 지금도 참여재판이 활성화되지 않은 점은 아쉬운 생각이 듭니다. 배심원으로 선정되는 경우 재판 기간 동안 생업을 제쳐 두고 참여해야 해서 국민들의 적극적인 참여를 기대하기 힘든 점이 있겠고요, 심도 있는 심리가 필요한 재판, 예를 들어 증인이 수십 명에 달해 2주, 3주간 심리가 예상되는 재판과 같은 경우에는 재판부 입장에서는 배심원들에게 오랜 기간 생업을 포기하고 재판에 참여하도록 요구하기가 어려워 부득이 참여재판으로 진행하기 부적절한 사건으로 판단할 수밖에 없는 측면이 있습니다.

다양한 분야에서 일하는 일반인들의 의견을 재판에 반영한다는 좋은 취지에서 마련된 참여재판제도인 만큼 법령의 재정비나 국민들의 인식 변화 등을 통해 활성화되기를 기원해 봅니다.

Q. 약 25년간의 판사직을 역임하시면서 특히 기억에 남는 사건이 있으시다면 소개 부탁드립니다.

가끔 기억이 나는 사건들이 많이 있지만, 그중에 조금 더 생각해 보게 되는 사건이 있기는 합니다.

형사항소심재판을 맡고 있을 때였는데, 피고인이 1심에서 재판을 받던 도중 해외로 몇 년간 도피하였고, 돌아와서 결국 실형을 선고받은 뒤 항소한 사건이었습니다. 구체적인 사건 내용을 말씀드릴 순 없지만 피고인의 변소에 비추어 피고인이 유죄라는 데 대한 합리적인 의심이 완전히 해소되었는지 의문이 들었는데, 피고인이 재판 도중 도주하였다는 점이 계속 마음에 걸렸습니다.

오랜 기간 재판부 판사님들과 재판 진행 등에 관해 협의를 하면서 재판을 피하고자 도피한 잘못이 분명 있긴 하지만, 도피에 관한 부분은 배제한 채 온전히 공소사실에 집중하여 심리해 보자고 결정하였습니다. 타조가 위험에 처하면 몸은 노출되더라도 머리만 숨기는 회피 본능에 지배당하여 행동하는 것처럼, 사람도 위험이 닥치면 추후 발생할 결과 등을 고려하지 않고 일단 회피를 도모하는 것이 본능일 수밖에 없다고 생각하였기 때문입니다.

결국 무죄 판결을 선고하게 되었는데, 선고 직후 피고인과 가족들이 대성통곡을 하였고, 선고를 마치고 나오면서 재판부 판사님들과 우리의 판단에 대하여 안도하였던 기억이 있습니다.

그 사건 이후 혹시라도 제가 선입견이나 어떤 고정 관념을 가지고 사건을 대하는 것은 아닌지 항상 경계하여 오고 있습니다.

후배 변호사님들께서도 어떤 사건을 대할 때 자신이 가진 기준 위에 놓고 사건을 판단하지 마시고 의뢰인의 입장에서 한 번 더 생각해 보시기를 권해 드립니다.

Q. 약 25년간의 판사 생활을 마치시고 2013년에 '광장' 변호사로 개업하셨는데요, '광장'을 선택하신 남다른 이유가 있으시다면?

법원에 근무하는 중에 이따금 정년까지 계속 근무할 것인지를 생각해 보지 않은 것은 아니지만, 그만둔다면 그 후를 어떻게 할 것인지는 깊이 고민해 보지 않은 것 같습니다. 아무런 준비도 없이 사직을 했는데, '광장'에 오게 되었습니다.

각 로펌들이 어떠한 차이점이 있는지, 과연 차이점은 있는지 명확히 알지는 못하지만, 그래도 '광장'에 오게 된 이유를 말씀드리면 '광장'에 가까운 동료와 후배 변호사들이 있다는 점도 일부 영향이 있었지만, 무엇보다 '광장'이 정도와 신뢰를 모토로 하고, 인화를 강조하는 점이 영향을 미쳤다고 생각합니다.

Q. 길었던 법원 생활을 자평하면 어떤 법관이셨습니까?

25년이라는 기간이 숫자로 보면 정말 긴 시간이라고 느껴지는데, 제 개인적으로는 정말 순식간에 지나간 것 같습니다. 너무 짧게 느껴져서 평가하기도 조금 이상합니다만, 굳이 표현을 해야 한다면 적어도 일하는 동안에는 매 사건 사건마다, 매 순간 순간마다 최선을 다하려고 노력했던 법관이었다고 말하고 싶습니다. 말하고 나니 조금 부끄럽네요.

Q. 현재 '광장'에서는 주로 어떠한 업무를 담당하고 있으신가요?

헬스케어와 방위산업 송무 부분 팀장 역할을 맡고 있습니다.

오랜 기간 법원에 근무하면서 다양한 사건을 담당해 왔습니다. 과거에는 대부분 1년마다 사무 분담이 바뀌었기 때문에 다양한 분야를 접할 기회는 많지만, 어느 한 분야에 천착하기는 쉽지 않았습니다. 판사는 기본적으로 스페셜리스트라기보다는 제너럴리스트라고 할까요. 그런데 제가 못해서 그런지 어느 한 분야를 깊이 있게 연구하면서 법률 문화에 이바지하는 판사님들을 보면 지금도 존경심이 생기곤 합니다.

'광장'에 처음 입사하고 나서 하나의 특화된 분야보다는 전반적인 송무 업무를 맡아서 처리했습니다. 그러던 중에 헬스케어 사건이나 방위산업 사건을 한 건, 두 건 처리하게 되면서 관심이 생겨 좀 더 깊게 연구하게 되고 의뢰인들도 다시 사건을 맡기게 되고 하면서 자연스럽게 전문 분야가 생기게 된 것 같습니다.

후배 여러분들도 자신이 관심 있는 분야를 깊이 있게 연구를 하여 특화시키는 것은 너무도 당연한 일입니다만, 또한 자신이 맡는 다양한 사건을 열심히 하다 보면 우연히 그 분야의 전문가가 되어 있을 수도 있습니다. 레드오션, 블루오션이 영원한 것이 아니고, 한 분야에 한 사람의 전문가만 필요한 것이 아니니 어떤 일을 맡게 되시더라도 내가 최고라는 생각으로 열심히 하시기 바랍니다.

Q. 법조인으로서 중요하게 생각하시는 덕목이나 명제가 있으신지요?

법조인이 다른 분야와 구별되는 부분이 법률전문가라는 점이라면 깊이 있는 법률 지식을 갖추는 것은 너무나 기본적인 것이므로 이 부분을 제외하고 말씀드리겠습니다. 법률은 사회의 변화를 바로바로 반영하여 만들어질 수 없는 것이어서 변화에 발맞춘 해석이 필요하다고 할 것입니다. 따라서, 항상 사회의 변화, 문화나 문물의 발전에 관심을 갖고 최소한의 지식이라도 쌓아 가는 것이 필요하다고 생각합니다.

Q. 법조인이 아닌 '인간 한양석'을 한마디로 표현한다면?

한마디로 표현하는 것이 어렵겠지만, 굳이 표현해 본다면 주위 사람들과 조화를 이루면서 즐겁게 살려고 노력하는 사람이라고 할 수 있을 것 같습니다.

Q. 변호사님의 삶에 가장 큰 영향을 준 인물과 그 이유는 무엇인가요?

어렸을 때는 부모님, 선생님의 영향으로 커 왔음을 부정할 수 없겠지만, 법조인이 되어서 저의 삶에 가장 큰 영향을 주신 분은 조무제 대법관님이라고 할 수 있습니다.

제가 대법원에서 조무제 대법관님의 전속재판연구관으로 근무했었습니다. 대법관님은 청빈으로 워낙 유명하시지만, 또한 본인에게는 한없이 엄격하시면서도 남에게는 한없이 관대하신 분이셨습니다. 옆에 있는 것만으로도 제 영혼이 정화되는 느낌이 들 정도로요. 쉽지는 않은 일이지만 대법관님의 발끝에라도 따라가 보려고 노력하고 있습니다.

Q. 후배 변호사들에게 하고 싶은 조언이 있으시다면 한 말씀 부탁드립니다.

조금 실용적인 말씀을 드리자면, 스트레스를 잘 관리하시기 바랍니다. 변호사 업무가 모든 단계에서 스트레스를 유발할 수밖에 없을 것 같은데, 가장 큰 스트레스는 결과에 대한 스트레스가 아닐까 생각합니다. 이를 이겨 낼 수 있는 방법은 후회가 남지 않게, 적어도 내가 할 수 있는 최선은 다했다고 자위할 수 있을 정도로 사건에 최선을 다하는 것이 아닐까 생각합니다. 그 후의 결과야 내가 통제할 수 있는 영역을 벗어난 것이니 빨리 잊어버리시고요. 최선을 다해야 잊기도 쉽습니다.

한 가지 더 말씀드리면 업무 외 시간에는 업무를 완전히 잊어버릴 수 있도록 집중할 수 있는 취미 한, 두 가지를 꼭 만드셨으면 좋겠습니다.

Q. 끝으로 앞으로 변호사님께서 꼭 이루고자 하시는 것이 있다면?

제가 실무변호사로서 일할 수 있는 날이 길게 남아 있다고 생각이 들진 않습니다. 은퇴 이전에라도 작은 곳에서 어려운 사람들에게 힘이 되는 일을 해 보고 싶습니다. 저의 법률 지식이 활용될 수 있는 곳이라면 더욱 좋겠지만, 아니더라도 그동안 사회에서 받은 것을 다시 돌려줄 수 있는 삶을 살고 싶습니다.

"로펌의 경쟁력은 창의적이고 혁신적인 조직 문화에 달려 있어"

'법무법인 율촌' 윤세리 명예 대표변호사

Q. 변호사님에 대한 간단한 소개 부탁드립니다.

저는 1980년부터 부산지방검찰청 검사로 약 1년간 근무 후 미국 하버드대학교 로스쿨, 캘리포니아대학교 헤이스팅스 로스쿨을 졸업한 다음, 미국 로펌 베이커앤드맥킨지 뉴욕·시카고 사무소에서 일했습니다. 1989년 귀국하여 윤호일, 정영철 변호사님과 우방종합법무법인을 설립하여 일하다가, 1997년 우창록 변호사님을 비롯한 다섯 분의 창립 파트너들과 '법무법인 율촌'을 설립하였습니다.

2019년 1월, 65세 정년을 맞이하여 율촌 창립 1세대 파트너로서의 생활을 마치고 현재 '율촌' 명예대표변호사, '사단법인 온율' 이사장으로 활동하며 주로 공익 활동에 집중하고 있습니다.

Q. 1980년 사법연수원을 10기로 수료하신 후 부산지검 검사로 법조 커리어를 시작하셨습니다. 검찰을 선택하신 이유가 있을까요?

당시에는 사법연수원을 졸업하면 임관 결격 사유가 없는 한 모두 판사나 검사로 임관하는 게 법적 의무이자 관행이었는데, 실무 교육을 받을 때 검찰이 법원보다 훨씬 역동적이라는 인상을 받았습니다. 특히, 저는 유학 후 교수나 변호사를 하고 싶었는데 그렇다면 검사가 더 낫겠다는 생각을 했지요. 당시 검찰 교수님이나 검찰 실무를 지도해 주셨던 정해창 차장검사님(전 법무부장관), 김두희 특수1부장님(전 법무부장관), 강재섭 검사님(전 한나라당 대표) 등 부산지검 선배 검사님이 모두 훌륭한 분이었다는 점도 영향을 주었던 것 같습니다.

Q. 검사 생활 1년 만에 유학을 결심하셨는데, 당시 상황 및 계기가 궁금합니다.

부친께서 육군에서 통역장교 및 영어 교수로 근무하시면서 미국 군사 영어 교육 기관에 두 번이나 유학을 다녀오신 다음 제게도 권하셔서, 고등학생 때부터 유학 결심을 하고 있었습니다. 서울법대 졸업 후 사법시험에 두 번이나 낙방하여 대안을 모색하던 1977년 여름 어느 날, 신문에서 한국고등교육재단의 해외 유학 후보 장학생 선발 시험 공고를 보고 응시해 합격했는데, 1978년 봄 제20회 사법시험에도 합격했습니다. 사법연수원 수료 이후로 유학을 연기하였으나, 실무 수습과 함께 서울대학교 법학석사 논문까지 준비하느라 유학을 준비할 여유가 없었습니다. 그래서 법무부에 유학 가도 좋다는 양해를 받은 다음, 아내가 부산에서 근무하던 관계로 부산지검을 희망하여 검사로 임관하였고 1년 뒤에 유학을 떠나게 되었습니다. 당시 부산지검의 정치근 검사장님, 오혁진 부장검사님, 황선태, 이철 검사님 등 여러 선배 검사님도 모두 훌륭한 분이어서 좋은 경험이 되었습니다.

Q. 1983년에 서울회에서 변호사로 개업하고, '한미(현 광장)'에서 1984년까지 변호사로 활동하셨습니다. 기억에 남는 순간이나 사건이 있습니까?

1983년 여름에 캘리포니아대학교 헤이스팅스 로스쿨에서 J.D. 1학년을 마치고 summer job으로 한미합동법률사무소(Lee & Ko)에 와서 일을 시작했는데, 재미도 있고 학비도 마련해야 해서 1년 동안 휴학하고 1984년 8월까지 일하게 되었습니다. 1983년 5월 제가 입사했을 때는 한미의 변호사 수가 7~8명에 불과했는데 떠날 때쯤에는 두 배 이상으로 늘어났고, 그 뒤에도 급격히 증가한 걸로 압니다. 오용석 변호사님이 수출입은행 업무로 뉴욕 출장을 가실 때 몇 주 전부터 환송회식을 하고 많은 분이 "축 장도" 부조금도 드렸는데, 다녀와서는 부조한 분들은 물론 거의 모든 직원에게 선물을 돌리신 게 기억에 남아요. 제가 미국으로 복학할 때도 많은 분이 "축 장도" 부조금을 주셨어요. 지금은 상상이 되지 않는, 호랑이 담배 피우던 시절이었지요.

Q. 1986년부터 1989년까지 미국 Baker & McKenzie(뉴욕·시카고 사무소) 변호사로 가시게 된 계기는 무엇인가요? 커리어 플랜, 또는 계획이 있으셨나요?

제가 미국 유학을 간 1980년대 초에는 우리나라에 요즘같이 조직화, 전문화된 큰 로펌이 없었습니다. 그래서 미국 로펌에서 업무를 배워 한국에서도 국제 업무를 개척하고 싶다는 생각을 했는데, 다행히 국제 업무를 전문으로 하던 Baker & McKenzie에 들어가서 그런 뜻을 이룰 수 있었습니다.

Q. 1997년 7월 '율촌'을 설립하셨습니다. 그전에 우창록 대표님과 인연이 있으셨나요?

우창록 대표님과는 대학 시절부터 기독학생회 활동을 같이하면서 각별한 선후배 사이로 인연을 맺었습니다. 귀국 후에는 우 대표님께서 같이 일하자는 권유도 하셨지요. 그러던 차 1997년에 같은 세대의 젊은 변호사들과 새로운 로펌을 만들어 보고 싶다는 생각이 들었고, 우 대표님 및 우 대표님과 함께 일하던 강희철, 한만수, 한봉희 변호사님과도 의기투합하여 민주적 파트너십으로 최고의 전문성을 갖춘 로펌을 지향하는 '율촌'을 설립하게 되었습니다.

Q. 로펌 경영은 변호사 생활과 전혀 다를 것 같습니다. 회사를 성장시키신 부분이 진심으로 경이롭고 존경스러운데, 경영 철학이 있습니까?

법률서비스의 질은 결국 사람의 경쟁력에 의해 좌우된다고 판단하여 설립 초기부터 훌륭한 인재의 확보와 양성을 경영의 최우선으로 삼았습니다. 그래서 비록 규모는 작았지만 급여는 국내 최고 수준을 항상 유지하였고, 실제로 초기부터 최고의 인재들을 영입할 수 있었습니다. 저희 창업 정신은 여러 전문 분야의 변호사들이 조직적으로 협업하여 고객을 위한 최선의 서비스를 제공한다는 것입니다. 이에 '율촌'은 다른 어떤 로펌보다 협업을 잘하는 로펌으로 알려졌고, 이러한 협업은 서비스 수준도 높여 주었기 때문에 초기부터 '현대차그룹'

과 '삼성그룹'의 부당 내부 거래 사건, 'SK증권'과 'JP Morgan' 사이의
초대형 파생 금융 소송 사건, 'SK텔레콤'의 신세기통신 인수, Micro-
soft, Intel 등의 독점적 지위 남용에 대한 사건 등을 성공적으로 처리
하면서 급격히 발전하고 성장할 수 있었습니다. 소속 변호사가 내실
있는 발전과 성장을 꾸준히 할 수 있도록 지원을 아끼지 않았기에 교
육 투자가 가장 많고 IT를 비롯한 업무 시스템이 가장 잘 정비된 로펌
으로 알려지기도 했습니다.

로펌의 경쟁력은 성장 속도나 규모보다는 창의적이고 혁신적인 조
직 문화에 있다고 생각합니다. 이러한 관점에서 율촌의 구성원들은
digital transformation과 같은 시대적 패러다임 변화의 추세를 먼저
읽고, 이에 따른 산업 전문성(industry expertise) 확보를 바탕으로 고
객에게 창조적, 혁신적 대안과 전략을 제공하고자 수년 전부터 인공
지능(AI), 모빌리티, 핀테크, 가상자산(virtual asset) 등 4차 산업 관련
업무를 개발하고 투자해 왔습니다. 그 결과, 2017년에는 한국 로펌 최
초로 Financial Times가 선정한 '아시아에서 가장 혁신적인 로펌
(Most Innovative Law Firm in Asia)'으로 선정되기도 했습니다.

Q. 후배 변호사들에게 아쉬운 점이나 해 주고 싶으신 말씀이 있다면?

저는 법조인으로서 성공하려면 수동적으로 따라가지 말고, 먼저 자
기가 원하는 일과 목표를 선택한 다음 이를 달성하기 위한 방법론을
체계적으로 연구하여 꾸준히 기회를 만들어 가면서 장기적으로 추진

하라고 합니다. "뜻이 있는 곳에 길이 있다"는 격언과 같이, 뜻을 정한 다음 그 뜻을 이루기 위한 길을 만들어 가면 목표를 달성할 수 있다는 것입니다. 이게 "하늘은 스스로 돕는 자를 돕는다"는 속담과 일맥상통하는 게 아닐까요. 요즈음 젊은 법조인들을 만나서 장래 희망을 물어보면 많은 분이 주어진 일을 열심히 하다가 그중에서 적당한 분야를 선택하여 그 길을 가겠다는 다소 막연한 희망을 얘기하는 것 같습니다. 저는 그렇게 수동적으로 장래에 접근하지 말고 능동적으로 접근하라고 권하고 싶습니다. 이미 법조 커리어를 걸어온 선배들의 조언도 듣고, 우리 사회의 전반적, 산업 분야별 전망을 조사해 보는 등 커리어 계획을 세워 차근차근 이뤄 나가는 게 좋을 것입니다.

Q. 평소 하시는 운동이나 취미가 있으신가요?

저는 걷는 걸 좋아해서 매일 만 보를 목표로 꾸준히 걷고 있습니다. 달리기나 등산도 좋아하지만, 무릎이 약해서 할 수 없는 게 안타깝습니다.

Q. 변호사님의 삶에 가장 큰 영향을 준 인물과 그 이유가 있습니까?

기독교인으로서 제 삶에 가장 큰 영향을 준 인물이라면 예수 그리스도입니다. 그 이유는 그의 역설적 삶에 있습니다. 인류사상 가장 위

대한 사상가의 한 분으로서 스스로 하나님의 아들이라고 주장하면서도 이걸 이용하여 사익을 추구하시 않고, 인류를 구원하기 위하여 스스로 자기 생명을 희생한 것은 정말 역설이라고 생각합니다. 그의 생전에는 별 존재감도 없었던 그의 가르침이 사후에 비로소 세계 최대의 종교가 되었다는 것도 다른 종교에서는 볼 수 없는 불가사의라고 하겠습니다.

Q. 지금까지 어떠한 좌우명 혹은 가치관으로 살아오셨나요?

"남에게 대접을 받고자 하는 대로 남을 대접하라"는 황금률(黃金律)을 최고의 가치로 생각합니다. 황금률은 동서양의 모든 종교나 윤리에서 찾아볼 수 있는 인류 공통의 가치라는 점에서 특히 그렇습니다.

Q. 프로필상 취미가 영화 감상인데, 최근 감명 깊게 본 영화 혹은 '인생 영화'로 꼽을 수 있는 작품이 있습니까?

사실 요즘은 옛날처럼 극영화를 많이 보지 않고 다큐멘터리를 많이 봅니다. 인생 영화라면 역시 〈닥터 지바고〉와 같은 대작을 꼽을 수 있겠지요.

Q. 앞으로 꼭 이루고자 하시는 것이 있다면 무엇일까요?

요즈음 여러 공익법인의 대표자나 임원을 맡아 일하면서 국내 비영리법인의 법제가 시대에 뒤떨어져 있어서 공익사업의 장애 요인이 되고 있다는 점을 실감하고 있습니다. 비영리법인 법제 개선을 꼭 이루고 싶습니다.

Q. 지난 9월 '명덕상'을 수상하시면서 "남은 인생을 사회 공익과 법조 후배들을 위해 봉사하며 '명덕상(明德賞)'의 이름에 걸맞은 밝은 덕을 쌓아 나가겠습니다."라고 말씀하신 것이 기억에 남습니다. 구체적인 계획이 있으신가요?

'사단법인 온율'의 이사장으로서 따뜻한 법률이라는 '온율'의 이름처럼 우리 사회 모든 곳에 법의 빛이 퍼져 나가길 바랍니다. 사회 구성원들이 법 제도 전반에 대한 신뢰를 회복하고, 사회적 약자들도 법의 지원을 충분히 누릴 수 있도록 노력하겠습니다. 또한, 한국의 법률 문화의 발전에도 미력이나마 기여하고 싶습니다.

특히 '율촌'과 '온율'이 다른 공익 단체에 법적 전문성을 제공함으로써 우리의 자원이 승수효과(乘數效果)를 내길 바랍니다. 국내 공익 분야의 실정을 살펴보니 법률 서비스가 제대로 제공되지 못하여 생긴 여러 비효율과 문제가 있어서 여러 공익 단체와 협력 사업을 하고 있거나 추진 중에 있습니다.

Q. 변호사님께서 가장 큰 성취감을 느끼는 순간은 언제일까요?

요즘은 후배들이 좋은 성과를 내는 걸 보면 가장 큰 성취감을 느끼게 됩니다.

Q. 살아오면서 가장 결정적인 순간을 꼽자면?

제 인생을 돌아보게 하는 어려운 질문이군요. 사회적 측면에서 본다면 아마도 사법시험을 합격한 것과 미국 유학을 가게 된 것이 아닐까요?

Q. 다시 태어나신다면, 그때도 법조인이 되실 건가요?

네, 저는 법조인 생활에 만족하고 있습니다. 여건이 된다면 경영학도 공부해 보고 싶기는 합니다. 로펌과 비영리법인의 경영을 하면서 경영의 중요성을 실감했거든요.

Q. 슬하에 2남을 두신 것으로 알고 있습니다. 자녀분들에게 법조인이라는 직업을 권하셨나요?

제 아이들에게 법조인을 직업으로 권한 일은 없었습니다만 큰아들은 한국 변호사가 되었고, 둘째는 미국 변호사가 되었습니다.

Q. 시간 터널을 발견해서 부산지검에서 커리어를 시작하는 윤세리 검사를 딱 5분 동안 만날 수 있다면, 어떤 이야기를 해 주실까요?

참 재미있는 질문이네요. 역사를 연구하여 시대의 큰 흐름을 읽고 미래를 준비하는 법조인이 되라고 하고 싶습니다. 요즈음 제 후배들에게 조언해 주는 내용이기도 합니다만.

Q. 법조인으로서의 삶을 시작하는 후배 변호사들에게 조언 한마디 부탁드립니다.

현대는 심층전문화(Deep Specialization)와 융합의 시대입니다. 이 둘은 상반되는 개념인 것 같지만, 산업의 고도화에 따라 각 분야의 전문성이 심화되면서도 다른 분야와의 교류와 응용이 창의와 혁신의 수단이 되고 있기 때문입니다. 이를 어떻게 소화할지가 후배 변호사들의 핵심 과제가 될 것입니다. 저는 이걸 조화하는 방안은, 전공 인접 분야는 물론 관계없어 보이는 분야까지도 기초적으로 넓게 이해하면서, 전공 분야에서는 정말 파고드는, 들어가는 것이라고 생각합니다. 그러려면 법학은 물론 인문사회과학과 자연과학이나 공학까지도 기초적인 것은 이해해야 하고, 전공 분야 관련 산업과 시장을 깊이 있게 공부할 필요가 있을 것입니다. 이 두 가지는 상반되는 것 같지만 실제 해 보면 서로 상승 작용을 통하여 매우 창의적이고 혁신적인 성과를 내는 지름길입니다. 마치 여행할 때 아는 만큼 보이고, 보이는 만큼 더 잘 이해하면 여행이 그만큼 더 재미있고 즐거워지는 것처럼요.

"연구와 학문이 깊어질수록 소송 품질 높아져"

'법무법인(유) 화우' 임승순 변호사

Q. 변호사님의 간단한 약력 및 자기소개를 부탁드립니다.

저는 사법연수원 제9기로 수료한 후, 23년간 각급 법원 판사 및 부장판사, 사법연수원 교수로 근무하다가 서울행정법원 부장판사를 끝으로 퇴직하였고, 국세심판원 비상임심판관, 국무총리 행정심판위원회 위원, 국세청 과세전적부심사위원회 위원, 서울지방국세청 조세법률고문, 기획재정부 국세예규심시위원회 민간위원, 법제처 법령해석심의위원회 위원 등을 지내면서 현재는 '법무법인(유) 화우'에서 활동하고 있습니다.

Q. 1982년에 판사로 법조인으로서의 첫발을 내딛으셨습니다. 특별히 법관을 선택하신 이유가 있으신가요?

법관을 선택하게 된 데에 특별한 동기가 있었던 것은 아니었습니다. 대학교 때부터 적성은 문과라고 생각하긴 했지만, 부모님의 교육열이 강하셔서 학업에 매진하다가 서울법대를 진학하였고, 자연스레 법관직을 맡게 된 것 같습니다. 지나와서 생각해 보면 법학 연구와 가르치는 데에 더 관심이 있어서 법관보다는 교수가 적성에 맞지 않았나 생각이 들긴 합니다.

Q. 20여 년간의 판사 생활을 마치시고 2000년도에 변호사로 개업하셨는데요, 법원을 나오게 된 이유가 있으실까요?

법관의 경우 아무래도 선택적 학문의 연구가 현실적으로 어려운 면이 있습니다. 개업을 결정할 당시 조세법 관련 책을 집필하고 있었고, 관련 분야에 대한 연구나 학문에 집중하고 싶었던 것이 결정적인 이유라 할 수 있습니다. 그 밖에도 고등법원 부장판사로의 승진을 앞두고 지방에 가서 근무해야만 하는 상황이었는데, 아이들의 양육과 경제적 현실적인 문제들을 고민하던 찰나에 '화우'의 전신이라 할 수 있는 '법무법인 화백'의 친분 있는 변호사님이 개업을 권유하면서 '화백'의 변호사로 일하기를 결정하게 되었습니다.

Q. 조세 분야의 전문가로 널리 알려져 있으신데요, 특별히 조세 분야를 연구하신 계기나 이유가 무엇일까요?

계기라고 한다면 우선 고등법원에서 조세 사건 특별부의 법관직을 맡게 된 것이라 할 수 있습니다. 이후 대법원 연구관으로 재직하게 되었는데, 당시 대법원에서 공동조가 처음 생기면서 조세, 지식재산권 등의 전문화 연구관이 처음 도입되었습니다. 저는 그 중 조세조 연구관으로 가게 되면서 조세에 관한 연구를 심도 있게 할 수 있었습니다. 그 덕에 사법연수원에서 조세 과목 전담 교수직을 맡게 되었는데, 연수생들을 교육하기 위한 조세법의 체계적인 교재를 만들면서 조세법에 심취할 수 있었습니다.

처음에는 판례 정리에 집중하다가 총론, 법인세, 소득세법 각론 등도 정리하면서『조세법』이라는 책을 집필하게 되었고, 더불어 서울대학교 등에서 강의를 맡기도 했습니다.

Q. 변호사들도 조세법은 매우 까다로운 분야로 인식되어 있습니다. 서울대학교 등 여러 곳에서 조세법 강의를 하고 계신 입장에서 접근성을 높일 노하우 등이 있으시다면?

조세법에 접근하려면 무엇보다 사법에 대한 기초가 탄탄해야 한다고 생각합니다. 여기에 공법적인 마인드가 적절히 가미되어야 하는데, 그렇다고 하더라도 사법에 대한 기초 마련에 비하면 공법적인 마인드의 마련은 상대적으로 미비하다고 볼 수 있습니다. 사법적 기초가 잘 마련된 법조인이라면 공법적 마인드는 자연스레 접목시킬 수 있기 때문입니다.

다만 조세 분야는 회계적인 부분도 다뤄야 하기 때문에 이 부분이 법조인에게 조세 분야를 가장 어렵게 느끼는 부분이 아닌가 싶습니다. 노력이 다소 필요하겠지만 회계 부분만 잘 정리가 되면 어느 법조인이든 조세법에 쉽게 접근할 수 있다고 생각합니다.

Q. 현재 '법무법인(유) 화우'에 계신데요, '화백' 또는 '화우'를 선택하신 특별한

이유가 있으실까요?

앞서 말씀드렸듯 '화우'를 선택하게 된 것은 지인의 개업 권유가 있었기 때문입니다. 하지만 당시 '화백'이 성장해 가고 있는 법인이기도 해서 제가 관심 갖고 연구하고픈 조세 분야를 키울 수 있는 환경이 마련되어 있다고 느낀 점 또한 큰 이유였다고 생각합니다. 뿐만 아니라 '화백'의 감보영, 오상현 변호사님들의 훌륭한 성품 덕분에 선택에 주저하지 않을 수 있었고요. 현재 '화우'가 크게 발전하였고, 지금도 발전하고 있는 것을 보면 저의 선택이 맞았다고 느끼기도 합니다.

Q. 오랜 법조인 경험에서 기억에 남는 소송 또는 사건을 소개해 주신다면?

30여 년 전 소액 사건 법정에서 있었던 일입니다. 당시 소액재판에는 10만 원권 자기앞수표 분실 사건이 많았고, 상황이 발생한 날도 상거래에서 수표를 취득한 자와 수표를 분실한 사람이 법정에서 다투던 사건이었습니다.

이런 사건의 경우 분실자와 취득자 모두 피해자라 할 수 있어서 대부분 법리를 떠나 수표금을 일정하게 나누는 형식으로 해결을 하곤 했는데, 해당 사건의 취득자는 법리상 자신이 불리할 수 있음에도 조정에 응하지 않고 자신의 몫을 더 요구하고 있었습니다. 저는 후속 사건이 많이 밀려 있는 상황에서 고집을 피우는 취득자에게 패소 판결을 선고하였습니다. 그날 퇴근하여 쉬던 중 불상의 할머니로부터 한

통의 전화를 받았는데, '내 딸이 오늘 법정에 갔다 와서 드러누워 앓고 있는데, 도대체 판사가 어떻게 했기에 내 딸이 서 시경이 됐느냐? 나도 당신 집에 찾아가 드러눕겠다.'며 목소리를 높이셨습니다. 순간 저는 정신이 번쩍 들었고, 그 여성이 법정에서 패소 판결을 받으면서 판사의 태도에 얼마나 당황스럽고, 많은 방청객들 사이에서 부끄러운 감정을 느꼈을까 생각하니 식은땀이 솟기까지 하였습니다.

다행히도 그 할머니가 집까지 찾아오지는 않았지만, 그 사건은 저에게 항상 상대방이 입장을 헤아리는 역지사지의 큰 가르침을 주었기에 가장 기억에 남는 사건이라 할 수 있습니다.

Q. 법조인으로서 중요하게 생각하시는 덕목이나 명제가 있으신지요?

인간관계에서 절대적인 옳음과 그름이란 없으며, 우리가 알고 느끼는 모든 것들은 다 상대적인 것이라 생각합니다. 여행지에서의 낯선 공간감, 나이에 따라 달라지는 시간에 대한 느낌 등과 마찬가지로 우리의 생각과 가치관도 각자가 처한 위치와 상황에 따라 언제든지 변하기 마련이거든요. 이러한 인간관계를 조율하는 법조인은 언제나 상대방 입장에서 생각하는 역지사지(易地思之)의 정신을 갖출 필요가 있습니다. 맹자(孟子)의 "남을 예우해도 답례가 없으면 자기의 공경하는 태도를 돌아보라"는 말처럼 역지사지는 우리가 인간관계에서 항상 간직해야 할 덕성이자 삶의 지혜라고 생각합니다.

Q. 법조인이 아닌 '인간 임승순'을 한마디로 표현한다면?

한마디로 하기에 어렵지만, 간단히 해 본다면 저는 '사람 좋은 순딩이'라고 표현하고 싶습니다.

Q. 변호사님의 삶에 가장 큰 영향을 준 인물과 그 이유는 무엇인가요?

어릴 때는 부모님과 친구들의 영향을 많이 받았다고 생각하지만, 제 인생에서 가장 큰 영향을 준 인물을 꼽자면 단연코 저의 집사람이라고 할 수 있습니다(웃음).

저는 느긋하고, 낙관적이면서 정리 정돈에 취약한 성격이라 한다면 집사람은 늘 심려가 많고, 진취적이면서 정리 정돈이 필수적으로 요구되는 성격이거든요. 워낙 반대 성격이다 보니깐 서로 맞추어 살아가며 집사람의 성격에 교화된 저를 보면 집사람이 제 삶에 가장 큰 영향을 준 사람이 아닐 수 없네요(웃음).

Q. 후배 변호사들에게 특히 하시고 싶은 조언이 있으시다면 말씀 부탁드립니다.

익히 알고 계시겠지만 법의 세계가 아무리 방대하다고 하더라도 법의 세계는 결국 서로 연결되어 있다고 볼 수 있습니다. 그렇기에 법을 제대로 다루기 위해서는 후배 변호사님들이 늘 공부에 매진하라고 조언하고 싶습니다.

학문과 변호사 업무와 다르다고 생각하기 쉬운데, 그 연구와 학문이 깊어질수록 해당 분야 소송에서의 질이 달라집니다. 더 나아가 다른 분야에서도 연결되어 변호사업의 질을 높일 수 있기에, 어떠한 분야라도 학문적인 차원에서 노력을 계속하는 것이 성장할 수 있는 방법이라고 생각합니다.

Q. 끝으로 향후 변호사님께서 앞으로 꼭 이루고자 하시는 것이 있나요?

가장 가까운 목표가 있습니다. 제가 현재 조세법과 관련한 책을 하나 추가로 집필하고 있습니다. 아직 제목은 정하지 못하였지만, 조세법에 관한 중요 판례들을 제대로 정리하여 독자들이 조세법에 쉽게 접근할 수 있도록 하는 데에 일조하고 싶은 바람이 있습니다.

"사건의 경중을 따지지 말고 최선을 다해야"

이성보 변호사 (전 국민권익위원회 위원장)

Q. 변호사님에 대한 간단한 소개 부탁드립니다.

저는 사법연수원 11기를 수료하고 서울민사지방법원 판사를 시작으로 사법연수원 교수, 청주지방법원·서울동부지방법원·서울중앙지방법원 법원장을 거쳐 국민권익위원회 위원장을 마지막으로 공직 생활을 마쳤습니다. 이후 2016년 변호사로 개업해 2019년부터 '법무법인(유) 동인'에서 활동하고 있습니다.

Q. 1984년 서울민사지법 판사로 법조인으로서의 첫발을 내디뎠습니다. 법원을 선택하신 특별한 이유가 있으신가요?

어려서부터 판사가 되는 것이 꿈이었기 때문에 법원을 선택했습니다. 저는 판사가 정말 천직이었다고 생각합니다. 어째서 그랬느냐고 하면 이유를 잘 설명할 수는 없지만, 부모님이 판사가 되라고 하신 것도 아닌데, 저는 어릴 때부터 판사가 돼야겠다는 생각을 했습니다

Q. 윤관 대법원장님 시절 법원행정처에서 많은 일을 하셨습니다.

당시 윤관 대법원장님께서 대대적인 사법제도 개혁을 했었어요. 엄청난 고생을 했죠(웃음). 영장실질심사와 기소 전 보석제도를 도입하고, 특허법원과 행정법원을 신설했습니다. 내부적으로 법관 평정 제

도도 공식적으로 도입을 했고요.

우리가 판사가 된 이후 한참 동안 1심 행정재판을 법원에서 하지 않고 행정심판으로 대체하고 고등법원에 1심이 제기된 후에 대법원으로 갔습니다. 사실상 오랜 기간 2심으로만 운영되었던 것입니다. 지금 생각하면 이해하기 어렵지요.

그때 함께 해결하지 못한 것 중 하나가 공정거래위원회 사건입니다. 공정거래 사건은 지금도 고등법원이 1심입니다. 공정거래위원회 측은 스스로 심판 기능이 있다고 주장을 합니다. 제가 공정거래 전담 재판장도 했었지만, 글쎄요. 아무 때나 자료 내놓으라고 하고, 그 권한은 검찰보다 강할 수도 있는데, 아무런 제한이나 견제가 없습니다.

Q. 약 28년의 법원 생활을 한마디로 자평하면 법관으로서 어떤 법관이셨나요?

자평하기가 참 쉽지 않은데, 좋은 결론을 내기 위해 나름대로 신중한 노력을 했던 판사라고 생각합니다. 법관은 신만이 할 수 있는 일을 하는 하기 때문에 늘 두려움을 갖고 매사 오심하지 않는 것을 목표로 했습니다. 젊은 판사 시절부터 재판 전날은 절대 약속을 안 잡았어요. 재판을 받으러 오는 당사자들도 두근두근하면서 오겠지만, 저도 항상 상당히 긴장을 하고 들어갔습니다. 어떻게든 실체에 최대한 가깝게 접근해서 억울함이 없도록 해야 한다는 마음가짐을 가지고 재판을 했습니다.

형사 단독 판사를 하면서 기억나는 일이 있어요. 동기 중에 형사 단독을 제일 먼저 했으니까, 당시 법원 형사 단독 중에는 제일 막내였는데, 선배들이 하는 재판이 마음에 안 들기도 했어요. 벌금 해 주고, 집행유예 해 주고, 집행유예 기간 지나면 또 집행유예 해 주고 하는데, 이래서 사법의 정의가 서겠나 하는 생각이 들었습니다. 제가 서울구치소에서 악질 판사로 악명이 높았다고 하더라고요. 그때 저는 사람이 한번 정도는 실수할 수가 있고 어떤 죄를 지을 수가 있지만, 두 번째부터는 실수가 아니고 악성(惡性)의 발현이고, 그 사람은 용서를 해 주면 안 된다는 생각으로 재판했던 것 같습니다.

기소유예 전과가 한 번 있으면 실형을 하니까 직원들까지 놀라기도 했어요. 그런데 시국 사건을 하면서 국가보안법으로 재판을 받는 한 서울대학교 학생에게 하고 싶은 이야기 있으면 하라고 했더니, '판사님은 좋은 환경에서 이렇게 잘 성장하셨지만 판사님이 모르는 어려운 사정들이 있다. 그런 것들을 좀 헤아려 주시는 재판을 하셨으면 좋겠다.'라고 하더라고요. 그게 제일 기억에 남아요. 그 이야기를 듣고 나서 재판을 할 때 조금씩 달라졌던 것 같습니다.

Q. 2012년 12월부터 2015년 12월까지 국민권익위원회 위원장을 역임하셨습니다. 어떻게 가게 되신 건가요?

판사 생활을 한 28년 8~9개월 정도 하고, 서울중앙지방법원장으로 재직하고 있는데, 갑자기 청와대에서 연락이 왔어요. 국민권익위원회 위원장 자리가 비었는데 할 의사가 있느냐고 하면서. 하루 정도 고민을 해서 답을 내일까지 달라고 그러더라고요. 집사람과 가족들과 상의를 해서 수락을 했습니다.

Q. 오랜 기간 판사로 재직하시다가, 국민권익위원회 위원장으로 가 보시니 어떠셨나요?

어려운 상황이었어요. 임기가 얼마 남지 않은 대통령으로부터 임명장을 받았고, 취임한 다음 일주일 뒤였나 대통령 선거가 있었거든요. 정권 교체가 안 되어서 계속 위원장을 할 수 있었는지도 모릅니다.

Q. 국민권익위원회 위원장 재임하시면서 가장 기억에 남는 일은 무엇입니까?

부정 청탁 및 금품 등 수수의 금지에 관한 법률(이른바 김영란법)이었죠. 대학 동기인 김영란 전임 위원장이 만들어야겠다 해서 제가 국무회의에 보고했습니다. 분위기가 싸했어요. 국무회의에 그 법을 환영하는 사람이 없었거든요. 사실 좀 이상한 법이지요(웃음). 돈이 오고 가지 않고 청탁만 해도 무슨 처벌을 받고 이러니까요. 뇌물죄가 형법이 있는데, 거기서 요구하는 구성 요건인 대가성이라든지 직무 관련성이라든지 이런 걸 안 따지고 그냥 액수만 따져서 얼마 이상이면 그건 무조건 처벌한다고 하니까 그런 게 어디 있냐는 반응이 많았죠. 고생고생해서 15년도 3월에 국회 통과가 됐지요.

Q. 동인에서는 주로 어떤 역할, 사건을 수행하고 계신가요?

국민권익위원회 사건들 위주로 하고 있습니다. 전체적으로 사건을 많이 하지는 않습니다. 이제 서면을 직접 작성하거나 법정에 매번 나가기는 어렵지요.

Q. 평소 즐기는 취미가 있으신가요?

음악 감상을 굉장히 좋아합니다. 최근에는 오페라를 아주 열심히 들어요. 풍월당 박종호 선생 강의를 듣는데 너무너무 재미있어요. 강의 하나에 3시간 정도인데, 6~70개 정도 될 거예요. 집사람하고 둘이 열심히 봅니다. 오페라 평론가 유정우 선생 말로는 오페라가 한 400편 정도 되고, 그 중 흔히 공연되는 것은 100편 정도 된다고 합니다. 그 100편을 1회독 이상은 했습니다.

Q. 가장 좋아하는 음악가가 누구인가요?

인간의 영역을 신의 영역에 연결해 준 작곡가 베토벤입니다.

Q. 살면서 가장 결정적인 순간을 꼽는다면 무엇이 있을까요?

우리 집사람을 만난 거예요. 사실 지나고 나서 알았지만, 우리가 초등학교 동창생입니다. 집사람이나 저나 부산 출생인데, 둘 다 4살 때 서울로 올라왔어요. 제가 초등학교 어린이회장을 할 때 집사람이 부회장을 했다고 하더라고요.

기억나는 것은 대학 때부터인데, 서클을 같이 하면서 만났습니다. 집사람이 연세대학교 치과대학을 나왔는데, 연대 치대를 다니던 남자 동창 차모 군이 우리 집사람을 데리고 왔어요. 그 동창으로부터 듣기론, 처음에는 서클 같은 거 같이 안 한다고 했는데, '거기 이 아무개도 있다'는 말에 솔깃해서 왔다고 하더라고요. 당시에 여학생들에게는 말을 높여서 했는데, 집사람이랑은 초등학교 동창이니까 처음부터 말을 편하게 했어요. 그런데 그러다 보니 더 이성으로서 인식은 안 되었죠. 그러다가 치아의 날이라고 6월 9일에 전국에 3개 치과대학(경희대학교, 서울대학교, 연세대학교)이 모여서 체육대회를 하는데, 그해에는 서울대학교 관악 캠퍼스에서 한다고 하더라고요. 둘째 매형이 경희대학교 치대를 나오셨는데, 매형 될 사람도 보고, 차 모 군도 보고, 겸사겸사 집사람도 보려고 체육대회 하는 데에 갔어요. 그런데 집사람이 저를 보더니 되게 반가워하면서, 중앙도서관에 있는 휴게실에 가서 차 한 잔 사 달라고 하더라고요. 그날 또 갑자기 비가 와서 비닐로 된 우산을 하나 사서 둘이 썼는데, 제가 한쪽 어깨에 비를 다 맞아 가면서도 집사람 쪽으로 우산을 씌워 준 것이 인상적이었다고 그러더라고요(웃음). 광화문으로 가서 저녁을 먹고, 그때부터 데이트를 하기 시작해서 결혼하게 되었지요.

Q. 다시 태어나신다면, 그때도 법조인이 되실 것인가요?

안 할 것 같습니다. 국무회의에 가서 장관들 하는 이야기를 들어 보니 똑똑한 사람이 법조계에만 있는 것이 아니구나 하는 생각이 들더라고요. 다시 태어난다면 멋있는 정치가가 되는 것이 하나의 꿈이 아닐까 하는 생각을 합니다.

Q. 시간 터널을 발견해서 1984년의 이성보 초임 판사를 딱 5분 동안 만날 수 있다면, 어떤 이야기를 하실까요?

"네가 판사로서 하는 판단이 얼마나 중요하고, 어떤 사회적 파장을 불러오는지 생각해야 한다"는 이야기를 할 것 같습니다. 다소 진부한 표현이지만, '판사는 사건을 처리하는 것이 아니라, 사건을 해결하는 것이다. 굉장히 중요하고 큰일을 하는 사람이고, 호연지기를 가져라.' 매 사건마다 그런 마음가짐을 가져야 한다는 이야기를 하고 싶습니다.

Q. 법조인으로서의 삶을 시작하는 후배 변호사들에 대한 조언 한마디 부탁드립니다.

작은 일을 잘하는 사람이 나중에 큰일도 잘한다고 생각합니다. 자신이 세워 둔 목표를 위해 준비하는 단계라고 생각하고, 사건의 크고 작은 경중을 따지지 말고, 최선을 다해서 수행하라는 이야기를 해 주고 싶습니다.

"변호사의 업무는 의뢰인의 곤란함을 덜어 주는 것"

'법무법인 지평' 윤성원 대표변호사

Q. 변호사님에 대한 간단한 소개 부탁드립니다.

고려대학교 법대를 졸업하고 연수원을 17기로 수료한 후 서울북부지원 판사를 시작으로 광주법원장까지 29년을 법관으로 지냈고, 2019년부터 변호사로 활동하고 있습니다. '지평'은 2022년 2월 21일에 입사하여 지금까지 대표변호사로 있습니다.

Q. 1991년 서울지방법원 북부지원 판사로 법조인으로서의 첫발을 내디디셨습니다. 법원을 선택하신 특별한 이유가 있을까요?

급한 성격에 저돌적이라 저를 아는 사람은 검찰이 적성에 맞다고 했고, 저 역시 그 점에 동의하였으나 검찰 시보를 하면서 공명심이 너무 많은 데다가 저돌적이기까지 하여 오히려 제가 검찰 조직에 누가 될 것 같은 생각이 들었습니다. 반면, 법원은 시간을 가지고 이리저리 생각할 여유가 있어서 좋았고, 대립한 당사자의 말을 경청하면서 사실관계를 법리와 절차에 입각하여 판단하는 것이 제 급한 성격을 다스릴 수 있겠다 싶었고, 국민이 부여해 준 가장 중한 판단자라는 점이 매력적으로 다가와 법원을 선택하였습니다.

Q. 법원 내 요직을 두루 거치셨습니다. 조직에서 좋은 평가를 얻는 비결을 후배들에게 조금 전수해 주시면 좋을 것 같습니다.

우선 신속하고 충실하게 일을 처리하세요. 그러기 위해서는 먼저 당사자들의 주장을 경청하고 경험칙에 의해 사실관계를 정확히 파악한 후, 그 사안에 적용되는 법조문을 정독하여 법리와 판례 등 판단 근거를 찾는 버릇을 가지는 것이 좋습니다. "근거를 찾는 법관과 근거 찾는 것을 게을리하고 배운 감으로 재판하는 법관은 10년 후에 그 실력 차가 매우 커서 따라갈 수 없다"는 초임 부장님의 말씀을 금과옥조로 삼고 재판에 임했습니다.

다음으로, 상대방 마음을 얻으세요. 마음을 얻는 좋은 방법은 상대방의 곤란과 고통을 대신 감당하는 것입니다. 힘들고 험한 일에 먼저 손 들어 담당한다면, 그 진 자리를 앉을 순서에 있던 상대방의 마음을 얻어 그를 내 사람으로 만들 수 있을 것입니다.

Q. 사법행정 업무에 관한 소회가 있다면 자유롭게 부탁드립니다.

사법행정은 국민의 편의가 궁극적 목적이므로 모든 정책의 목적과 기준을 국민의 편의라는 관점에 두면 구체적 사법행정의 수단이 명확해집니다. 저도 이런 관점에서 처리한 정책은 만족도가 높았으나, 직역이기에 부합한 정책은 두고두고 후회스러웠습니다. 후배님들은 그런 후회를 하지 않았으면 합니다.

Q. 2022년 2월 '법무법인(유) 지평(이하 '지평')'에 대표변호사로 합류하셨습니다. 약 29년간의 법원 생활을 한마디로 자평하면 법관으로서 어떤 법관이셨습니까?

앞서 말한 대로 내 능력 범위 내에서 근거 찾는 일에 게을리하지 않았고 동료의 마음을 얻는 것에 노력했으나, 타고난 능력이 부족하여 훌륭한 법관이었다고 말할 수는 없네요. 다만 최선을 다했다고 자평합니다.

Q. '지평'에 합류하게 된 특별한 인연이나 계기가 있으셨나요?

'지평'의 양영태 대표가 제안했고, '지평'이 추구하는 이념과 비전이 나와 맞아 '지평'에 들어오게 되었습니다.

Q. '지평'이 추구하는 이념과 비전에 관해 설명해 주세요.

우리 첫 번째 이념이자 비전은 구성원의 행복입니다. 즉, '지평'은 우리와 같이 일하는 구성원 변호사, 예비 구성원 변호사, 스태프들이 행복해야 우리가 하는 일이 잘될 수 있다는 생각을 갖고 있습니다. 두 번째는 이를 통해 고객 만족을 달성하자는 것입니다. 마지막으로, 여기서 만족하지 말고 사회에 기여하는 로펌이 되자는 것이 세 번째 비전입니다.

Q. 첫 번째와 두 번째는 상충하는 경우도 많지 않나요? 가령, 일요일 저녁 9시 반에 고객에 너무 급하다고 하면서 부탁하면 예비 구성원 변호사들이 불행해질 수 있지 않을까요?

상충하는 상황이 있지만 어떻게 접근하느냐에 따라 해결될 수 있다고 생각합니다. 고객의 요청은 비록 촉박한 경우라 할지라도 수임을 받은 우리 입장에서 반드시 지켜 줘야 할 내용입니다. 그런데 예비 구성원 변호사에게 그냥 '이거 내일까지 하세요.'라는 식의 접근이 아니라, '지금 고객이 몹시 어려운 상황이고, 급한 상황에 있습니다. 일요일 늦은 시간에 문자를 드려 죄송하지만, 이런 상황임을 고려해서 고객을 위해서 우리 한번 같이 해 봅시다.'라고 접근하는 것입니다. 동시에, 예비 구성원 변호사가 일을 쉽고 빠르게 할 수 있도록 명확한 방향성을 제시해 주어야 하겠지요.

Q. 변호사 생활은 잘 맞으시나요?

'법관은 국민이 부여한 권한과 엄중함을 바탕으로 일을 처리하는 것이어서 그 자체로 가치 있는 일이라 생각했으나, 변호사의 가치는 무엇일까?'라는 점이 초기의 제 화두였습니다. 초기에는 정답을 찾지 못해 헤매다가, 어느 재판 결과가 고객의 일부 승소였는데, 그분이 곤란을 조금이라도 덜었다고 하면서 고마워하는 모습에서 변호사의 가치는 고객의 억울함을 풀어 주는 것이 아니라 곤란함을 덜어 주는 것이라는 큰 깨달음을 알게 된 후 변호사 생활이 매우 중하고 가치 있는 것을 알게 되었습니다. 그 후로는 변호사 생활이 나를 옥죄지 않고 한결 부드럽고 행복해졌습니다.

Q. '지평'에서는 주로 어떤 역할 및 사건을 수행하고 계신가요?

대표변호사로 민사소송 전반을 관리하고 있고, 그중 기업금융소송 그룹에 속해 있습니다. 저를 필요로 하는 사건이라면 모두 법정에 나가고 있습니다.

Q. 프로필상 취미가 '운동'이십니다. 가장 즐겨 하시는 운동은 무엇인가요?

과거에는 테니스였는데, 지금을 걷기와 당구입니다.

Q. 인간 윤성원을 한마디로 표현한다면?

정 많고, 바른 사람입니다.

Q. 요즘 유행하는 MBTI 테스트 해 보셨는지, 해 보셨다면 어떤 유형인가요?

이 질문을 받고 해 봤더니 ENFJ로 나왔습니다.

Q. 삶에 가장 큰 영향을 준 인물과 그 이유는 무엇인가요?

초임 법관 시절의 부장으로 모셨던 양삼승 변호사와 고 김연태 변호사입니다. 법관으로 갖추어야 할 자세와 덕목을 몸소 보여 주셨습니다.

Q. 그 자세와 덕목이 무엇인가요?

근거 찾기, 재판에 임하는 세 가지 자세(거울 보고 법복 입으면서 오늘 좋은 재판 다짐하기, 법정 문을 두드려 입정하면서 최소한 화내지 않기로 다짐하기, 재판 후 오늘 재판을 복기하면서 부족한 점 반성하기), 재판은 국민을 이롭게 하는 것을 궁극의 목적으로 삼아야 한다. 법정에서 화는 열등 감과 같은 이름이니 항상 여유롭고 인자해야 한다. 그러기 위해서는 기록을 꼼꼼히 보아 변호사들보다 많이 파악하고 있어야 한다는 것 등입니다.

Q. 지금까지 어떠한 좌우명 혹은 가치관으로 살아오셨나요?

인생 3무(인생에 정답 없다, 인생에 비밀 없다, 인생에 공짜 없다)입니다.

Q. 이루고자 하시는 것이 남으셨다면?

법조인 인생의 마지막을 로스쿨 명예교수로 후배들과 소통하고 싶습니다.

Q. 살아오면서 가장 결정적인 순간을 꼽자면 언제인가요?

내 인생의 등불이자 조언자인 내 처와의 결혼입니다.

Q. 다시 태어나신다면, 그때도 법조인이 되실 것인가요?

그렇습니다. 팩트 찾는 것을 굉장히 재미있어하는 제 성향이 법조인과 잘 맞기 때문에 또 법조인을 할 것 같습니다. 고등학교 때 국어 선생님께서 일주일마다 책을 읽고 독후감을 쓰게 하셨는데, 제 독후감에 대해서 항상 '네 글은 팩트만 있어서 너무 드라이하다.'라고 하셨습니다. 당시에는 무슨 말인가 했는데, 나중에 보니 딱 법조인에 맞는 말이더라고요.

Q. 재조(법원)에서 본 팩트와 재야에 나오셔서 본 팩트가 같은가요?

다르죠. 재조에서의 팩트는 구성 요건적 팩트에 한정이 됩니다. 판결에 필요한 사실에만 집중을 하죠. 재야에 나오니 그것을 뛰어넘는 행간의 팩트를 알아야 구성 요건적 사실을 재판부에 제대로 설명할 수 있겠더라고요. 재조에 있을 때는 사건마다 다를 수 있겠지만, 모든 사건에서 행간의 팩트를 다 알려고 하기는 어려웠는데, 나와 보니 행간의 팩트가 중요하다는 사실을 깨닫게 되었습니다.

기회가 된다면 현직에 있는 법관들에게 '가능한 범위에서 행간의 팩트도 좀 알아보려는 노력을 기울이면 정말 좋은 법관이 될 것이다'라는 이야기를 해 주고 싶습니다.

Q. 1991년 법원이 아닌 변호사로서 법조인을 시작하셨다면, 어떤 변호사가 되셨을까요?

지금보다 훨씬 더 폭이 넓고 미래지향적인 사람이 됐을 것 같아요. 판사는 과거의 진실한 사실이 무엇인가를 찾는 데 노력하지만, 변호사는 과거의 일을 찾아 이를 이론적으로 구성하여 재판부에 정확히 알려야 하므로 창조적인 부분이 더 필요하다고 생각합니다. 변호사로서 29년 법조인을 했다면, 훨씬 더 폭넓고 깊이 사람 관계를 이해할 수 있는 변호사가 됐을 것이고, 그것 또한 좋은 길이었으리라는 생각이 듭니다.

Q. 시간 터널을 발견해서 1991년 윤성원 초임 판사를 딱 5분 동안 만날 수 있다면, 어떤 이야기를 하시겠습니까?

앞서 언급한 법관으로서의 자세와 마음가짐을 말해 주면서 끝까지 변치 말라고 말해 주고 싶습니다.

Q. 법조인으로서의 삶을 시작하는 후배 변호사들에 대한 조언 한마디 부탁드립니다.

루틴 있는 삶을 살아갔으면 합니다. 적게는 하루, 일주일의 치밀하고 변함없는 루틴을 수행하고, 크게는 한 달, 6개월, 1년의 거시적인 계획과 성취를 즐기는 사람이 되면 좋겠습니다.

"법조인의 기본 덕목은
'정의에의 의지'"

김대휘 변호사(전 서울가정법원장)

Q. 변호사님의 간단한 약력 등 소개를 부탁드립니다.

　저는 1980년 연수원 10기(사법시험 19회)를 수료한 후 해군 법무관으로 복무하고, 1983년도에 서울민사지방법원 판사로 임용되어 지법 부장판사와 고법 부장판사를 거쳐 2008년 춘천지방법원 및 의정부지방법원 법원장을 역임한 후, 2011년 2월 서울가정법원장을 마지막으로 퇴임하였고, 2021년도까지 대형 로펌인 '법무법인(유) 화우'의 변호사를 거쳐 현재 작은 법무법인(시우)에 있습니다. 또한 변호사 시작 후인 2011년부터 이화여자대학교 법학전문대학원 겸임 교수로 강의를 하다가 2014년부터 현재까지 세종대 법학부에서 석좌 교수로 출강하고 있습니다.

Q. 사법시험에 합격하신 것이 대학교 4학년 때인데 대학 생활은 어찌 보내셨고, 사법시험에 위와 같이 이른 나이에 합격하신 비결은 무엇인가요?

　제가 1974년 대학에 계열별로 입학하여 2학년 2학기에 법대 진입 후 공부를 시작하여 1차 시험을 보고, 4학년 초에 2차(사법시험 19회)에 합격하였는데, 특별한 비결은 없고 집중적인 노력을 한 것으로 기억합니다.

Q. 법조 직역 중 법관을 선택하신 이유는 무언인가요?

시험에 합격하고, 졸업 후에 연수원에 들어가기로 하여, 그 기간 동안 故 김증한 교수님의 조교를 하면서 라드부르흐의 『법철학』을 원서로 읽게 되었고, 故 심헌섭 교수님을 만나 대학원에서 법철학(방법론)을 전공하게 되었습니다. '김앤장'에서 변호사로 오라는 권유도 받았지만, 법을 해석하는 권한이 있고 작게나마 정의를 실현하는 것이 법관이라 생각하고 법관직을 지원하게 된 것으로 기억합니다.

Q. 1985년부터 1987년까지 판사로서 2번째 임지로 서울 형사지방법원에 근무하셨는데 당시는 5공화국 말기로서 공안 정국하에서 소위 말하는 시국 사건, 즉, 집회 및 시위에 관한 법률 위반 또는 국가보안법 사건이 근무하시던 재판부에 많았을 것입니다. 당시 위와 같은 사건들을 처리하시면서 어떤 기준으로 심리 진행 및 판결을 하셨고, 판사 업무 처리 시 어려웠던 점은 무엇이었나요? 위와 같은 사건 중 가장 기억에 남거나 보람이 있었던 사건이 있다면 어떤 사건이었고, 그 이유는 무엇인가요?

제가 1986~7년도 서울형사지방법원에서 단독판사로 근무할 때 공안사건 중 주로 집시법 위반 사건이 많이 있었는데, 당시의 실정법에 따른 처리를 하였다고 생각합니다. 단독판사 관할인 국보법 제7조 위반 사건에서는 "국가의 존립·안전이나 자유민주적 기본 질서를 위태롭게 하는 목적"의 입증에 관한 문제가 있었는데, 예컨대 '반정부'를

'반국가'로 판단할 수 있는지 어려움이 있었습니다(후일 그 해석을 엄격하게 변경하려는 전원합의체 판결에 연구심의관으로 관여했습니다). 한편 제가 즉결 사건 중 시위 참가 예비 사건을 무죄로 선고하였던 적이 있는데, 이 사건은 한홍구 교수의 책에 나와 있습니다. 그리고 공안사건의 구속영장을 기각하여 문제가 된 적도 있었지만 이른바 '건대 사태'의 영장을 전부 발부한 것은 아쉬운 기억으로 남아 있습니다.

Q. 1988년에 독일 본대학교로 법관 장기 연수를 가셨습니다. 당시만 해도 법관 해외 장기 연수가 활성화되지 않았을 텐데, 연수를 가신 이유가 무엇이고, 독일에서 주로 어떤 분야를 공부하셨나요?

해외 연수는 제가 더 공부하고 싶고 독일의 재판 실무를 보고 싶어서 지원하게 된 것입니다. 독일 본 대학의 '법철학과 형법 연구소'에서 객원 연구원으로 있으면서 형법과 법철학을 공부하였고, 독일의 각급 법원을 견학하기도 했습니다.

Q. 2008년부터 2011년까지 춘천지방법원, 의정부지방법원, 서울가정법원장을 역임하시면서 주로 어떤 업무를 챙기셨나요? 법원장 근무 기간 중 가장 큰 업적으로 생각되는 일은 무엇인지요?

법원장으로서 사법행정 업무는 당연한 것이고, 직접 재판도 일부

담당하기도 하였으며, 특히 가족관계등록 정정 사건을 직접 처리하였습니다. 제가 법원장으로서 큰 업적은 없었지만 법관과 직원들의 인화를 중시하였고, 타 기관과의 관계도 신경을 썼습니다. 법원장 업무 중 가장 중요한 것이 근무 평정인데, 매우 어려운 작업으로 기억하고 있습니다.

Q. 2021년에 대한변호사협회로부터 공로상을 받으신 것은 어떤 공로 때문인가요?

제가 2016년부터 2021년까지 대한변호사협회 징계위원회 위원장을 맡았는데, 임무 종료 시 의례적으로 공로상을 받은 것입니다. 징계위원장으로서 변호사 징계의 엄정함과 직역 보호를 모순 없이 추구하고, 변호사 징계 실무와 결정서 작성례를 확립하는 데 기여했다고 생각합니다. 그 후부터 현재까지는 법제위원으로 일하고 있습니다.

Q. 법관 생활을 약 28년간 하시면서 가장 기억에 남거나 보람이 있었던 사건은 무엇인가요?

제가 서울지법 형사합의 부장판사 재직 시 판결한 '옷 로비 사건'이 기억나고, 이 사건으로 2000년 동아일보의 '올해의 법조인'으로 선정되기도 하였습니다. 또 재판 과정이나 결론을 내리는 데 어려움이 많왔던 '민혁당 사건'이나 김홍신 작가의 공업용 미싱 발언으로 인한 모욕 등 사건도 기억에 뚜렷이 남아 있습니다. 당시 무난한 처리로 사회 일반과 당사자가 대체로 승복하였다는 데 보람을 찾고 있습니다.

Q. 현재 법원의 판사를 바라보시면서 가장 아쉬운 점은 무엇인가요?

법관이 좋은 재판을 해야 사법에 대한 신뢰를 받을 수 있고 우리나라의 공기가 맑아질 것입니다. 그런데 좋은 재판을 하는 것은 제도의 문제가 아니라 좋은 법관에게 달려 있는 것이고, 좋은 법관이 되는 것은 법관 각자의 의식과 각성에 맡길 수밖에 없습니다. 현재 재판 지연의 문제나 법관의 양극화나 편향성의 문제가 아쉬운 부분인 것 같습니다. 법관이 사명감을 가지고 윤리적이고 지적인 책임을 다하는 것이 요구됩니다. 대법원은 법관 재교육과 지원을 통하여 좋은 재판을 뒷받침하고, 경우에 따라서는 법관 징계도 필요합니다.

Q. 법조인이 갖추어야 할 가장 중요한 덕목은 무엇인가요?

칸트는 "무조건적으로 선한 것은 선 의지밖에 없다"고 하였습니다. 법조인의 공통적인 덕목은 '정의에의 의지'라고 할 것입니다. 이를 위하여는 법조3륜의 직업 윤리가 중요하고, 법조인은 법조3륜의 직업 윤리를 내면화하는 것이 필요합니다. 법률가가 단지 법률기술자로 남지 않으려면 사명감이나 법철학적 사유가 요청되는 이유는 바로 여기에 있습니다.

Q. 법조 원로로서 후배 법조인에게 조언하여 주시고 싶은 사항은 무엇인가요?

우선 법이 출세의 수단이 되거나 돈 많이 버는 방법이 되어서는 안될 것입니다. 물론 변호사에게는 법이 밥이므로 돈을 벌어야 하는데, 법률 상인이 되더라도 정도를 지키는 것이 필요하다고 하겠습니다. 그리고 모든 법관이 드워킨이 말하는 정치 철학자에 준하는 초인 헤라클레스가 되기는 어렵지만, 적어도 가까이 가려는 노력은 해야 할 것입니다.

Q. 서울지방변호사회에서 회원들을 상대로 법조윤리 강의도 하시는데, 변호사가 지켜야 할 법조 윤리 중 가장 중요한 것을 꼽는다면 무엇인가요?

변호사의 직업 윤리는 세 가지 key-word로 요약됩니다. '성실, 품위, 진실'. 이는 정의에의 의지라는 덕목에서 도출되는 윤리적 의무이지만, 직업 윤리 위반은 징계 사유가 되므로 법적 의무가 되는 것입니다. 법관과 검사의 직업 윤리도 대체로 같지만, 변호사는 공직자가 아니라서 품위나 진실은 법관, 검사의 그것보다는 약하다고 하겠습니다.

Q. 변호사님께서 책을 내신 것으로 알고 있는데, 이에 관한 소개를 부탁드립니다.

법철학과 법이론의 여러 문제를 개관할 수 있는 입문서로 2021년도에 『법철학과 법이론 입문』을 출간하였고, 2023년 초에 개정된 2판을 내었습니다.

저는 기초법학의 부재와 소외가 법의 방향성을 상실하게 하고 타락시킬 수도 있다는 문제의식에서 '법률가와 법학도 및 법에 관심 있는 시민들에게 법철학과 법이론의 문제 상황을 보여 주고 그 해결에 다가갈 길을 열어 주겠다'는 목표 아래 이 책의 집필을 하였습니다. 대학의 강의안과 석·박사 논문에서 다른 법학 방법론을 정리하고 업데이트하였으며, 우리 판례로 예증을 시도하였습니다. 집필 과정에서 존경하는 친구인 이인복 전 대법관이 문제의 논의와 원고의 검토에 큰 도움과 힘을 주었습니다.

그 내용으로는 법개념론, 법이념론, 정의론, 법효력론, 법규범과 법체계론, 법원(法源)론, 방법론 및 법이론의 제 문제를 다루고 있습니다. 이 책은 입문서이기는 하지만, 지도 교수인 심헌섭 교수님께서 주창하신 비판적 법실증주의를 계승 발전시켜서 제 나름의 법철학을 정립하려고 했습니다.

오늘날 법실증주의와 자연법론의 양극단은 지양되고, 수렴 접근하는 경향에 있습니다. '비판적 법실증주의'의 단초는, "정의 이념은 심각한 부정의를 인식하고 드러내는 역할을 함으로써 명백하게 옳지 않은 것에 대한 배제적 기능을 한다"는 것입니다. 정의로운 것이 무엇인가에 대해 합의하는 것은 어렵지만, 부정의가 무엇이냐에 대한 일치의 가능성은 대부분 더 클 것이란 생각에 기초합니다. 다만 명백히 부정의한 것에 대한 합의가 있는 곳에서만 그 배제가 성공할 수 있습니다. 실정법이 승인하는 법원리인 신의칙 등과 같은 것이 법 내재적으로 이러한 역할을 하는 것입니다. 따라서 비판적 법실증주의는 세 가지 key-word로 요약됩니다: 법원리, 규범통제, 법률회피. 헌법원리 등의 법원리(法原理: legal principle)가 부정의에 대한 비판적 규준이 되고, 법원리가 실정법 해석의 엄격성 및 형식성에서 비롯되는 현저히 부당한 결과를 시정하는 비판적 기능을 하는 것이고, 이는 규범통제와 법률회피에서 실현되고 있습니다. 다만 규범통제는 원칙이 되어야 하고, 법률회피는 예외적인 것입니다. 이러한 비판적 법실증주의의 관점은 법실무에서 실제 이루어지고 있고, 또 이루어져야 하는 것입니다.

Q. 변호사님의 향후 계획은 어떠한가요?

후년쯤에 위에서 말한 『법철학과 법이론 입문』의 3판을 낼 생각이고, 이 책으로 법철학 강의도 조금 더 지속할 생각입니다. 변호사 업무는 제가 도울 수 있는 일이 있는 한 계속해 나갈 것이고, 지금까지 해 오던 변호사협회의 일도 힘이 닿는 대로 더할 것입니다.

"의뢰인의 신뢰받을 수 있는 인격 갖춰야"

이창재 변호사(전 법무부 차관)

Q. 변호사님의 간단한 약력 등 소개를 부탁드립니다.

저는 사법연수원을 19기로 수료하고, 1990년에 검사로 임관하여 평검사 때는 서울중앙지방검찰청 특수1부 등 특별수사부서에서 주로 근무하였습니다. 부장검사, 차장검사 때는 법무부 검찰과장, 서울중앙지검 형사1부장, 대검찰청 수사기획관, 서울남부지검 차장검사, 수원지검 안산지청장 등을 거쳤습니다. 2012년 검사장으로 승진한 후에는 대검찰청 기획조정부장, 전주지검장, 서울북부지검장 등으로 근무하다가 2017년 5월 법무부 차관으로 공직을 마쳤고, 현재는 '김앤장' 법률사무소에서 근무하고 있습니다.

Q. 법조 직역 중 검사를 선택하신 이유는 무엇인가요?

물론 판사, 변호사도 법조인의 소중하고 의미 있는 직역이지만, 범죄를 직접 수사하여 그 진상을 밝히고 적극적, 능동적으로 업무 처리를 할 수 있는 검사가 제 적성에 맞다고 생각하였습니다. 특히 사법연수원 시절 검사 시보를 하면서 검찰조직의 끈끈한 동료애를 느낀 것도 제가 검사 임관 신청을 하는 데 큰 계기가 되었습니다.

Q. 1997년에 미국 조지워싱턴대학교로 검사 연수를 가셨던데, 연수 가셔서 주로 어떤 분야를 공부하셨나요?

LL.M.(법학석사) 과정으로 유학을 가서 만 1년 동안 공부하며 국제법, 국제형사법 분야를 특히 많이 공부하였고, 그 인연인지는 몰라도 귀국 직후 범죄인 인도, 국제형사사법 공조 등을 주된 업무로 하는 법무부 검찰4과에 발령을 받았습니다. 1997년 로마에서 개최된 국제형사재판소 설립을 위한 UN 외교회의에 정부 대표로 5주간 참석하며 재판소 설립을 위한 국제 협약인 로마 규정(Rome Statute) 채택 과정에 적극적으로 기여하였던 것을 보람 있게 기억하고 있습니다.

Q. 2004년부터 2006년까지 법무부 정책기획단 부장검사로 일하실 때 주로 어떤 업무를 담당하셨나요? 가장 기억에 남는 업무는 어떤 것이었나요?

가장 기억에 남는 업무를 2가지만 말씀드리면, 첫째, 당시 범죄 피해자 보호라는 개념 자체도 제대로 정립되지 않았던 상황에서 '범죄 피해자 보호, 지원을 위한 종합 대책'을 기안하여 발표하였는데, 범죄 피해자에 대한 보상 및 피해 회복, 2차 피해 방지, 피해자의 절차 참여권 보장 등 3가지 방향에 중점을 두었던 것으로 기억합니다. 아마도 이를 토대로 하여 그 후에 범죄피해자보호법이 국회에서 제정된 것으로 생각됩니다. 둘째, 법무부의 발전을 위한 변화, 전략계획서로서 『희망을 여는 약속』이라는 책을 만들어서 법무부의 미래 청사진을 그 책에 상세히 기재하였습니다.

Q. 2006년부터 2008년까지 법무부 형사기획과장으로 일하실 때 주로 어떤 업무를 담당하셨나요? 가장 기억에 남는 업무는 어떤 것이었나요?

법무부 형사기획과에서는 전국 검찰청의 수사 상황을 보고받아서 법무부장관에게 보고하고, 법무부의 국회 업무를 총괄하여 국회 개원 시 국회의원이 법무부장관에게 질의할 사항에 대한 답변을 작성하는 등의 업무를 수행하였습니다. 기본 현안을 따라가는 것만으로도 굉장히 바쁜 상황이었지만 정책 업무의 발전을 위해 노력을 많이 했습니다. 검찰의 '인권보호수사준칙'을 전면 개정하였고, 각급 검찰청의 검사장들이 인권감독보고를 반기마다 법무부장관에게 제출하게 하고, 이를 토대로 각 검찰청의 인권 상황을 평가하여 우수 기관을 포상하는 인권 평가 시스템을 도입하기도 하였습니다. 당시 모 사건에서 수사 검사와 피의자 간의 조사 과정 녹취록이 폭로되면서 허위 진술을 종용한 것 아니냐는 이슈가 제기되었고, 이로 인해 검찰의 인권 시스템 개선 요구가 높아졌던 것이 그 계기입니다. 당시 저는 제도만 아름답게 만들고 못 지키는 것보다는 있는 제도를 잘 지키는 것이 더 중요하다고 생각하여 위와 같은 시스템을 도입하였던 것입니다.

Q. 2008년부터 2009년까지 검사라면 누구나 가장 선호하는 법무부 검찰과장으로 일하실 때는 주로 어떤 업무를 담당하셨나요? 가장 기억에 남는 업무는 어떤 것이었나요?

검찰과는 검찰의 인사, 조직, 예산을 담당하는 중요 부서라서 업무량이 대단하였고 많은 일을 하였습니다만, 가장 기억에 남는 업무는 검사들이 임관할 때 하는 '검사 선서'를 제정한 일입니다. 종전에는 검사들이 '공무원 임용 선서'를 하며 임관하였는데, 검사만을 위한 선서를 새로 만들어 대통령령으로 제정하였던 것입니다. 당시 '검사 선서' 문안을 만드는 과정이 지난하였습니다. 먼저 대검찰청에서 위원회까지 만들어 논의한 끝에 초안을 보내왔지만, 장관님께서 그 내용이 밋밋하다고 마음에 안 들어 하셨습니다. 할 수 없이 법무부에 별도의 위원회를 만들어서 여러 차례 초안을 다듬어 보았지만 장관님은 거듭 퇴짜를 놓으시며 나중에는 역정까지 내셨습니다. 돌이켜 생각해 보면 애초부터 문학성이 필요한 문장은 여러 사람이 협의해서 만들 수 있는 일이 아니었던 것 같습니다. 아무튼 장관님에게 꾸지람까지 받고 나니 밤에 잠도 잘 안 오고 뒤척거리고 고민하던 어느 새벽, 문안 내용이 머릿속에 떠올라서 그야말로 일필휘지로 작성한 것이 현재의 '검사 선서'가 되었습니다. 당시 유명한 서예가의 글씨를 받아 위 선서를 액자로 만들었고, 지금도 각 검찰청의 로비 등 잘 보이는 곳에 게시되어 있습니다. 아무튼 직접 검사 선서 내용까지 작성하고 나니 그 이후 제가 물의를 일으켜서는 정말 안 되겠구나 생각하고 조금 더 신중하게 검사 생활을 하게 되었던 것으로 기억합니다. 그 전문은 아래와 같습니다.

　　"나는 이 순간 국가와 국민의 부름을 받고
　　영광스러운 대한민국 검사의 직에 나섭니다.

공익의 대표자로서

정의와 인권을 바로 세우고

범죄로부터 내 이웃과 공동체를 지키라는

막중한 사명을 부여받은 것입니다.

나는

불의의 어둠을 걷어내는 용기 있는 검사,

힘없고 소외된 사람들을 돌보는 따뜻한 검사,

오로지 진실만을 따라가는 공평한 검사,

스스로에게 더 엄격한 바른 검사로서,

처음부터 끝까지 혼신의 힘을 다해

국민을 섬기고 국가에 봉사할 것을

나의 명예를 걸고 굳게 다짐합니다."

Q. 2013년부터 2015년까지 전주지방검찰청, 서울북부지방검찰청의 각 검사
   장을 역임하시면서 주로 어떤 업무를 챙기셨나요? 검사장 근무 기간 중 가
   장 큰 업적으로 생각되는 일은 무엇인가요?

저는 검사장의 역할은 검사들이 외압을 받지 아니하고 소신대로 수
사할 수 있도록 배려하고, 혹시라도 수사 검사가 의욕이 지나쳐서 과
열된 수사를 진행할 경우 이를 자제시키는 것이라고 생각합니다. 따
라서 검사장 때도 기억에 남는 사건도 많고 자랑스러운 일도 많지만,
그것을 마치 나의 공적인 것처럼 얘기하는 것은 적절치 않다고 생각

합니다. 다만 수사 외적으로 기억에 남는 일은 첫째, 서울북부지방검찰청 검사장 시절 관내 법학전문대학원 4곳(고려대학교, 성균관대학교, 한국외국어대학교, 서울시립대학교)과 업무 협조하여 형사법을 주제로 교수, 검사 등이 발표 및 토론자로 참여하고 법학전문대학원생, 검사, 검찰청 직원 등이 방청하는 학술대회를 개최한 것인데, 이를 통하여 관내 법학전문대학원과 검찰청 간의 학술 교류 및 관계 증진을 할 수 있었습니다. 둘째, 제가 검사장으로 부임한 직후 대검찰청에 서울북부지방검찰청을 '재정, 조세범죄 중점 검찰청'으로 지정하여 달라고 요청하였으나, 대검찰청에서 일단 특별수사팀을 꾸려서 수사를 진행해 보라는 연락을 받고 '재정, 조세범죄 중점 수사팀'을 만들어서 주로 조세포탈, 보조금 부정수급 및 횡령 등 범죄에 대한 수사를 열심히 하였습니다. 최근에 실제로 서울북부지방검찰청이 '재정, 조세범죄 중점 검찰청'으로 지정되었습니다.

Q. 1990년부터 약 25년간 검사로 재직하시면서 가장 기억에 남거나 보람이 있었던 사건이 있다면 어떤 사건이었고, 그 이유는 무엇인가요?

현직 국회의원 수사, 언론사 탈세 사건 수사 등도 기억에 남지만, 가장 기억에 남는 사건은 제가 2003년 서울중앙지방검찰청 특수1부 부부장검사로 재직하면서 현직 대통령의 친형의 부패 범죄를 적발하여 기소한 일입니다. 당시 대통령께서 공개 사과까지 하셔서, 그때 사실 저는 좌천을 각오하고 있었는데 의외로 그 직후 인사 결과가 그렇지 않아 정부에 감사하게 생각하였던 기억이 있습니다. 두 번째로는 1991년 서울지방검찰청 농부지청 특수부에서 당시 제2의 상영자 사건으로 불렸던 대규모 주택조합사기 사건을 수사하여 기소하였던 일이 기억납니다. 피의자가 주택조합의 분양 가능 세대수보다 무려 400여 세대 이상을 초과 분양하여 400억 원 이상을 편취한 대형경제사건이었습니다. 그때 약 2주간 집에도 들어가지 못하면서 열심히 수사하였는데, 초임 검사로서 어려운 사건을 잘 마무리했던 것을 자랑스럽게 생각하였던 기억이 납니다.

Q. 2015년 12월부터 2017년까지 법무부 차관으로 재직하실 때 법무부장관의 사직으로 인하여 상당 기간 동안 장관 직무대행을 하셨는데, 이러한 장관 업무 수행은 일반 법조인들로서는 매우 경험하기 힘든 일입니다. 당시 장관 업무를 대행하시면서 가장 어려웠던 점 및 가장 기억에 남은 일은 무엇인가요?

제가 법무부 차관으로서 법무부장관 직무 대행을 한 시기는 2016년 11월부터 2017년 5월까지 6개월이었습니다. 당시 검찰에서 박근혜 대통령에 대한 K-스포츠재단, 미르 재단 등 관련 수사를 진행하였고, 그 과정에서 2016년 11월 29일 모시던 장관께서 용퇴하시는 바람에 제가 장관 직무 대행을 하게 되었습니다. 그 후 12월 9일 국회에서 대통령 탄핵소추안을 의결하였고, 이에 따라 대통령의 직무 집행이 정지되면서 당시 황교안 국무총리가 대통령 권한 대행을 하게 되었습니다. 2017년 3월 10일에는 헌법재판소에서 대통령에 대한 파면 결정을 내렸고, 급기야는 3월 31일에 박근혜 전 대통령이 구속, 수감되기까지 하였습니다. 돌이켜 보면 그야말로 격동의 시절이었고 혼란스러운 상황이었습니다. 법무부는 국법 질서를 책임지는 부서인데 저는 이와 같이 혼란스러운 상황에서 장관 직무 대행을 하는 제가 흔들려서는 안 된다고 생각하였습니다. 그래서 늘 기도하는 마음으로 업무에 임하였고, 평소보다 더 당당하고 의연하게 처신하려고 노력하였습니다. 그리고 업무도 더욱 적극적으로 수행하려고 노력하여 법무 행정의 최일선인 인천국제공항의 출입국 관리 현장, 일선 교도소 등도 자주 방문하며 직원들이 흔들림 없이 열심히 근무하도록 독려하기도 하였습니다. 다행히 큰 혼란 없이 2017년 5월 9일의 대통령 선거까지 마치게 되었고, 다음 날부터 새 정부가 출범하게 되었습니다. 그리고 저는 새 정부가 어느 정도 자리를 잡은 5월 22일에 소명을 다하고 차관직을 마치게 되었습니다. 장관 직무 대행 기간 중 가장 기억에 남는 일은 엊그제까지 대통령으로 모시던 박근혜 전 대통령이 서울구치소에 수감되었던 일입니다. 참으로 안타까웠던 일이었지만, 수감 중에 불상사나 불미스러운 일이 발생하지 않도록 교정 직원들로부터 수시로 보고받고, 잘 챙겨 보려고 노력하였던 기억이 납니다.

Q. 법조 원로로서 후배 법조인에게 조언해 주고 싶으신 사항은 무엇인가요?

과거보다 법조 환경이나 법조인에 대한 대우 등이 안 좋아진 것은 사실이지만, 언제나 기회는 있는 법입니다. 처음 법조인 생활을 시작하시는 분들은 단기간에 성과를 내려고 조급하게 움직이지 말고 꾸준히 한 분야 전문가가 되기 위한 노력을 하는 것이 중요하다고 생각합니다. 특히 외국어 구사 능력 향상에도 노력하시고, 리걸테크에 대한 이해 및 활용에도 관심을 기울이시기 바랍니다. 제가 최근 미국 대형 로펌의 AI 담당 파트너 변호사들과 대화하면서 "미래에 AI가 변호사를 대체하는 것 아닌가" 하는 질문을 하자 미국 변호사는 "아니다. 미래에는 AI로 무장한 변호사가 AI로 무장하지 못한 변호사들을 대체할 것이다."라고 답하였는데, 나름 의미가 있는 답변이었다고 생각합니다.

Q. 현재 지방검찰청의 일선 검사를 바라보시면서 가장 아쉬운 점은 무엇인가요?

현재도 대부분의 검사는 사명감을 가지고 열심히 일하고 계시고 도덕성도 높은 수준이라고 생각합니다. 그러나 간혹 수사에 대한 열정이 너무 과다한 검사도 있고, 정반대로 너무 소극적으로 업무를 처리하는 검사들도 보입니다. 중용이 중요해 보입니다.

Q. 법조인이 갖추어야 할 가장 중요한 덕목은 무엇인가요?

정의감, 인권을 존중하는 신사다운 자세 그리고 의뢰인의 신뢰를 받을 수 있는 인격이 가장 중요한 덕목이라고 생각합니다.

Q. 변호사님의 향후 계획은 어떠한가요?

저는 어려운 상황에 있는 사람들에게 도움이 되는 변호사, 후배들을 격려해 주고 발전할 수 있도록 지원해 주는 변호사가 되고자 합니다. 그리고 꼭 우리나라만의 문제는 아니지만 요즘 포퓰리즘(Populism)으로 인하여 민주주의가 흔들린다는 염려가 많습니다. 우리 사회의 민주주의와 법치주의를 지키기 위하여 작은 노력이라도 해야 한다고 생각하고 있습니다.

"AI 시대에는 굳은 심지와
섬세한 지적 감각이 필요"

'법무법인 세종' 윤재윤 변호사

Q. 변호사님의 간단한 약력 및 자기소개를 부탁드립니다.

저는 제11기 사법연수원을 수료하고 81년도 처음 수원지법 판사 임용을 시작으로 서울가정법원, 서울지법, 부산고법, 서울고법의 각 부장판사를 거쳐 춘천지방법원장으로 공직을 마친 뒤 2012년부터 현재까지 '법무법인(유) 세종'의 변호사로 활동하고 있습니다.

Q. 1981년에 판사로 법조인으로서의 첫발을 내딛으시고 30년이 넘는 기간의 판사 생활을 지내셨는데요, 바람직한 판사는 어떤 모습이어야 한다고 생각하시나요?

판사는 첫째도, 둘째도 성실해야 하고, 다음으로 겸손해야 합니다. 법관이 담당하게 되는 사건은 어느 당사자라도 일생에 한 번 겪는 매우 중요한 사건이기 때문에 진실 파악을 위하여 사건 기록을 명확하게 파악할 수 있도록 성실해야 합니다. 또한 판결을 선고할 때 나에게 편견이 없는지 매번 불안함을 가져야 합니다. 자신을 객관적으로 보고, 내가 항상 옳지 않을 수 있다는 생각으로 반대의 측면 또한 늘 고려하는 것이 겸손함이지요. 끝으로 원활한 사건 진행을 위하여서라도 말 한마디 한마디를 신경 쓰는 것 또한 중요하다고 할 수 있겠네요. 신뢰받는 판사가 된다는 것은 거의 예술가적 면이 있다고 생각합니다.

Q. 2012년 법무법인 세종의 변호사로 개업하셨는데요, 특별히 세종과 연을 맺으신 이유가 있으실까요?

저는 오랜 기간 법관직을 맡아 왔지만 평소에도 재판은 판사만 주체가 아니라 변호사도 다른 한 축이라고 생각해 왔고, 언젠가 변호사 생활을 꼭 해 보고 싶었습니다. 법관은 무대 위에 펼쳐진 증거를 보게 되지만, 무대 뒤에서 이 무대를 준비하는 변호사의 역할을 경험해 보고 싶었거든요. 그러다 춘천지방법원장 때 '세종'에 있는 친한 후배로부터 제의를 받았고, '세종'의 색이 저와 잘 맞는다고 생각하여 연을 맺게 되었습니다.

Q. 길었던 법원 생활을 자평하면 어떤 법관이셨습니까?

저는 뛰어난 판단력을 가진 법관이었다고는 생각하지 않습니다. 그러나 누구보다 성실하게 애를 쓰면서 옳은 판결을 하려고 노력했다고는 생각합니다. 그리고 저는 제도 개선에 관심이 많았습니다. 가정법원 판사로 재직할 때는 소년 사건에서 소년을 돌봐 줄 보호자를 두도록 하는 소년자원보호자제도를 정립시키기도 하였고요. 재판을 받은 소년이 집으로 돌아가더라도 기존과 동일한 환경에서 같은 잘못을 저지르기 쉬운데, 그렇게 되지 않도록 그 소년에게 꾸준히 관심을 두고 연락할 수 있는 멘토를 연결해 주었고, 이러한 멘토 제도가 그 이후 소년자원보호자제도로 발전했습니다. 예전엔 형사재판을 하면서 경찰 피의자신문조서의 환경기재부분을 보고 양형을 할 정도로 양형 자료가 빈약했는데 양형 진술서를 도입한다거나, 양형에 관한 정신 감정을 최초로 시도하였지요. 2001년에 중앙지법에서 건설 감정인 세미나를 최초로 열어 건설 감정 매뉴얼을 작성하기도 하였습니다. 100여 명이 올 거라고 생각했는데, 400명이 넘게 올 정도로 반응이 좋았어요. 돌이켜 보면 법관으로서 문제 있는 제도를 조금이나마 개선해 왔다는 점에 지금도 보람을 느끼곤 합니다.

Q. 건설 분야의 전문가로 알려져 있으신데, 해당 분야를 전문으로 하신 이유가 있으시다면?

제가 2000년에 서울중앙지법 건설전문재판부를 맡았는데, 당시 참고할 만한 자료가 전혀 없는 거예요. 공부해 가며 재판을 했죠. 그리고 대한변협에서 2002년에 변호사연수 강의를 해 달라고 요청이 왔어요. 그래서 40쪽짜리 강의록을 만들어서 강의를 했는데 그게 공전의 히트를 친 겁니다. 워낙 참고할 만한 자료가 없던 때여서요. 그걸 썩히기는 아깝고 해서 재판을 하면서 2년 동안 휴일 없이 자료를 수집하고 연구해 『건설분쟁관계법』이라는 책으로 냈어요. 그래서 초판은 끔찍하도록 부실합니다. 그런데도 하도 반응이 좋아 계속 8판까지 개정판을 내었고, 개정판을 내면서 점차 책 같아졌습니다. 보니까 여름 휴가철에 좀 여유 있게 쓴 부분은 읽을 만하고 평일에 야근하며 쓴 부분은 대충대충 쓴 티가 나더라고요(웃음). 그렇게 쓴 책이 대우받는 걸 보면 우리나라 전문성이 약한 것 같아요. 그래서 연수나 강의 나가면 그래요. 한 10년만 한 분야를 파고들어 공부하고 1년에 논문 1편씩만 발표하면 전문가 된다고요. 남들이 하지 않는 분야를 택해 꼭 그렇게 해 보라고 후배들에게 권고합니다.

Q. 후배 변호사들에게 법조인으로서 갖추어야 할 점들을 조언해 주신다면?

수명 100세가 현실화되고, 예측 못 할 일들이 계속 생기는 이 시대에 가장 필요한 것은 통찰력과 강건함을 가진 정신 아닐까 생각합니다. 바쁜 일에 쫓기지만 한 단계 높은 시야를 갖도록 애써야 할 것 같아요. 유튜브로 교양을 얻는 사람들이 많은데, 이는 사유로 연결되지 않습니다. 아주 좋은 책을 골라서 3번씩 읽으면 어떨까요.

그리고 요즘 AI와 관련하여 법조 시장에도 많은 영향이 있을 것이라 예상하고, 저 또한 그럴 것이라 생각하는데요. 지금은 향후 20년 뒤가 예측 불가능한 최초의 시대라고 합니다. 아마도 AI가 주도할 변화는 현재 예상보다 훨씬 빠르고 넓을 것 같아요. 이런 변화 추세에도 관심을 갖고 살펴야 할 것입니다. 굳은 심지와 섬세한 지적 감각이 요구되는 어려운 시대를 맞는 것이지요.

Q. 법조인이 아닌 '인간 윤재윤'을 한마디로 표현한다면?

한마디로 표현하기는 너무 어려운 것 같습니다. 우선, 저는 좀 심약하고, 생각 많고, 고민이 많은 성격 같습니다. 낙천적인 사람이 참 부럽지요. 또 하나는 저는 무언가 개선하는 측면에서 창의적인 아이디어를 잘 내는 편이에요. 제도의 운용과 개선에 항상 흥미를 느끼기 때문인 것 같습니다. 끝으로 인간과 자연에 관한 지적 호기심이 아주 큰 편입니다. 책을 읽고 알아 가는 것이 정말 재미있어요.

Q. 변호사님의 삶에 가장 큰 영향을 준 인물과 그 이유는 무엇인가요?

제 취미가 인물의 전기와 자서전을 읽는 것인데요. 우리나라에 좋은 전기물이 너무 적어서 안타깝습니다. 나이가 들면서 뛰어난 인물들의 삶이 더 절실하게 다가옵니다. 요즈음 제2차 세계대전을 승리로 이끈 미국의 조지 마셜 장군의 전기를 읽고 감동했습니다. 그는 현대사에서 공적 생활과 자신의 내면생활을 조화시킨 거의 유일한 사람으로 평가받고 있습니다. 온갖 복잡한 일을 하면서도 정직한 사람이라고 존경받았지요. 미국 군대를 현대화시킨 장본인이고요. 이 사람을 알게 되면서 저 자신이 해 온 일을 새삼 생각하게 됩니다.

Q. 다시 태어나신다면, 그때도 법조인이 되실 것인가요?

단호하게 '노'라고 얘기하고 싶습니다. 저는 원래 사회학과를 가고 싶었거든요, 그런데 부모님들께서 너무 원하셔서 법조인의 길을 걷게 되었습니다. 다음 삶에 법조인이 되라고 하면 아버지와 싸울지도 모르겠습니다(웃음).

Q. 끝으로 향후 변호사께서 꼭 이루고자 하시는 것이 있나요?

제가 42년간의 긴 법조 생활을 해 왔는데요. 제가 그동안 알고, 경험하고, 배운 것들을 후배들과 나누어야 하겠다고 생각하고 있습니다. 제가 겪은 적지 않은 경험들을 토대로 성실함과 정직함을 갖추라고 조언해 주고 싶습니다. 많은 사람들보다 소수의 사람들이 모여서 겪은 일을 편하게 이야기하는 기회를 가져야 하겠다고 마음먹고 있습니다.

"경청의 자세가 법조인의 필수 덕목"

김기동 전 부산지검장

Q. 변호사님의 간단한 약력 등 소개를 부탁드립니다.

저는 사법연수원을 21기로 수료하고 군법무관을 거쳐서 1995년 3월 서울지방검찰청 남부지청(현 서울남부지방검찰청) 검사를 시작으로 약 25년간 검사로 재직했습니다. 법무부 2년, 대검찰청 1년을 제외한 약 22년간 일선 검찰청에서 근무했는데, 대부분의 기간을 특수부, 강력부와 같은 인지 부서에서 수사 업무를 담당했습니다. 특히 서울중앙지방검찰청 특수3부 및 1부 부장검사, 부산동부지청에 설치된 원전비리수사단 단장, 대검찰청에 설치된 방위사업비리 합동수사단 단장과 부패범죄특별수사단 단장 등 특별수사부서의 책임자를 여러 번 맡은 바 있습니다. 고달프고 힘든 면도 있었지만, 검찰 조직에서 과분한 기회를 부여받았다고 생각합니다. 2019년 7월 31일 자로 부산지방검찰청 검사장직을 마치고 2019년 9월 변호사 개업을 한 후, 2022년 2월경 '법무법인 로백스'를 설립하였습니다.

Q. 법조 직역 중 검사를 선택하신 이유는 무엇인가요?

사법연수원 2년, 군법무관 3년 동안 진로에 대하여 고민해 본 결과, 적극적·능동적인 업무 처리를 요구하는 검사가 제게 좀 더 잘 맞는다고 판단하여 검사 임관을 선택하였습니다.

Q. 2005년에 영국 런던 대학으로 검사 연수를 가셨던데, 주로 어떤 분야를 공부하셨나요?

일반적으로 검사들이 해외 연수를 가는 시점보다는 늦은 시점인 부부장 검사 때인 2005년에 6개월간 영국 런던에 있는 University College London에서 해외 연수를 하면서 영국법원이나 대형 로펌을 방문하여 영국 법 실무를 현장에서 볼 수 있는 기회를 가졌습니다. 당시 한국에서는 사법개혁의 일환으로 공판중심주의가 논의되면서 "검사 작성의 조서가 형사재판을 위해 필요한지, 또 그 조서에 대하여 고도의 증거 능력을 부여할 필요가 있는지"에 대하여 큰 논쟁이 있었습니다. 법무부의 지시로 영국은 수사단계에서 조서를 작성하는지 실태 조사를 한 후 관련 리포트를 제출하였고, 귀국 후에는 논문도 제출했습니다. 그 과정에서 법체계 전체를 고려하지 않고 '조서'라는 부분적 제도만 가지고 다른 나라와 비교하면 큰 오류를 범할 수 있다는 점을 느꼈습니다. 사법 방해죄나 수사기관에서의 허위 진술자를 처벌하는 형사법 체계를 가진 나라와 우리나라를 단순 비교하는 것은 관점이 잘못되었다고 생각합니다.

Q. 2000년 법무부 인권과 검사로 일하실 때 주로 어떤 업무를 담당하셨나요? 가장 기억에 남는 업무는 무엇인가요?

당시 법무부 법무실 인권과(현재의 법무부 인권국으로 확대 개편)는 부장검사인 과장을 포함하여 검사 3명이 근무하는 작은 조직이었습니다. 인권과에서 2년간 근무했는데, 당시 큰 현안이 되고 있던 국가인권위원회와 관련된 법률과 시행령 제정 및 위원회 출범 업무를 담당하였습니다. 인권단체와 정부와의 현격한 입장 차이가 있는 상태에서, 실무자로서 각종 입법 관련 자료를 검토하고 작성하느라 고생했던 기억이 지금도 새록새록 떠오릅니다. 남아프리카공화국에 출장 가서 그 나라의 인권위원회 관계자를 인터뷰하는 기회를 가졌고, 방문 결과를 정리하여 '법조'지에 기고하기도 하였습니다. 국가인권위원회 출범 후, 김대중 대통령께서 수고한 사람 100여 명에게 친서 형식으로 편지를 보내셨는데, 가족들이 대통령의 친서를 받고 감격하던 생각이 납니다. 지금도 그 친서를 가보처럼 보관하고 있습니다.

Q. 검사 경력 중 상당 기간을 특수 수사 업무에 종사하셨는데 그 업무가 실제로는 어떠했나요?

언론의 주목을 받아서 화려해 보일지 모르지만, 실제로는 힘들고 고달픈 자리입니다. 작은 실수 하나가 수사 전체를 망치고, 자신뿐만 아니라 검찰조직에도 치명상을 입힐 수 있기 때문에 늘 천 길 낭떠러지 바로 옆을 걸어가는 긴장감을 가지고 있어야 합니다. 휴일 없이 매일 밤늦게까지 일해야 하고, 사생활을 거의 포기할 정도로 격무입니다. 사회의 부패와 비리를 척결하여 나라의 발전에 기여한다는 긍지와 보람이 없으면 견디기 힘든 자리입니다.

Q. 2013년 원전비리수사단은 어떤 경위로 출범하게 되었고 어떤 성과가 있었나요?

　제가 2013년 부산지방검찰청 동부지청장을 하던 때 중대한 원전 부품의 하자로 인하여 원전의 가동이 중단되는 초유의 사태가 발생하여 국민의 공분을 초래하게 되었습니다. 그 원인을 규명하고 비리 관련자를 수사하기 위해 고리원전 등 다수의 원전이 소재한 부산지방검찰청 동부지청에 수사단이 출범하면서 지청장이던 제가 수사단장을 맡게 되었습니다. 약 100일간의 수사로 전 한국수력원자력공사 사장 등 고위직 관련자를 다수 구속하고, 중간 수사 결과를 발표하였고, 정부에서는 이를 토대로 종합적인 재발 방지 대책을 수립·시행했습니다. 당시 검찰의 강력한 수사와 정부의 긴밀한 대응으로 자칫 좌초될 뻔하였던 UAE에 대한 원전 수출이 계속될 수 있었다는 점을 지금도 큰 보람으로 생각합니다.

Q. 2014년 방위사업비리 합동수사단은 어떤 경위로 설립된 것이고, 당시 주로 어떤 업무를 담당하였으며, 그 성과는 어떠하였나요?

　침몰된 선체를 인양하기 위한 목적으로 만들어진 해군의 수상함구조함(통영함)이 소나(탐지 부품)의 불량으로 실제로 기능할 수 없다는 점이 세월호 사건으로 드러나면서 방위사업비리에 대한 국민들의 공분이 크게 일었습니다. 이에 정부에서는 2014년 11월 검찰, 감사원, 경찰, 국세청, 금감원, 군수사기관 등 관련 기관이 모두 참여하는 범정부적인 '방위사업비리 정부합동수사단'을 대검찰청에 실치하였습니다. 인원만 130여 명에 이르는 대규모 수사단이었습니다. 당시 저는 의정부지방검찰청 고양지청장으로 근무하고 있었는데, 원전비리수사단장으로 수사를 지휘했던 경력이 고려되어 위 수사단의 단장을 맡아서 수사를 지휘하게 되었습니다.

10여 개월 정도 수사 후 2015년 7월 중간 수사 결과를 발표하였고, 그를 토대로 국무총리 주관의 재발 방지 종합 대책도 마련되었습니다. 기업처럼 방위사업청에 법률전문가가 중심이 된 컴플라이언스 전담 조직을 만들자고 제가 제안했는데, 이것이 받아들여져 방위사업청에 '방위사업감독관' 조직이 만들어져 지금도 활동하면서 비리 예방에 기여하고 있어 이 또한 큰 보람으로 생각하고 있습니다. 검찰에서도 중앙지검에 방위사업수사부라는 정식 조직이 만들어졌고, 현재는 수원지검으로 조직이 이관되었습니다.

Q. 2016년 대검찰청 부패범죄특별수사단은 어떤 경위로 설립된 것이고, 당시 주로 어떤 업무를 담당하였나요?

1981년에 설치된 대검찰청 중앙수사부는 소위 '거악범죄'라고 불리는 대형·구조적 비리에 대한 수사를 하며 국가 발전에 기여했습니다. 재벌 비리, 분식회계, 대선자금 수사 등은 중앙수사부와 같이 강력하고 효율적인 수사부서 아니면 감당하기 힘든 수사입니다. 그러나 그런 과정에서 정치적 중립성 논란 등이 계속 있어 왔고, 결국 2013년 폐지하게 되었습니다. 그러나 몇 년 후 오히려 검찰의 수사력 약화로 부정부패 대응에 문제가 있다는 여론이 강하게 형성되었고, 이런 문제의식으로 2016년 김수남 검찰총장님이 취임하면서 한시적 기구로 설치한 것이 대검찰청 부패범죄특별수사단이었습니다. 저는 단장으로서 전체 수사를 지휘하는 위치에 있었습니다.

Q. 2018년 부산지방검찰청의 검사장을 역임하시면서 주로 어떤 업무를 챙기셨는지요? 검사장 근무 기간 중 가장 큰 업적으로 생각되는 일은 무엇인가요?

당시 이른바 적폐 수사를 한참 진행 중이던 서울중앙지방검찰청에 타 지방 검찰청의 검사들이 많이 파견 나가는 바람에, 인력 부족으로 민생과 직결된 일반 고소, 고발 사건 등 일반 형사사건의 처리가 현저히 지연되고 있었습니다. 이런 문제를 해결하기 위하여 간부들뿐만 아니라 검사 및 수사관들과 여러 방식으로 토론을 하면서 해결 방안을 모색해 나갔습니다. 처음에는 반발과 이견도 많았지만, 검사나 수사관들도 어느 정도 공감대를 형성해 나갔습니다. 영상 녹화 등을 활용하여 조사 시간을 대폭 줄이고, 평검사들이 하는 업무 중 경찰 수사 지휘 업무 등 일부는 부장검사들이 직접 맡자는 등의 방안과 수사관들도 검사의 감독을 받되, 정형화된 일정 사건에 대하여 권한과 책임을 가지고 사건 처리를 하는 것에 대한 방안도 시행하였습니다. 검사직무대리의 업무 범위 확대는 법령 개정 사항이라 급한 대로 실무적으로 해결하고자 했던 것입니다. 다양한 방안을 시행한 결과, 부산지검에서 장기 미제가 대폭 해소되는 효과도 거두었습니다. 제가 시도했던 방안들이 정답은 아닐 수 있지만, 검찰의 장기 미제가 심각한 수준까지 이른 지금 그때 가졌던 문제의식은 여전히 유효하다고 생각합니다. 같이 토론하고 논쟁했던 후배 검사들이 그때 치열하게 고민했던 점들을 더 발전시켜 나가 주리라고 기대합니다.

Q. 1995년부터 약 24년간 검사로 재직하시면서 가장 기억에 남거나 보람이 있었던 사건이 있다면 어떤 사건이었고, 그 이유는 무엇인가요?

제가 대검찰청 부패범죄특별수사단 단장으로 있을 때 대우조선해양 및 위 회사의 회계 등 감사를 담당한 회계법인의 분식회계 비리를 수사하였습니다. 장기간에 걸친 수조 원대의 대형 분식회계를 적발했고, 회계사뿐만 아니라 회계법인 자체를 기소하여 유죄 판결을 받아냈습니다. 대우부도사건 때 회계법인이 처벌받은 이후 처음 있는 사례였습니다. 회계법인도 행정상 제재를 크게 받았습니다. 수사에서 회계법인이 해당 기업과의 관계에서 '을'의 입장이 되어 감사를 진행한 결과, 분식회계를 알면서도 적정 의견을 낼 수밖에 없는 구조적 문제가 드러났습니다. 외부감사법인이 보다 독립적이고 객관적인 위치에서 감사할 수 있는 제도 개선을 도모하게 되었고, 그 결과 현재 '주기적 지정감사제'가 도입되어 시행되고 있습니다. 일정한 기간은 기업이

외부감사법인을 선정하지 못하고 일정한 풀에서 무작위로 선정하게 한 것입니다. 주기적 지정감사제도 보완할 점이 많고 기업에 부담을 준다는 의견도 있지만, 이를 계기로 외부감사제도가 한 단계 발전한 것만큼은 분명합니다. 그런 점에서 지금도 큰 보람으로 간직하고 있습니다.

Q. 법조 원로로서 후배 법조인에게 조언하여 주시고 싶은 사항은 무엇인가요?

첫째, 건강입니다. 법조인은 어느 직역이든 상당한 격무에 시달리고 스트레스도 많이 받는데, 젊어서부터 신경 써서 체계적·지속적으로 체력 증진에 노력해야 하고, 그래야만 자신의 업무를 훌륭하게 수행할 수 있습니다. 둘째, 타인의 말을 경청하는 자세입니다. 검사, 판사, 변호사 직역에 관계없이 사건 관계자나 업무로 접촉하는 사람들의 말을 경청해야만 업무도 더 잘 처리할 수 있고, 주변으로부터 좋은 평가도 받을 수 있습니다.

강하게 추궁하는 검사를 일 잘하는 검사로 아는데, 절대 그렇지 않습니다. 인내심을 가지고 피의자의 불평불만을 끝까지 들어 주는 검사들이 당사자의 승복을 받아 내는 것을 많이 보았습니다. 제가 존경하는 선배 검사들도 예외 없이 다른 사람의 말을 경청하는 분들이었습니다.

Q. 현재 지방검찰청의 일선 검사들이 갖추어야 할 가장 중요한 덕목은 무엇인 가요?

검사가 하는 일은 크게 국민 권리구제와 부패 척결 두 가지로 볼 수 있습니다. 그런데 제가 검사 생활을 마치고 나서 돌이켜 보니, 두 가지 중 후자보다 전자가 일반 국민의 입장에서는 더 중요한 것으로 생각됩니다. 국민의 어려움을 보살펴 주고 피해자의 권리를 구제해 주는 검사의 본질적 사명은 어떤 경우에도 바뀌지 않을 것입니다. 한 사건 한 사건 정성을 다해서 정확하게 처리하려고 노력하면 검사로서의 보람을 느낄 수 있을 것이라고 저는 확신합니다.

Q. 변호사님의 향후 계획은 어떠한가요?

'법무법인 로백스'를 설립할 때 판사나 검사 출신 변호사들이 송무에만 치중할 것이 아니라 법적 분쟁이 발생하기 전 단계에서 기업이나 개인의 사법리스크를 사전에 예방하고 미리 대응하도록 법적 자문을 해 주는 것이 중요하다고 생각했습니다. 앞으로도 저희 법무법인이 이러한 측면에서 선도적 역할을 할 수 있도록 노력하고자 합니다.

"사회 정의를 위한 초심을 잃지 말 것"

안창호 변호사(전 헌법재판관)

Q. 변호사님의 간단한 약력 및 자기소개를 부탁드립니다.

1985년 1월 서울지방검찰청 검사로 임관하여, 2012년 9월 서울고등검찰청 검사장을 끝으로 검사로서 27년 9개월 근무했고, 2012년 9월부터 2018년 9월까지 6년간 헌법재판관으로 재직한 바 있습니다. 현재는 '법무법인(유) 화우'의 고문변호사로 재직 중입니다.

Q. 1985년 서울지방검찰청 검사로 임관하신 후, 약 28년간 검사로서 소임을 다하셨습니다. 검찰 생활을 한마디로 자평하면 어떤 검사셨습니까?

성실하고 있는 자리에서 최선을 다하려고 노력했던 검사였습니다. 달리 말씀드리면, 제 임지를 '하나님으로부터 소명을 받은 자리'라고 생각하고, 부족하지만 그 소명에 충실하려고 노력했던 검사였다고 생각합니다.

Q. 28년의 검찰 생활, 7년의 헌법재판소 생활까지, 기나긴 공직 생활을 마치셨을 때 소회가 어떠셨습니까?

소회라고까지 말씀드리는 것은 그렇습니다만, 대과(大過) 없이 공직을 마칠 수 있어 감사했습니다.

Q. 변호사로서 다시 시작하게 된 특별한 계기가 있으신지 궁금합니다.

법조인은 처음부터 변호사로 출발하거나, 판사 또는 검사로 출발하더라도 최종적으로 모두 변호사가 되게 됩니다. 더욱이, 요사이는 평균 수명이 80세가 넘어 공직을 마친다고 해도 변호사로서 활동할 시간이 많이 남아 있습니다. 삶에 의미를 찾고 이 시간을 잘 활용하기 위해서라도 변호사 자격이 있는 사람은 그 일을 해야 할 것입니다.

Q. 그렇게 하려면 몸도 마음도 모두 건강을 유지하도록 노력해야 할 것 같습니다. 건강을 유지하기 위한 변호사님만의 비결이 있으신지요?

저는 매일 퇴근할 때 집까지 걸어서 30~40분 정도 걸리는 곳에서 내려 걷습니다. 가는 길에 야트막한 산이 있어 산길을 따라 걷습니다. 시야가 좀 트인 곳에서 먼 곳을 바라보며 여러 생각을 합니다.

또 팔굽혀펴기를 매일 합니다. 팔굽혀펴기는 목디스크와 오십견에 좋은 것 같습니다. 남녀노소 가리지 않고 모두 추천합니다.

Q. 법조인으로서 중요하게 생각하시는 덕목이나 명제가 있으신지요?

정직입니다. 민주주의는 신뢰를 기반으로 합니다. 신뢰는 위임과 동의라는 민주적 관념들이 제대로 작동하기 위한 조건입니다. 신뢰는 진실하고 정직할 때에만 형성, 유지될 수 있습니다. 진실과 정직은 민주시민 삶의 모든 영역에서 필요한 품성입니다. 민주시민의 한 사람으로서, 또 정직한 사회를 만들어야 하는 변호사로서 마땅히 정직해야 합니다.

링컨은 1850년 법률 강의를 한 적이 있는데, 그의 강의 노트에는 다음과 같은 글이 적혀 있습니다. "변호사는 어떤 사람이 되어야 하는가? 사람들은 일반적으로 생각하기를 변호사는 정직하지 못하고 정직해서는 안 되는 직업이라고 생각한다. 그러나 이는 잘못된 생각이다. 만약 변호사가 되기를 원한다면, 단 한 순간이라도 이런 부정직한 생각을 가져서는 안 된다. 어떠한 상황에서도 정직해야 한다. 그리고 스스로 판단하기에 만약 정직한 변호사가 되지 못할 것 같으면, 변호사가 되지 말고 먼저 정직한 사람이 되어야 한다." 정직한 링컨은 미국 국민들을 감동시켰고, 링컨으로 하여금 '정직한 에이브(Abe)' '미국에서 가장 정직한 변호사'라는 호칭을 얻게 했습니다.

Q. 정직은 변호사뿐만 아니라 민주주의 시민들 모두에게 요구되는 덕목이라고 볼 수 있겠습니다. 그리고 결국 민주주의의 토대는 정직이고요.

그렇습니다. 민주주의가 제대로 작동하고 발전하기 위해서는 정직이라는 토대가 있어야 합니다. 이는 법조인으로서 자문을 할 때에도, 송무를 할 때에도 사실관계 파악이 제일 중요한 것과 같은 맥락입니다. 민주주의의 장(場)에서 서로 다른 의견들을 자유롭게 개진하고,

또 그런 의견들이 경합하면서 합리적 결론에 이르기 위하여서는, 그 기초 사실에 거짓이 없어야 합니다. 서로 논의하고 있는 전제 사실이 다르다면 제대로 된 논의가 이루어질 수 없겠지요. 모두가 정직하게, 진실에 기반하여 논의할 수 있어야 합니다.

Q. 민주주의의 정직한 토대가 장착이 되려면 어떤 노력이 필요할까요?

개인 차원에서는 자신이 알고 있는 것이 사실에 부합하는지 파악하기 위하여 계속 노력하여야 합니다. 변호사 업무에서도 소송이나 자문을 진행하면서 자신이 알고 있는 것에 더하여 새로운 사실이 발견되기도 하지요. 자신이 기존에 알고 있는 것과 부합하지 않더라도 그것을 받아들이는 열린 태도, 즉 관용이 필요합니다.

나아가 사회적 차원에서는 시민들이 민주주의 과정에 지속적으로 관심을 가지고 또 참여하여야 합니다. 특히 민주주의를 대변하는 정치인들이 진실을 말하고 있는지를 계속 눈여겨봐야 합니다. 1970년대 미국의 워터게이트 사건을 보면, 당시 닉슨 대통령은 사건을 은폐하려고 하고 국민들에게 거짓말을 했습니다. 이것이 결국 들통나 사임을 하게 되었습니다.

정치인들이 정직을 지키는 것과 시민들이 이를 감시하는 것은 매우 중요한 일입니다. 제가 헌법재판관으로 다루었던 사건 중에, 한 시민단체 회원들이 부산 기장군의회가 임시회의 방청을 불허한 것에 대해 헌법소원을 낸 사건이 있습니다. 우리나라 국회도 그렇고 이 사건의 기장군의회도 그렇고, 출석의원 과반수 의결이 있으면 회의를 비공개로 할 수 있습니다. 당시에는 각하 결정이 났지만, 의회 회의를 시민들이 방청하여야 대의기관 입장에서도 의사 결정 과정을 시민들이 지켜보고 있다고 생각하여 사적 이익이 아니라 공적 가치에 근거한 의사 결정을 할 것입니다.

Q. 의사 결정에서 또 고려되어야 하는 것들이 있을까요?

어떠한 목적 달성을 위해 사용할 수 있는 정책이나 수단은 다양합니다. 입법 과정에서 이러한 다양한 의견들이 정직이라는 토대 위에서 자유롭게 논의될 수 있어야 합니다.

제가 '화우'에서 변호사로 활동을 시작하면서 위헌법률심판 제청 신청을 하였던 중대재해처벌법도 목적 달성을 위한 다양한 논의와 접근이 필요한 경우입니다. 중대재해처벌법은 산업 재해 예방이라는 목적을 달성하기 위해서 의무를 위반한 경영자들을 처벌하도록 하면서도, 경영자들이 법을 준수하기 위하여 구체적인 의무가 무엇인지 모를 때가 많이 있습니다. 명확성의 원칙에 부합하게끔 의무 사항에 대한 전반적인 보완이 필요합니다.

Q. 시민들에게 필요한 다른 덕목들이 있을까요?

민주주의는 시민의 덕성에 기초하여 작동합니다. 시민이 갖추어야 할 9가지 덕성을 생각하고 있는데, 여기에는 '사랑, 정의, 정직' 등이 있습니다. 이 중에 민주시민의 핵심 덕목은 '정직'이라고 생각합니다.

Q. 몸담으셨던 조직의 성격이나 스타일이 매우 다릅니다. 어느 조직이건 간에 두터운 신망을 얻는 비결을 후배들에게 조금 전수해 주시면 좋을 것 같습니다.

후배들의 신뢰를 얻기 위해서는 후배를 평가하려는 것이 아니라 먼저 사랑하고, 그가 잘되기를 바라고, 공정하게 대하고, 먼저 믿어 주는 것입니다.

맹자는 제나라 선왕에게 "군주가 만약 신하를 자신의 손발처럼 소중하게 여기면 신하는 군주를 자신의 배와 심장같이 여깁니다. 군주가 만약 신하를 개나 말처럼 하찮게 여기면 신하는 군주를 자신과 아무 관계 없는 보통 사람으로 여깁니다. 군주가 만약 신하를 흙덩이나 지푸라기같이 천하게 여기면 신하는 군주를 원수로 여깁니다. (君之視臣如手足, 則臣視君如腹心. 君之視臣如犬馬, 則臣視君如國人. 君之視臣如土芥, 則臣視君如寇讎)"라고 하였습니다(孟子 離婁 下).

Q. 변호사님께 가장 큰 영향을 준 인물과 그 이유는 무엇인가요?

　도산 안창호 선생님과 링컨 대통령입니다. 도산은 이름이 같아서 평소 관심이 있었고, 링컨은 전기를 읽을 때마다(최근에는 2019년 夏期 서울대학교 행정대학원 졸업식 축사를 위하여 링컨의 전기인 『권력의 조건』을 읽음) 진한 감동을 주었습니다. 두 분의 공통점은 항상 정직하고자 하였고, 대의를 위해 기꺼이 자신을 희생했다는 점입니다.

　또, 링컨 대통령의 경우에는 대통령이 되기 전까지는 상원 또는 주지사로 활동한 적이 없었습니다. 링컨은 대통령이 되고 나서는 자신에게 반대하는 인물들을, 어떻게 보면 자신의 지위를 위협할 수 있는 사람들을 요직에 임명하였습니다. 링컨 대통령이 겸손하게 주위 사람들의 의견을 듣고 그중 최선을 찾았기에, 미국을 통합하고 노예 해방이라는 금자탑을 쌓을 수 있었습니다.

Q. 변호사님께서도 호를 가지고 계신지 궁금합니다.

　헌법재판관 시절, 헌법재판관들끼리 서로 호를 붙여 주었습니다. 저의 경우에는 대전에서 나고 자랐는데, 살던 곳의 지명이 '둔산'입니다. 그래서 둔산이라는 호를 다른 재판관들께서 붙여 주셔서 사용하였습니다.

Q. 법조인으로서의 삶을 시작하는 2024년의 후배 변호사들에 대한 조언을 부탁드립니다.

'사회 정의를 위한 초심을 잃지 말자'입니다. 변호사는 의뢰인들로부터 수임의 대가로 수임료를 받습니다. 수임료를 받다 보면 돈에 민감해지는 것 같습니다. 그러다 보면, 수임료가 적은 경우, 억울한 당사자에게 소홀해지기 쉽습니다. 돈 없는 당사자는 그만큼 억울함을 해소하지 못하게 될 수 있습니다. 이것이 변호사를 불신하게 되는 원인 중 하나라고 생각합니다. 항상 초심을 잃지 말고 모든 당사자의 말을 경청하며, 최선을 다해야 할 것입니다.

Q. 끝으로 향후 변호사님의 활동 계획에 대해 듣고 싶습니다.

아직 구체적인 계획은 없습니다만, 점차 공익 활동을 넓혀 가려고 합니다. 감사합니다.

"법이란 물 흐르듯이 사물의 이치나 순리에 따르는 것"

박순철 변호사(전 서울남부지검장)

Q. 변호사님의 간단한 약력 등 소개를 부탁드립니다.

1992년 제34회 사법시험에 합격하여 사법연수원을 제24기로 수료한 후, 1995년 부산지방검찰청 검사로 첫발을 디뎠고, 이후 원주, 서울, 청주, 법무부, 대검 등에서 평검사로 근무하다 2008년 서울중앙지방검찰청 금융조세조사1부 부부장검사로 근무하였습니다. 부장검사가 되어 2009년 금융위원회 파견, 2010년 법무부 법조인력과장, 2012년 서울중앙지방검찰청 특수3부 부장검사, 2016년 국무총리 산하 국무조정실 부패척결추진단, 2018년 수원지방검찰청 안산지청 지청장 등을 거쳤습니다. 2019년 창원지방검찰청 검사장으로 승진한 후 의정부지방검찰청 검사장을 역임하고, 서울남부지방검찰청 검사장을 마지막으로 2020년 10월 검찰을 떠났습니다. 이후 변호사 박순철 법률사무소로 변호사 개업하여 활동하다 2022년 9월 '법무법인 흰뫼'를 설립하여 현재 대표변호사로 근무하고 있습니다.

Q. 법조 직역 중 검사의 길을 가게 된 계기가 있나요?

모든 국민은 자유를 누리고 인권을 보장받아야 하지만 타인의 권리를 침해해서는 안 됩니다. 그 규칙을 어길 경우, 법조인은 그 시시비비를 가리는 역할을 합니다. 우리 사회의 구성원들이 더불어 살아갈 수 있도록 울타리를 잘 지키는 것이지요. 검사는 범죄를 처벌하고 범죄 발생을 예방하여 부패 없는 건강한 사회를 만듭니다. 소금과도 같은 이런 중요한 역할을 적극적으로 할 수 있기 때문에 법조 영역 중 검사를 선택하였습니다. 검사 생활에 젊음을 다 바쳤고, 바르게 마무리하였다고 생각합니다.

Q. 2005년에 미국 듀크 로스쿨로 검사 연수를 가셨던데, 주로 어떤 분야를 공부하셨나요?

당시 법무부에서 6개월의 단기 연수를 보내 주었는데, 검사 생활에 지쳐 있을 때 잠시 휴식을 취하도록 배려하는 기간이기도 했습니다. 제가 연수를 갔을 때 미국 사회는 '엔론 회계부정 사건'으로 떠들썩했습니다. 엔론사는 거대 에너지 기업으로 수년간 포춘지로부터 미국의 가장 혁신적인 기업이라 극찬받았는데, 2001년 12월경 대부분의 회계 수치가 허위였음이 드러난 사건입니다. 이에 회계제도의 개혁 필요성이 제기되어 2002년 7월 30일 '사베인-옥슬리법(Sabanes-Oxley Act)'이 제정되는 등 그 논의가 한창이었습니다. 그때 위 사건에 대하여 자료를 모으고 우리나라에 소개하면서, 우리나라의 회계 및 법률 제도와 비교하는 등 연구를 했던 기억이 납니다. 위 법은 우리나라에도 영향을 주어 입법에 반영되기도 했습니다.

Q. 2008년 서울중앙지방검찰청 금융조세조사1부 부부장검사로 일하실 때 가장 기억에 남는 일이나 사건은 무엇인가요?

당시 서울중앙지방검찰청 금융조세조사1부 검사들이 팀을 이루어 소위 '재벌 테마주 주가 조작 사건'을 수사했는데, 재벌 2, 3세가 관여하여 재벌 테마주로 알려지게 하고, 거기에 허위 소문을 유포하여 주식 가격을 조작하여 경제적 이익을 취득한 사건입니다. 당시 이 사건 수사 결과가 증권시장과 사회에 크게 경종을 울렸습니다. 그 외에도 많은 증권 범죄를 수사했는데, 그 과정에서 증권시장의 불공정거래행위가 성행하고 그 피해도 심각하다는 것을 알게 되었습니다. 그럼에도 이 분야에 대하여 정리된 자료가 거의 없어 수사하는 데 애로가 많았고, 이것이 이후 박사 논문을 작성하는 계기가 되었습니다.

Q. 2009년 금융위원회에 파견을 나가서 주로 어떤 업무를 담당하셨나요? 가장 기억에 남는 업무는 어떤 것이었나요?

2009년 종전의 금융감독위원회가 금융위원회와 금융감독원으로 분리되면서 금융위원회에 법률자문관이라는 직책이 새로 생겼는데, 제가 부장검사로서 초대 법률자문관으로 파견 나갔습니다. 금융위원회에서 많은 금융 사건을 다루고 법률 자문을 하면서 금융 규제뿐 아니라 금융 정책에 대하여 입체적으로 많은 것을 배울 수 있었습니다. 또한, 자본시장심의위원회 위원 및 감리위원회 위원으로 각각 활동하였습니다. 자본시장심의위원회에서는 자본시장의 각종 불공정 거래 사건에 대하여 심의하고, 감리위원회에서는 주식회사의 회계부정, 분식회계 등을 심의합니다. 위 2개 위원회에서 심의된 안건들은 증권선

물위원회에 최종적으로 의결됩니다. 위원회에서 금융 사건 및 감리 사건을 많이 다루며 좋은 경험을 쌓았는데, 그다음 검찰 인사 시 파견이 연장되어 더 많은 시간 근무할 수 있어 행운이라고 생각했던 기억이 납니다.

Q. 2010년 성균관대학교에서 박사 학위를 받은 논문을 쓰게 된 경위가 궁금합니다. 그 주요 내용은 어떤 것인가요?

증권 범죄는 피해가 매우 큰 중대 범죄로서 그간 금융기관의 조사나 수사기관의 수사가 많았음에도 정책적 측면 외에 형사법적 측면에서 접근한 자료는 없었습니다. 그래서 검찰에서의 금융 범죄 수사 경험과 금융위원회에서의 감리사건 및 금융 사건 처리 경험을 바탕으로 자본시장의 불공정거래행위 분야에 대한 이론적 토대를 마련해야겠다고 생각하고, 불공정거래행위 중 하나인 내부자거래부터 분석·정리해서 박사 논문을 쓰게 된 것입니다. 박사 학위 논문 제목은 「미공개 중요정보 이용행위의 규제에 관한 연구 - 형사적 제재의 실효성 확보를 중심으로」이고, 그 주요 내용은 상장회사의 공개되지 않은 중요 정보를 이용하는 행위, 소위 내부자거래(insider trading)의 규제에 관한 것입니다.

기업의 내부자는 회사 내의 중요한 정보를 쉽게 남들보다 먼저 취득할 수 있는 반면, 일반 투자자들은 그 정보를 알 수 없거나 늦게 알게 되어 불리할 수밖에 없기 때문에 자본시장법은 그 정보의 격차에 따른 불공정을 형사적, 민사적, 행정적으로 규제합니다. 그중 이 논문은 형사법 체계에 맞추어 형사적 규제에 대하여 이론적으로 정리한 최초의 논문입니다. 논문 발행 이후 주위 분들로부터 책자로 내서 많은 분이 읽을 수 있도록 하는 것이 좋겠다는 조언이 있어서 2010년『미공개 중요정보 이용행위의 이해』라는 제목으로 책을 발간하였습니다. 이후 주로 변호사나 판사 및 검사들이 많이 참조하는 것으로 알고 있습니다.

Q. 2010년 8월 법무부 법조인력과장으로 근무하시면서 변호사시험 초창기에 시험 관리를 하셨는데, 당시 가장 어려운 점과 가장 보람 있는 일은 각각 무엇이었나요?

제가 법조인력과장으로 부임했을 때 주어진 업무는 2012년 1월 제1회 변호사시험을 안정적으로 시행하는 것이었습니다. 문제은행 구축, 출제 및 채점 위원 등 시험위원 선정, 시험 장소 선정, 시험 집행 인원 확보 등의 준비작업을 하였는데, 변호사시험의 난이도와 합격률이 매우 민감하고 힘든 과제였습니다. 매달 열리는 전국 25개 로스쿨 원장단 회의에 참석하여 함께 상의하면서 변호사시험의 토대를 만들었고, 그 결과 제1회 변호사시험을 성공으로 마무리할 수 있었습니다. 그 당시 로스쿨 1, 2기생들이 법무부 청사 앞에서 변호사시험 합격률을 높여 달라고 시위를 한 에피소드도 있었지요. 요즘 가끔 로스쿨 1, 2회 출신 변호사님을 만나면 그때 시위에 참석하지 않았냐고 농담을 건네기도 합니다.

이후 변호사시험이 잘 진행되고 있어 매우 뿌듯하고, 그 과정에서 변호사 양성 제도의 토대를 닦은 '로스쿨 대부'라고 불리어서 자랑스럽기도 합니다. 그런데 근무하면서 많이 힘들어서인지 간이 크게 상해 20여 일간 입원한 후로는 그 좋아하던 술을 한 잔도 하지 못하기도 했습니다.

Q. 2016년 국무조정실 산하 부패척결추진단에 파견을 나가서 주로 어떤 업무를 담당하셨나요? 가장 기억에 남는 업무는 어떤 것이었나요?

국무총리 산하 국무조정실에 '부패척결추진단'이라는 조직이 있었는데, 각 중앙 부처의 공무원들이나 한국도로공사 등 공공기관의 직원을 파견받아 범정부 차원에서 각종 부조리, 특히 민생 침해 분야를 중점적으로 단속했습니다. 우리나라 국민의 70%가 아파트에 사는데, 아파트 관리비 비리가 만연해 전국적인 단속을 하여 큰 호응이 있었고, 이후 일정 규모 이상 아파트 단지의 경우 외부 회계감사를 의무화하는 제도가 도입되었습니다. 또한 어린이집 및 유치원에서 정부 보조금이나 지원금을 개인 구좌로 입금받아 그 돈을 유흥비 등 개인 돈과 섞어서 사용하는 비리가 빈번해 이를 적발하여 국가보조금 및 지원금 계좌를 별도로 관리하도록 하기도 하였습니다. 이 제도 개선 내용은 '유치원 3법'의 토대가 되었습니다. 한편, 대규모 자금이 투자되는 각종 국책사업을 점검하여 약 2,000억 원의 국고 절감 효과를 거두기도 하였는데, 그중 한국농어촌공사의 경우, 1조 원대의 분식회계를 적발하기도 하였습니다. 인터넷을 검색하면 자세한 내용을 보실 수 있을 것입니다.

Q. 2019년부터 2020년 10월 검사 퇴임 시까지 창원지방검찰청, 의정부지방검찰청, 서울남부지방검찰청의 각 검사장을 역임하시면서 주로 어떤 업무를 챙기셨고, 검사장 근무 기간 중 가장 큰 업적이라 생각하시는 일은 무엇인가요?

검사장으로서는 업적보다는 어떻게 청을 이끌었는지가 중요하다고 생각하는데, 저는 검사장으로서 청을 안정적으로 이끌면서 2가지에 중점을 두었습니다. 첫째는 수사 역량이 있는 인재를 발굴하는 것이고, 둘째는 수사 외압을 막아 주는 것입니다. 기관장으로 재직하면서 우수 부장검사나 우수 검사, 우수 수사관 등을 많이 발굴하였던 기억이 있습니다. 그리고 서울남부지검 검사장 시절에는 라임펀드 사건을 지휘하다 검사들이 바르게 수사할 수 있도록 사임을 하게 되었습니다.

Q. 1995년부터 약 25년간 검사로 재직하시면서 가장 기억에 남거나 보람이 있었던 사건이 있다면 어떤 사건이었고, 그 이유는 무엇인가요?

수사란 누군가가 불편하면 다른 누군가에게는 유리하기도 합니다.

법과 원칙에 따라 준사법기관의 위치에서, 그때그때 사건을 바르게 처리하려고 노력한 것이 검사로서 가장 보람이 있는 일이었습니다.

2015년 대구에서 제2차장검사로 근무할 때, 보이스피싱 조직을 최초로 형법상의 범죄단체(형법 제114조)로 의율하여 기소하였고, 법원에서도 중형이 선고되었습니다. 그때까지 위 규정은 실무상 한 번도 적용되지 않아 사문화되다시피 하였던 조항이었습니다. 바로 이어서 인터넷 도박 조직도 형법상의 범죄 단체로 의율, 기소하여 높은 형의 유죄 선고를 받았습니다. 그 이후로는 보이스피싱, 인터넷 도박, 유사 수신 행위 등이 형법상의 범죄 단체로 의율하여 처리하는 것이 일반화되었습니다. 가장 기억이 남고 보람을 느끼는 사건입니다. 또한, 청주지검에서 평검사로 근무할 때 경찰에서 환경사범으로 구속되어 검찰에 송치된 사건을 수사하는데, 피의자가 억울함을 호소하여 오랜 시간 그 사정을 들어 본 후 추가 수사를 통해 그 억울함을 확인하고 즉시 석방시켜 주었던 기억이 있습니다. 9명의 유죄자를 풀어 주더라도 1명의 억울한 사람이 있어서는 안 된다는 법언을 검사 시절 내내 마음에 새기면서 업무에 임해 왔었던 것 같습니다.

Q. 2020년 10월에 서울남부지방검찰청 검사장을 사임하시게 된 계기 및 당시 심정은 어떠하였나요?

당시 서울남부지검 검사장으로서 소위 '라임 펀드 사건'을 지휘한 적이 있습니다. 라임 사건은 기존 금융 시스템의 허점을 이용한 수천억

원대의 횡령 등 사건이었습니다. 그런데 그 수사를 진행하는 과정에서 검찰의 정치적 중립성이나 수사의 공정성을 훼손할 수 있는 상황들이 전개되었습니다. 이러한 상황이 옳지 않음을 알리고 원칙대로 수사할 수 있도록 사임하게 된 것입니다. 검찰은 정의 실현과 법질서 확립이 그 존재 이유인데, 절차적으로도 공정하게 검찰권이 행사된다는 것을 국민들에게 보여 주어야 합니다. 그래야 국민들의 신뢰를 받을 수 있기 때문입니다. 사임을 통해서 검찰의 정치적 중립성이나 공정성을 알릴 필요가 있다고 생각했습니다. 각자의 자리에서 정치적 중립을 위한 작은 몸짓들이 모이면, 비로소 검찰이 바로 서게 된다고 생각합니다.

Q. 법조 원로로서 후배 법조인에게 조언하여 주시고 싶은 사항은 무엇인가요?

법률가는 전문 분야가 있어야 합니다. 사회는 다양화되고 더욱 세분화되어 가고 있어서, 각 분야의 전문가가 필요하기 때문입니다. 전문가가 되기 위해서는 전문 분야를 정하고, 그 방향으로 오랜 기간 부단히 나아가는 것이 가장 중요하다고 생각합니다. 저의 경우에도, 검찰에서 늘 상법과 금융 분야에 관심을 두고 일을 해 오다 보니 어느덧 금융 분야에 전문성이 쌓이게 된 것 같습니다. 참고로 제가 40대 후반에 박사 논문을 썼는데, 그 당시에는 박사 과정을 시작하는 것 자체가 늦었다는 생각을 많이 했습니다. 그런데 지금 되돌아보니 가장 빠른 선택이었습니다. 후배님들도 전문 분야를 정해서 지금 당장 시작하시길 바랍니다. 꾸준히 일관되게 나아가시면 어느덧 전문가가 되어 있을 것입니다.

Q. 현재 지방검찰청의 일선 검사를 바라보면서 가장 아쉬운 점이나 해 주고 싶은 말은 무엇인가요?

최근 수사 관련 법들이 도입된 이후 수사 사건 처리가 지연되거나 부실한 수사가 많아져서 국민에게 불편이 초래되고 있는 것이 현실입니다. 앞으로 국민의 편익을 위한 방향으로 제도 개선이 이루어져야 할 것입니다. 그러나 제도 탓만 할 수는 없습니다. 검사에게 높은 직책과 권한을 부여한 취지는 국가와 국민을 위해서 헌신하라는 뜻입니다. 개인의 워라밸을 추구하는 것도 좋지만, 법질서 확립에 헌신한다는 자긍심과 명예심을 가지고 지금 처리하는 사건에 최선의 노력이 다하시는 것이 매우 중요하다고 생각합니다.

Q. 법조인이 갖추어야 할 가장 중요한 덕목은 무엇인가요?

「법(法)이란, '물(水) 흐르듯이(去)'」 제가 생각하는 법의 의미입니다. 모든 사물에는 그 본성과 이치가 있고, 그에 어긋남이 없이 순리대로 사건이 해결되어야 합니다. 그에 어긋남이 있으면 여러 어려움에 처하게 됩니다. 그러나 사건마다의 순리를 찾아가는 것이 쉽지는 않습니다.

그래서 법조인은 법뿐만 아니라 국가와 사회, 국민을 바라보는 넓은 시야와 깊은 통찰력을 갖춰야 한다고 생각합니다. 그러한 통찰이 검사의 결정이나 판결에 담겨야 국민들이 수긍할 수 있습니다. 예컨대, 죄가 된다고 판단이 서면 형량 등 처분을 어떻게 해야 할지에 대한 깊은 고민이 있어야 합니다. 양형기준표에 맞추어 기계적으로 적용하기보다는 수사의 목적은 무엇인지, 사건의 처리가 사회에 어떠한 영향을 주는지 등에 대한 철저한 고민이 필요하다고 생각합니다. 통찰력 깊은 고민이 담기면 법의 집행이 바르게 발전하는 방향으로 나아갈 수 있을 것입니다.

Q. 변호사님의 향후 계획은 어떠한가요?

변호사의 길을 가면서 늘 마음에 새기는 글이 있습니다. 학문이 깊은 지인께서 제게 선사한 글로서, 저의 사무실 액자에 걸려 있습니다. '견리사의(見利思義)!' 이익을 접하면 먼저 의로움을 생각하라는 뜻입니다. 그 의미를 지향점으로 노력해 나가려고 합니다.

"여러 덕목을 내재화해 실천하는 것이 중요"

이성철 변호사(전 서울중앙지방법원 부장판사)

Q. 변호사님의 간단한 약력 등 소개를 부탁드립니다.

부족한 저를 이렇게 찾아 주셔서 송구스럽습니다. 저와 같은 보통 변호사분들을 위한 격려로 이해하고 인터뷰에 답하겠습니다.

저는 사법시험 제26회(사법연수원 16기)이며, 연수원 수료 후 '법무법인 김신앤유(Law office of Kim, Shin & Yu)' 파트너 변호사를 거쳐 1998년 3월 법관으로 임명되었습니다. 지적재산, 의료, 국제 거래 및 기업 전담, 신청 합의, 행정, 파산, 형사 등 경향 각지의 다양한 재판부를 담당하였고, 서울고등법원 판사, 서울동부지방법원 수석부장판사 등을 거쳐 서울중앙지방법원 (선임) 부장판사를 마지막으로 2023년 1월 31일 퇴직하였습니다. 지금은 한국해법학회 고문, 연세대학교 법무대학원 겸임 교수, 대한변호사협회 법제위원, 대한상사중재원 중재인 등으로 지내고 있습니다.

Q. 사법연수원 수료 직후 '법무법인 김신앤유'에서 변호사 업무를 시작하셨는데, 주로 어떤 분야의 업무를 담당하셨나요? 가장 기억에 남는 사건은 무엇인가요?

처음에는 상표침해금지 가처분(Reebok, Adidas 등), 화재 사건, 건물 명도 등 모든 사건을 담당하였고, 2~3년 후부터 주로 국제 거래, 해상보험 사건을 담당하게 되었습니다. 당시 '법무법인 김신앤유'는 우리나라에서 가장 오래된 국제적인 로펌으로, '김앤장'보다 먼저 발전하였고, 고급 의뢰인(Client)과 다양한 사건들이 있어서 배울 점이 많았습니다. 특히 대표변호사님들의 인품과 학식이 뛰어나셔서 배울 점이 많았습니다. 기억나는 사건들로는 동원실업 L/G(Letter of Guarantee) 위조 사건이 있는데, 은행보증장(Letter of Guarantee)이 위조되어 보세장치장에 있던 화물이 선하증권 없는 자에게 유출된 사건으로, 선하증권과 국제 운송의 법리에 대하여 많은 공부를 할 수 있는 계기가 되었습니다.

Q. 1991년에 런던대학교 법과대학원에 해외 연수를 가신 계기는 무엇이고, 연수 중 주로 어떤 분야를 공부하셨나요?

제가 당시 근무하던 로펌의 후원으로 국제 거래, 특히 해상 운송의 메카라 불리는 영국에서 국제 거래 및 해상법을 배우게 되었습니다. 당시 국내외 해상보험의 준거법은 영국 MIA(Marine Insuarance Act, 1906), 선하증권의 준거법은 영국 Bills of Lading Act(1855)였습니다. 제가 런던에서 귀국하여 Bills of Lading Act(1855)가 변경된 영국 COGSA(Carriage Of Goods by Sea Act, 1992)를 한국해법학회에서 소개하고 발표한 것이 기억에 새롭습니다.

Q. 변호사로 약 10년을 일하시다가 1998년에 판사로 임관하셨는데, 당시로서는 흔한 일이 아니었을 것으로 보입니다. 판사로 임관 신청을 하신 이유는

무엇인가요? 판사 임관 시 포부는 어떠하였나요?

당시 변호사들 중 1년에 1~2명 정도가 간헐적으로 법관으로 임관되었는데, 1998년부터 공식적으로 20여 명씩 경력 법관을 선발하였던 것으로 기억합니다. 10여 년의 재야 생활을 한 경험으로 새로운 사명감과 목표를 지향하여 판사 임관 신청을 했던 것 같습니다. 교통부(철도청) 공무원이었던 부친의 영향도 있었지 않았나 싶네요. 변호사로 일하면서 의뢰인의 입장에서 소송대리를 하다 보니 때때로 이 사건의 실체적 진실이 과연 무엇인가 하는 의문을 가지곤 했는데, 제가 판사 임관 시 가졌던 포부는 소송 사건은 보다 폭넓은 시각에서 객관적으로 보면서 해당 사건의 실체적 진실을 발견하는데 주안점을 두는 것이었고 위와 같이 하는 것이 결국 소송 당사자에 대한 재판부의 배려라고 생각했습니다.

Q. 변호사로 총 약 11년간, 판사로 총 약 26년간 일하셨는데, 변호사를 한 경험이 판사로서 재판 진행 및 판결문 작성 등을 하는 데 있어서 어떤 도움이 되었나요? 현재 변호사 등 법조 경력이 일정 기간 있는 사람들만을 대상으로 신규 판사 임용을 하는 제도에 대하여 어떤 의견이신지요?

변호사 경험이 있었기 때문에 당사자들과 대리인의 입장에서 준비서면 작성 시의 애로 사항들을 살펴서 배려할 수 있었고, 그러다 보니 조정이 비교적 잘 되었던 것 같지만 이것을 굳이 이점이라고는 생각하지 않습니다.

현재의 경력법관 제도는 시대의 흐름에 따라 국민의 사법정서에 따르면 될 것으로 생각합니다. 법관선발 제도보다는 선발된 법관의 소양과 역량을 어떻게 함양하여야 할까가 더 중요하다고 봅니다.

과거 사법연수원 수료 후 바로 판사로 임관하도록 하는 제도에 대하여 '법관 순혈주의'라는 비판과 함께, 예를 들어 "미혼인 판사가 이혼 재판을 제대로 할 수 있는가"라는 의문 제기가 있었고, 반면 경력법관만을 신규 판사로 임용하는 현 제도에 대하여서는 "변호사 등 경력이 있다고 하여 과연 모든 분야의 재판을 잘할 수 있는가?"라는 의문 제기가 있을 수 있습니다. 과거 제도 및 현 제도 모두 각 장단점이 있는데, 국민의 사법정서를 기준으로 어느 제도를 선택할 것인지를 정하면 될 것으로 보입니다. 경우에 따라서는 신규 법관 임용 시 위 2가지 제도를 일정 비율로 병행하는 것도 고려해 볼 수 있을 것입니다.

Q. 2005년 수원지방법원 제1 파산부 부장판사로 일하시면서 주로 어떤 업무를 담당하셨고, 가장 기억에 남는 업무는 무엇인가요?

제가 수원지방법원 민사 7부 재판장을 담당하고 있을 때 당시 수석부장판사님이 갑자기 다른 법원으로 인사 발령이 나면서 후임 인사가 나지 않아서 부득이 민사 7부와 파산부를 동시에 담당하게 되었습니다. 특히 민사 7부에는 예비 판사까지 배석 판사가 3명이어서 당시 파산부의 배석 판사였던 심활섭, 김강대 판사님이 저의 부담을 덜어 주시기 위하여 야근을 수시로 하면서 매우 고생하였는데 이 자리를 통하여 감사드립니다. 위 두 판사님은 기업으로 치면 대표이사 역할을 하시면서 많은 업무를 훌륭하게 수행하였습니다.

당시 수원지방법원에 파산부가 1개 재판부만 있었는데, 한국부동산신탁주식회사의 도산으로 인한 소송, 삼보컴퓨터 도산 절차, 해태유업 등 수많은 파산 사건이 있었습니다. 그중에서도 한국부동산신탁의 경우 진행 중인 민사소송 등이 30여 건이나 되었는데, 각 소송 사건별로 소송대리인 변호사를 선임하는 일을 파산부에서 제가 담당하였습니다. 이 과정에서 소가를 기준으로 변호사 보수의 소송 비용 산입에 관한 규칙대로 변호사 보수를 계산하여 보니 소가가 수십억 원이 됐는데, 그 액수가 너무 다액이어서 제가 해당 변호사님들에게 양해를 구하고 적은 금액으로 소송 위임을 하였습니다. 부도난 기업이 다액의 변호사 보수를 지출할 경우 여러 가지 문제가 발생할 것을 예견하여 한 조치였습니다.

Q. 2008년과 2009년에 사법시험 면접위원을 하셨는데, 당시 위 면접을 하시면서 기억에 남는 일은 무엇인가요?

당시 그 전해 3차(면접) 시험에서 불합격되어 그 해에 3차 시험만을 보는 수험생 중 복장과 외모가 매우 특이한 수험생이 한 명 있었습니다. 고민 끝에 심리학과 교수님 등이 면접위원으로서 장시간 면접을 하는 심층 면접조로 위 수험생을 보냈는데, 최종 결과는 알지 못합니다. 그 과정에서 수험생 입장에서는 합격 여부가 평생이 달린 중대한 일인데, 실제로 20~30여 분간의 아주 짧은 면접을 통하여 정확한 판단을 한다는 것이 매우 어렵다는 것을 느꼈습니다.

Q. 최근에는 만 65세 정년까지 판사로서 근무하고 퇴직하는 분들이 간혹 있으신데, 위 정년이 임박한 만 63세에 사직하신 이유는 무엇인지요? 판사들이 정년까지 근무하는 분위기 조성을 위하여 법관 인사에 있어서 어떤 제도적 개편이 필요하다고 생각하시나요?

수원지방법원 근무 당시에 모친께서 대학병원에 장기 입원하셨는데, 면회 시간이 오전 10시와 오후 6시에 각 30분씩 있었습니다. 모친을 혼자 병원에 두고 지방에 전출 가기가 어려워 사직원을 제출하였습니다. 그런데 저는 그해 재임용 법관 대상에 해당하여 사직원 아닌 재임용 법관 신청 철회를 해야 한다고 하여 그 과정에서 사직원이 반려되었습니다.

지금은 법관들이 정신적 육체적으로 65세 정년까지 건강하니 제도에 별다른 차별 없이 근무를 하면 될 것 같습니다. 다만, 그 이후 시니어 법관(Senior Judge)제도나 파트 타임 법관(Part time Judge)제도를 도입하여 재조, 재야의 법조인들에게 역량을 발휘할 수 있는 기회를 드리고, 한편 법원의 사건 적체 해소에 도움을 드리도록 하면 일석이조가 되리라 생각합니다. 현재 제도적으로 지방법원 부장판사는 수도권에 일정 기간 근무하면 일정 기간을 지방 소재 법원에서 근무하여야 하는데, 이로 인하여 정년 이전에 사직하는 법관들이 많습니다. 수도권 법원 근무를 희망하는 후배 법관을 고려할 때 불가피한 일이긴 하지만 다수 법관들의 의견을 적절히 수렴하여 법원행정처가 새로운 대안을 모색하는 것이 필요할 것으로 보입니다.

Q. 판사로서 약 26년간 근무하시면서 가장 기억에 남거나 보람이 있었던 사건이 있다면 어떤 사건이었고, 그 이유는 무엇인가요?

제가 선고한 판결들이 언론에 기사화된 사건들이 많은데, 이를 모아 편집한 책이 『법에서 법을 넘어』라는 저서입니다. 그중에는 잭 니클라우스 상표 침해 사건, 채시라 초상권 침해 사건, 격투기 황제 표도르 광고 사건, SOS폰 특허 소송, 역사 교과서 저작권 침해 사건, Be the Reds 저작권 침해 사건, MBC 기자 ○○○ 대통령 사저 침해 사건 무죄 판결, 스타벅스 배경 음악 저작권 침해 사건, LG전자 드럼세탁기 특허 분쟁 사건, ○○○ 시장, ○○○ 국회의원, ○○○ 시의원 공직선거법 위반 사건, 수혈 거부를 한 유아의 부모에 대한 진료업무방해금지 가처분 등이 있습니다. 민사사건이나 형사사건에서 판결 선고 후 소송 당사자로부터 예기치 않은 감사의 편지 등이 제게 왔을 때 보람이 있었습니다.

Q. 법조 원로로서 후배 법조인에게 조언하여 주시고 싶은 사항은 무엇인가요? 법조인이 가장 갖추어야 할 덕목은 무엇인가요?

여러 법조인이 모두 열심히 하기 때문에 큰 조언은 없습니다. 전문 분야를 한두 개 정도 갖고 건강에 힘쓰며 주위 분들에게 따뜻한 마음을 보여 주는 것이 좋을 듯합니다. 법조인이라고 하면 외부에서 딱딱하게 생각할까 봐 저는 가끔 사진도 찍고 시도 쓰고 그러는데, 이것은 제 자신을 성찰하며 다른 분들에게 좀 더 가까이 가려는 시도라고 생각합니다. 법조인의 덕목은 이미 많이 나와 있습니다. 공정, 정의, 정직, 건강 등 많은데 저는 이것을 내재화하여 실행하는 것이 중요하다고 생각합니다. 우수한 분들이 법조인의 덕목을 모를 리가 있겠습니까? 노벨 경제학자인 존 내시(John Nash)는 "상대방이 생각하는 걸 나도 생각한다고 그가 생각하리라는 걸 내가 생각한다면…"이라는 내시 평형 이론을 도출하였고, 이 이론은 '함께 살기 전략'에 가장 효율적이라고 생각합니다. 사자성어로 '역지사지(易地思之)'라고 말해도 될지요.

Q. 현재 법원의 평판사들이 갖추어야 할 가장 중요한 덕목은 무엇인가요?

법원의 판사님들은 모두 지혜롭고, 현명하며, 성실한 것으로 알고 있습니다.

다만 최근에 사건들이 적체되어 있다 하니 엊그제까지 법원에 몸담았던 사람으로서 연대 책임을 느낍니다. 그러한 의미에서 당사자들에게 준비서면 제출 기한의 고지, 정교한 석명권의 행사, 인증등본신청이나 문서제출명령, 사실조회 등 증거조사절차를 신속히 진행하고, 나아가 Discovery 제도의 적극적 도입을 검토할 필요가 있다고 생각합니다. 법관의 덕목은 공평과 공정, 전문성 등도 있지만, 지연된 정의는 바람직하지 않다는 말씀도 드리고 싶습니다.

Q. 2023년 12월에 고려대 해상법 연구센터로부터 '제5회 채이식 해상법 렉쳐' 강의 요청을 받아서 강의를 하실 정도로 해사법 전문가이신데, 해사법 전문가로서 어떤 연구를 하셨나요?

아직 많이 미흡하지만, 선박 충돌 사건과 해양유류 오염 사고 등에 관하여 법원, 해법학회 세미나에서 발표했습니다. 태안반도에서 Hebei Spirit호 선박 충돌 사건과 해양유류 오염 사고가 발생하였으며, 세월호 침몰 사건 등이 발생하여 해결 방안을 그때그때 논문으로 발표하여 많은 분의 논문에 인용, 회자되었고, 태국 고위 법관, 베트남 법관들에 대하여 신용장, 대한민국의 국제거래소송 등에 대하여 강의를 하였습니다. 이들 강의안과 발표 논문을 편집한 것이 『법과 등대』입니다. 각 급 법원도서관과 변호사회관에도 비치되어 있습니다.

Q. 본인의 많은 저서 중 후배들에게 읽어 보기를 권하고 싶은 저서 1권은 무엇

이고, 그 주요 내용은 어떠한가요?

제 저서 중『형사실무와 판례』(박영사)는 출간하고 법학 계열 베스트셀러 3위까지 갔습니다. 1, 2위는 변호사시험 출제 문제집이라고 들었습니다. 수필집으로는『법 따라 글 따라』도 있습니다. 취향대로 보시면 될 것입니다.

Q. 존경하는 인물은 누구인가요?

부장판사님으로 모셨던 정현수, 이주흥, 송진현 원장님, 이상훈 대법관님 모두 훌륭한 인품과 뛰어난 재판 능력을 가지고 계셔서 제가 많이 배울 수 있었습니다. 또한 제가 수원지방법원 근무 시 법원장으로 모셨던 이홍훈 전 대법관님은 등산, 참선 등에서 제게 큰 귀감이 되었습니다.

Q. 변호사님의 향후 계획은 어떠한가요?

봉사를 하고 싶습니다. 그리고 주위와 즐겁게 지내는 방법을 연구하고자 합니다. 당사자가 힘들어하는 사건을 수임하게 되면 주말에 일을 하는 경우가 있는데, 그래도 많은 보람을 느끼고 기쁩니다. 주말에 탁구를 즐기고, 카메라와 함께 등산도 하려고 합니다.

"기업 경영 참여 등
다양한 분야에 도전하라"

강호성 전 CJ ENM 대표이사

Q. 변호사님의 간단한 약력 등 소개를 부탁드립니다.

저는 검사로서 약 6년간, 변호사로서 약 13년간, CJ그룹 임원으로서 CJ ENM 전략추진실장, 그룹 법무실장, 그룹 경영지원총괄을 거쳐 CJ ENM 대표이사, CJ 그룹 지주사인 CJ 주식회사 공동 대표(경영지원대표)로 총 11년간 근무한 후 2023년 12월에 위 경영지원대표직에서 물러나서 현재 위 회사의 상임고문으로 근무하고 있습니다.

Q. 법조 직역 중 검사를 선택하신 이유는 무엇인가요?

사법연수원 1년 차 시절 지도교수님이 지방법원의 부장판사님이셔서 판사 임관 신청을 하려고 생각하고 있다가 2년 차에 서울지방검찰청 동부지청에서 검찰실무수습을 하게 되었습니다. 그때 검사들 간의 끈끈한 우애 등을 직접 보면서 검사직에 관심이 커졌고, 검사 시보로서 수사 업무를 하면서 검사가 제 적성에도 맞고 천직이라는 생각을 하게 되어 검사 임관 신청을 했습니다. 검찰청 실무 수습을 하는 4개월간 그 생활이 매우 즐거웠고, 검사라는 직업이 문(文과)과 무(武)가 적절히 균형이 잡힌 직업이라는 점에 매력을 느꼈습니다.

Q. 2009년에 이화여자대학교 로스쿨의 겸임 교수로 일하시면서 주로 어떤 과목 강의를 하셨나요? 학생들을 가르치시면서 무엇을 느끼셨나요?

당시 '법문서 작성'이라는 1학년 대상 강좌를 담당했는데, 절대 평가 강의라고 생각하고 첫 강의 시 학생들에게, "강의 시간에 모두 출석하면 최소 B 학점 정도는 주겠다"라고 말했습니다. 그런데 성적을 전산에 입력하는 단계에서 뒤늦게 상대 평가라는 사실을 알고 상대 평가 비율에 따라 학점을 부여하자 학생들이 단체로 항의해 곤혹스러웠던 적이 있습니다. 젊은 분들은 자신이 알고 있는 원칙에 반하는 상황이 발생하면 적극적으로 시정하려는 경향이 강하다는 것을 느끼게 된 사건이었습니다. 그 후 위 일을 반면교사로 삼아서 어떤 약속을 함에 있어서는 사전에 신중하게 사정을 살피고, 부득이한 사정으로 약속을 지킬 수 없을 때는 미리 양해를 구하는 등 더 많은 신경을 쓰게 되었고, 이러한 자세가 젊은 분들과의 소통에 큰 도움이 되었던 것 같습니다.

Q. 검사로 재직하시면서 가장 기억에 남거나 보람이 있었던 사건이 있다면 어떤 사건이었고, 그 이유는 무엇인가요?

지방 근무로 대전지검 천안지청에 근무할 당시 일입니다. 사건 접수일로부터 6개월 이상 검사의 최종 처분이 안 난 미제 사건을 소위 '깡치 사건'이라고 불렀는데, 그중 죄명이 사기인 고소 사건이 제게 재배당된 적이 있습니다. 신중히 기록을 검토하고 각종 신문을 한 후 이 사건을 '무고'라고 판단하게 되어 참고인 진술조서를 받는 과정에서 고소인에게 무고 혐의에 대해 추궁했어요. 그 결과, 고소인이 무고 사실을 인정하여 곧바로 참고인 신분을 피의자로 전환하고 사기 고소인(무고 혐의 피의자)을 긴급 체포 한 후 사후 구속영장 청구를 하게 되었습니다.

그런데 대질신문을 위해 검사실에 있던 당초 사기 사건의 피고소인이 고소인에 대한 구속영장 청구 사실을 듣고는 묘한 미소를 짓는 모습을 우연히 포착했습니다. 그 표정이 뭔가 꺼림칙해 다시 전체적으로 수사 기록을 검토해 보니 저의 무고 판단이 잘못되었다는 생각이 들었습니다. 그래서 다시 급하게 고소인과 피고소인을 대질조사한 끝에 이 사건은 무고가 아니며, 피고소인의 사기 혐의가 인정된다는 결론에 이르렀고, 이 사실을 지청장님께 보고한 후 무고 구속영장 청구서를 회수했습니다. 그런 다음 고소인과 피고소인에게 제 수사 및 판단 과정에서의 중대한 잘못을 사과한 후 형사상 합의를 할 것을 권유했고, 다행히 양측이 이에 동의하여 피고소인이 곧바로 사기 고소 금액을 전액 변제했습니다. 이렇게 합의가 성립되어 피고소인은 사기 혐의로 불구속기소하고 고소인에 대한 무고는 무혐의 처분함으로써 사건을 종결지었습니다.

일련의 과정을 겪으면서 절실히 느낀 교훈은, 첫째, 기록만 보고 그 논리와 법리에 따라서만 사건을 파악할 경우 매우 잘못된, 실체적 진실과는 정반대의 판단을 할 수 있다는 것과, 둘째, 검사가 마음먹고 피의자나 고소인 등의 사건 당사자를 강하게 추궁하면 허위 자백 또는 허위 진술(위 사건에서 사기 고소인의 자신의 무고 혐의에 대한 허위 자백)을 할 수도 있다는 것이었습니다. 이 사건은 제가 검사 생활을 하면서 같은 실수를 반복하는 일이 없도록 사건 처리에 신중을 기하게 되는 큰 계기가 되었습니다.

Q. 검사직을 사직하시고 변호사 개업을 하신 이유는 무엇이고, 변호사 개업 초기에 주로 어떤 분야의 사건을 처리하셨나요?

　검사 생활이 적성에 맞았기에 오래 근무하면서 검사로서 성공하고 싶었습니다. 그런데 IMF 시절, 사업을 하시던 제 부친이 지인의 보증을 섰다가 채무를 떠안게 되었고, 소유 부동산들도 IMF 사태로 가치가 크게 하락하는 바람에 채무를 변제하기 어려워졌습니다. 채권자의 요구로 부친 명의의 당좌수표를 발행했는데, 그 수표가 부도 처리되면서 부친께서 부정수표단속법 위반으로 구속 위기에 처했습니다. 지금은 폐지된 법령이지만 당시 부정수표단속법 위반은 수표 소지인과 반드시 합의해야 선처를 받을 수 있었기에 문제를 해결하기 위해 고심 끝에 검사직을 사직하게 되었습니다. 개인 변호사 사무실을 열고 1년간 수표 회수를 위해 죽어라 뛰며 수표를 회수했고, 부친이 구속되긴 했으나 얼마 지나지 않아 보석으로 석방되셨고, 그렇게 잘 마무리되었습니다. 유력 일간지 기자가 쓴 'IMF로 사직하는 엘리트 검사들'이라는 제목의 기사에서 제 사연도 소개된 덕에 많은 홍보가 되어 사건 수임을 상당히 많이 할 수 있었고, 그래서 부친 사건을 그나마 빨리 해결할 수 있었습니다.

　지금 돌이켜 보면 그때 검사직을 사직하였기에 변호사로서, 전문 경영인으로서 새로운 삶을 살 수 있는 기회가 생겼다는 생각도 듭니다.

인생 새옹지마라는 말이 틀린 말이 아닌 것 같아요. 일찍 변호사가 되었기에 형사사건 외에도 다양한 민사사건을 많이 수임했는데, 이는 변호사로서 성장하려면 다양한 민사사건의 소송 수행이 필요하다고 판단했기 때문입니다.

Q. 변호사로서 전문 분야가 무엇이었고, 그 전문 분야가 나중에 대기업의 임원으로 일하시는 데 어떤 도움이 되었나요? 변호사로 일하시면서 가장 기억에 남는 업무는 어떤 것이었나요?

변호사로서 전문 영역을 좀 더 개척하고 싶어서 최정환 변호사님과 의기투합해 국내 최초로 엔터테인먼트 로펌이라 불린 '법무법인 두우' 청담 사무소를 설립하여, 엔터테인먼트 분야 사건을 전문적으로 수임했습니다.

당시에는 일간지에 변호사 사무실 개업 광고를 내는 경우가 많았는데, 저희 사무실은 SBS〈한밤의 TV연예〉라는 연예 정보 프로그램에서 개업 소식과 개업 소연을 소개할 정도로 화제가 되었습니다. 고교 시절 스쿨 밴드 활동을 하며 그 인연으로 20대에 각종 엔터테인먼트 관계자들과 교분을 쌓게 되었는데, 제가 변호사가 되자 업계의 지인들이 사건을 의뢰하였기에 본격적으로 엔터테인먼트 관련 법률 업무를 시작했던 것입니다.

얼마 후, A 연예인(의뢰인)의 성범죄 사건과 B 연예인(의뢰인)의 사생활 동영상 유포 사건이 같은 날 발생하여 대대적으로 보도되었는데,

제가 그 두 사건 모두 주임변호사를 맡아 언론 인터뷰를 많이 하게 되며 엔터테인먼트 전문 변호사로 크게 알려지게 되었습니다. 특히 B 연예인의 동영상 유포 사건은 법률적인 측면보다는 당사자의 평판이 저하되지 않게끔 하는 것에 초점을 두었고, 그러한 전략 방향성과 노력하는 모습이 의뢰인에게 어필되었는지 그 후 재기에 성공한 그분이 제게 감사를 표시하는 것에 큰 보람을 느낀 적이 있습니다.

유명 연예인의 병무 비리 사건, 소속사와 연예인 간의 전속 계약 관련 분쟁, 상영금지가처분 사건 등 엔터테인먼트 분야 전반에 걸친 많은 사건을 수임해 처리하면서 단순 법률적 대응뿐만 아니라 언론 대응 등 종합적인 리스크 매니지먼트 역할을 수행했고, 이러한 사건 처리 경험이 후에 제가 엔터테인먼트 기업의 임원으로서 일하는 데 많은 도움이 되었습니다.

Q. 변호사 일을 그만두시고 2013년 대기업의 임원으로 일하시게 된 계기 및 임원으로 일하시면서 가장 어려웠던 점과 가장 보람이 있었던 일을 알려 주시기 바랍니다.

2012년경 CJ ENM의 대표이사가 형사사건으로 급작스레 구속되는 바람에 대표이사 부재 사태가 발생한 적 있습니다. 당시 CJ 그룹의 이미경 부회장님은 "엔터 전문 변호사를 경영전문가로 키우는 것도 한 방법이다."라는 생각을 갖고 있었는데, 저도 그 후보 중 한 사람으로 제안을 받았고, 2013년 CJ ENM의 전략추진실장(부사장급)으로 입사를 하게 되었습니다.

얼마 후 CJ 그룹의 비자금 사건이 발생했고, 제가 감사 출신이면서 입사 전 대기업 비자금 사건들을 다수 변호한 경력이 있었기 때문에 그룹에서 법무실장직을 맡아 사건 대응에 도움을 달라고 요청했습니다.

총수의 부재로 인한 절대적 위기 상황에서 그룹의 최우선 순위는 법적 리스크를 잘 해결해 그룹이 정상화되는 것입니다. 제가 그 첨병 역할을 할 수밖에 없었기에 오랜 기간 큰 부담을 느끼면서 일했던 기억이 있습니다.

반면 가장 보람이 있었던 일은 위 사건을 무난하게 해결한 점과 2020년 CJ ENM 대표이사로 취임해 변호사가 아닌 전문경영인으로서 경영일선에서 엔터테인먼트 사업을 총괄 경영한 부분입니다.

Q. 대기업 임원으로 일하시면서 담당하신 보직은 무엇이고, 주로 어떤 업무를 하셨나요?

2013년 CJ ENM 전략추진실장으로 입사해 지주사 법무실장으로 옮겨 일하다가 2018년 CJ 그룹 리스크 매니지먼트를 총괄하는 지주사 경영지원 총괄로 승격하고, 2020년 CJ ENM 대표이사로 취임해 2년간 일한 다음, 2022년부터 2023년까지 CJ 그룹 지주사인 CJ 주식회사 공동 대표로서 경영지원대표를 역임했습니다.

제가 대표이사로 취임한 2020년은 코로나19로 인해 사람들이 극장에 가는 대신 넷플릭스 등 OTT를 찾기 시작한 격변기이자 CJ ENM

이 배급한 영화 〈기생충〉이 사상 처음으로 아카데미 작품상을 수상하고, BTS가 미국 빌보드 차트를 석권하는 등 K-콘텐츠와 음악이 글로벌화되는 변혁의 시점이었습니다.

그래서 저는 CJ ENM의 대표이사로서 회사의 경영 목표를, 첫째, 콘텐츠와 영상 플랫폼에 있어서 아날로그 시대에서 디지털 시대로의 디지털 트랜스포메이션을 위한 혁신, 둘째, 이제 막 시작된 K-콘텐츠 글로벌화의 가속화로 잡았고, 위 첫째 목표 달성을 위해 '티빙'이라는 디지털 플랫폼을 집중적으로 육성했는데, 당시 넷플릭스가 독식하던 OTT 업계에서 티빙을 전체 업계에서 2위까지 성장시켰고, 그 외에도 디지털 콘텐츠의 양산, 숏폼 콘텐츠에 대한 관심과 육성, 가상 현실 전용 스튜디오인 'VP 스테이지(Virtual Production Stage)' 설립 등을 했습니다. 다음으로, 두 번째 목표 달성을 위해 역량 있는 작가, 감독 등 한국의 크리에이터들과 제휴 시스템을 구축하고, 넷플릭스 등 글로벌 플랫폼을 통해 세계 시장에 작품을 소개할 수 있도록 최선을 다하였고, 미국의 최대 에이전시사인 엔데버의 산하 콘텐츠 제작 스튜디오를 인수하는 등 여러 가지 글로벌 프로젝트를 진행한 바 있습니다.

Q. 사내 변호사들이 일하는 모습을 보면서 법조 선배로서 아쉬웠던 점은 무엇인가요?

CJ 그룹 법무실장으로 근무하면서 사내 변호사와 일할 기회가 많았는데, 당시 사내 변호사들의 성실성과 헌신에 많은 감동을 받았습니다. 한 가지 아쉬웠던 점은 사내 변호사로서 회사 경영 분야에도 보다 많이 진출하고자 하는 분들이 많지 않은 것이었습니다.

Q. 대기업의 임원으로서 일하고자 하는 변호사 후배들을 위해 조언해 주실 것은 무엇인가요?

사내 변호사 본연의 업무뿐만 아니라 회사 경영에도 적극 참여해 보라는 조언을 해 주고 싶습니다. 회사 경영에 참여하고자 할 때 변호사로서의 장점은 다른 사람들에게 신뢰감을 주고, 업무 역량이 어느 정도 보장된다는 점일 것입니다. 반면 단점은 다른 조직원들이 보기에 시야가 너무 법률적인 면에 치우쳐져 있고, 다른 부서의 전략 방향에 대해 서포트하기 보다는 제한하려는 측면이 많아 소통이 원활하지 못하다는 점입니다. 임원으로서 성장하려면 이러한 단점을 극복하는 것이 중요한데, 사내 변호사들 중 일부는 어려움에 봉착하면 극복하려는 노력을 하기보다는 "안 되면 변호사로 다시 돌아가면 되지"라는 생각에 변호사에 위치에만 안주하려는 모습을 보여 주는 경우도 많은 것 같습니다. 변호사로서 경영진으로 성장하기 위해서는 회사 내 다른 사람들과 같은 눈높이에서, 또는 더 낮은 자세로 적극적으로 소통하고자 하는 노력을 기울임으로써 변호사가 주는 선입견, 또는 소극적 이미지를 스스로 깨뜨리는 것이 반드시 필요합니다.

Q. 법조 원로로서 후배 법조인에게 조언해 주시고 싶은 사항은 무엇인가요?

미국의 경우 회사 경영자 중 JD 출신이 MBA 출신보다 좀 더 많은 것으로 알고 있습니다. 한국에서는 법조인이 회사 경영을 일선에서 담당하는 경우가 매우 드뭅니다. 기업이 잘 성장하도록 경영하려면 각 부서의 이해관계를 종합적으로 조정하는 능력이 반드시 필요한데, 이러한 능력은 항상 상식과 합리성을 기본 원칙으로 삼는 법조인에게 많이 있다고 봅니다. 변호사 본연의 업무에만 안주하지 말고 회사 경영 참여 등 새로운 분야에 도전하고 노력하는 후배 법조인들이 많이 나왔으면 하는 바람입니다.

Q. 법조인이 갖추어야 할 가장 중요한 덕목은 무엇인가요?

법조인은 사건 당사자나 의뢰인으로부터 신뢰를 잃지 않도록 노력하는 것이 가장 중요하다고 생각합니다. 변호사가 사건을 수임할 경우, 사건이 종결될 때까지 의뢰인과의 신뢰를 지속적으로 강화해 나가고 있는지를 늘 되새겨 보면서 업무 처리를 해야 한다고 생각합니다.

Q. 가장 존경하는 인물은 누구이고, 그 이유는 무엇인가요?

저는 임원이 되기 전부터 삼성그룹 창업자이신 고 이병철 회장님을 가장 존경했는데, 사업을 통해 국가에 보은한다는 '사업보국' 정신은 물론이고, "문화 없이는 나라 없다"는 말씀과 함께 '문화보국'의 일념으로 문화 산업의 기틀을 닦은 부분들이 젊은 시절부터 문화 산업에 관심이 컸던 제게 크게 와닿았습니다.

Q. 변호사님의 향후 계획은 어떠한가요?

엔터테인먼트 전문 변호사와 종합 엔터테인먼트 회사의 CEO로서의 문화 사업 쪽에서의 경험과 검사, 변호사 출신으로서 그룹의 리스크 매니지먼트 총괄 및 대표를 역임한 경험을 토대로 미국에서는 이미 활성화되어 있는 엔터테인먼트 에이전시 비즈니스를 펼쳐 보고자 하는 계획이 있습니다.

최근 연예계의 각종 사건을 보면서 이미 셀럽의 단계에 이른 배우, 가수, 운동선수, 작가, 감독 등 크리에이터들의 경우 상시로 마케팅, 네트워킹에 대한 도움을 받는 것에 그치지 않고 리스크 매니지먼트까지 도움받는 등 폭넓게 전문적 서비스를 받는 것이 중요하다고 봅니다. 이제 우리 문화 산업에도 단순 네트워킹 연결 위주의 에이전시가 아니라 좀 더 폭넓고 프로페셔널한 '토털 에이전시 시스템'이 도입될 때가 된 것 같아요.

Part 2.

변호사들의
열정과 도전

동물권연구변호사단체 'PNR' 활동,

서국화 변호사

Q. 안녕하세요, 바쁘실 텐데 시간 내어 주셔서 대단히 감사드립니다. 우선 간단한 자기소개 부탁드립니다.

안녕하세요, 저는 '법무법인 울림'에서 근무하고 있는 서국화 변호사(사법연수원 42기)입니다. 동물권연구변호사단체 'PNR'의 대표이고, 동물권과 관련한 활동들을 해 나가고 있습니다.

Q. 동물권연구변호사단체 'PNR'에 대한 소개도 부탁드립니다.

일단 저는 1년 차 때 고용변호사를 하다 2년 차부터 개업해서, 연수원 수료 후 다른 동기들에 비해서 굉장히 빨리 자유를 택한 케이스인데요, 그래서 평소 관심 있는 분야 활동을 병행하면서 변호사 생활을 할 수 있었어요.

특히 동물권행동 카라라는 동물권 단체의 자문변호사를 하면서 관련 활동을 이어 오다가, 단체의 자문변호사로서 할 수 있는 역할의 한계를 느끼면서 나와 같은 관심이 있는 변호사님들이 함께 모이면 더 많은 일을 해 나갈 수 있지 않을까 하는 생각을 했고, 41기 박주연 변호사님과 함께 2017년에 'PNR'을 만들었어요. 'PNR'은 'People for Non-human Rights'의 약자입니다.

'PNR'은 기부금 모집 단체로 등록되어 있고, 현재 15명의 변호사님들이 함께해 주고 계세요. 'PNR' 변호사님들 중에 유기견이나 유기묘를 입양하여 키우고 계시는 반려변들이 계신데, 여기서도 개파와 고

양이파가 나눠져요(웃음).

'PNR'은 동물 학대 사건에 대한 고소·고발을 진행하거나, 이미 진행 중인 재판에 참여해서 의견을 개진하기도 해요. 예방적 살처분 명령에 대한 취소소송을 진행하기도 했고 산양을 당사자로 하는 소송을 진행하기도 했는데, 비율로 보자면 소송보다는 입법정책 제안 활동이 더 많아요. 온라인으로도 많이 소통하지만 중요한 프로젝트나 서면 작업을 위해서 필요할 때는 오프라인 모임도 하고 있습니다. 저희에게 기부해 주신 소중한 돈으로 각종 토론회 개최, 캠페인, 행사 등을 진행하기도 합니다.

Q. 동물권을 연구하는 변호사로서 활동하고 계신데, 어떻게 해서 동물권 연구 활동을 하시게 되었나요?

사실 변호사로서의 역할과는 무관하게 관심을 가지게 되었어요. 고시생 때는 원래 공부하기 싫잖아요(웃음). 목적 없이 인터넷 서핑을 하다가 우연히 도축 영상을 접하게 되었고, 막 생을 마감하려는 생명이 고통에 몸부림치는 그 모습과 그걸 아무런 감정 없이 바라보며 작업(?)하는 인간의 모습이 너무나 기괴하게 다가왔어요. 어렸을 때 아버지랑 낚시를 다녔었는데, 그때 펄떡이는 물고기를 바라보면서도 아무것도 느끼지 못했던 제 모습이 보여서 더 그랬던 것 같기도 해요.

그 이후로 타자의 고통을 대하는 나와 우리 인간에 대한 고민을 많이 했던 것 같아요. 이렇게 이야기하니 너무 거창한 것 같은데, 그동안 무심코 해 왔던 행동과 생각들을 하나하나 되짚어 보는 계기가 되었던 거죠. 그래서 온라인 서명 참어, 관련 활동 공유 등 온라인으로 활동하다가(고시생이니까요(웃음)), 시험에 합격하고 나서는 동물보호단체가 진행하는 퍼포먼스 등에 참여하기도 했어요. 좋은 경험이었죠.

그리고 사법연수원에 들어가게 되었는데, 사실 그때 '변호사로서' 관련 활동을 하겠다는 뜻을 가지고 있던 건 아니에요. 그런데 사람은 어쩔 수 없이 자기가 관심 있는 일을 하게 되는 것 같더라고요. 실무를 접하다 보니 더더욱 문제점이 눈에 보이니까요.

Q. 동물권은 다소 생소한 개념 같은데, 구체적으로 설명 부탁드립니다.

동물권에 대한 정의는 아직은 없고, 인권도 포괄적인 개념이나 법적인 권리가 별도로 있듯이 동물권도 그런 개념으로 이해하시면 될 것 같아요. 다만 동물은 좁은 의미에서의 '법적 권리'를 스스로 행사하기는 어렵다는 차이가 있지요. 제가 생각하는 동물권은 그저 살아갈 수 있는 권리, 부당하게 고통받지 않고 이유 없이 죽임을 당하지 않을 권리예요. 1979년 영국 농장동물복지위원회가 선언한 동물의 5대 자유를 우리 동물보호법 제3조가 그대로 가지고 왔는데, 그것이 동물권의 내용이라고 봐도 무방할 것 같아요.

Q. 'PNR'에 계시는 변호사님들은 구체적으로 어떻게 동물권 관련한 사건을 접하고 시작하게 되시나요?

공식 메일로 제보를 주시기도 하고, 동물권 단체에서 협업 제안을 주시기도 해요. 법률 제안 같은 경우는 저희가 필요하다고 생각하는 부분들을 내부적으로 모아서 제안하는데, 의원실에서 먼저 '이러이러한 법률이 필요할 것 같은데, 검토해 달라'고 제안하는 경우도 있어요.

최근 제안한 법률 중에는 '동물대체시험법'이 있는데, 간단히 설명해 드리면 최근 기술이 발달하다 보니 동물이 아닌 '인체 모사 조직'에 실험할 수 있는 기술도 많이 개발되고 있어요. 아무래도 동물은 사람이 아니다 보니 동물 실험 결과를 사람에게 그대로 적용하는 것은 위험 부담이 있는데, 이런 부분을 보완할 수 있는 것이지요. 이런 대체시험법 개발을 장려하고 사용하도록 하는 법률이에요. 남인숙 의원님이 대표로 발의해 주셨는데, 이른바 '동물선진국'에서는 위와 같은 대체시험법이 있는 경우 동물 실험을 하지 못하도록 하고, 더 나아가 동물 실험을 종식하는 가이드라인을 두고 있어요. 우리는 아직 그런 움직임이 없어서 아쉬웠는데, 최근 논의가 시작되고 있는 상황이에요.

또 '동물' 관련해서 반려동물 의료 사고를 다루시는 변호사님들도 많은데, 저희는 개개인의 송무보다 주로 제도적인 부분을 다루는 편이에요.

Q. 많은 일들이 기억에 남으시겠지만, 그래도 하셨던 일 중에 특별히 더 기억에 남거나 보람 있었던 일이 있으신지요?

일명 '전기도살사건'이라 불리는 사건이 있었어요. 보통 개 도살을 할 때 전기 꼬챙이를 사용하는데, 동물보호법에 목을 매달거나 때려 죽이는 등 잔인한 행위를 처벌하니까 하나 남은 방법이 전기 꼬챙이로 죽이는 거예요. 전기 꼬챙이를 개의 입에 넣어 감전시키는 방법으로, 30여 마리의 개를 도살한 개 농장주에 대하여 검사가 동물보호법상 '동물학대죄'로 기소했으나, 인천지방법원이 무죄를 선고했어요. 그러자 저희 'PNR'뿐만 아니라 여러 동물권 단체에서도 난리가 났죠.

1심이 무죄를 선고한 이유는 "축산물 위생관리법에서 가축으로 규정한 동물들과 개는 본질적으로 다른 것이라고 보기 어려우므로, 동물보호법 제10조 제2항 및 같은 법 시행규칙 제6조 제1항에서 규정한 도살 방법(특히 전살법)을 이용하여 개를 도축한 경우에도 특별한 사정이 없는 한 동물보호법 제10조 제1항의 '잔인한 방법'으로 도살한 경우에 해당하지 않는다"라는 거예요.

하지만, 축산물 위생관리법상 도축, 유통 과정을 정하고 있는 가축과 여기에 포함되지 않는 '개'가 본질적으로 동일하다는 판결은 너무나 비논리적이고(이렇게 되면 어떤 동물도 법에 정하지 않는 방식으로 도살, 먹을 수 있게 되는데, 이는 동물 복지를 심히 해할 뿐만 아니라 인간의 건강에도 치명적 위험을 가져오지요), 축산물위생관리법이 정하는 '전살법'은 단순히 '전기'를 사용하는 방식이 아닌, 축종별 전압과 자극 위치를 모두 정해 놓은 방식이기 때문에 조잡한 전기 꼬챙이와 '전살법'을 구분하지 못한 것도 매우 문제였어요.

저희는 위와 같은 의견을 아주 상세히 기재한 의견서를 제출했지만 항소심은 검사의 항소를 기각했는데, 대법원에서 파기환송 판결이 나왔어요. 판결문의 내용이 저희 의견서와 같은 맥락의 내용들이 많아서 뿌듯했던 기억이 나요.

결국 피고인에게는 유죄가 선고되었고, 현실적으로 현행법상 합법적으로 개를 죽일 수 있는 방법은 없어요. 이제는 정부에서도 정책적으로 '개 식용 종식'으로 방향을 잡아 논의를 마무리하고 있는 단계예요.

Q. 일하시면서 애로 사항이나 단점도 있으실 것 같습니다.

특히나 예방적 살처분에 문제를 제기하는 인터뷰 기사가 나가면 다짜고짜 욕설 등 악플이 달리기도 해요. 하지만 이젠 익숙해요(웃음). 또한 어떤 정책을 제안할 때 반대 이해관계인이 너무도 명확한 경우, 예를 들어, 반려견 매매 금지에 관한 법률 추진 시 반려견 판매업자들 혹은 개 식용 근절을 위한 법안 마련 시 개 식용 업자들이 악의 섞인 문자를 보내는 경우도 있어요. 그냥 보고 지우죠.

Q. 동물권에 관하여 서울지방변호사회 회원 여러분들에게 하고 싶으신 말씀이나 알려 드리고 싶은 말씀이 있으신지요?

'동물권'이라 하면 '반려동물'을 우선 떠올리게 되실 텐데, 반려동물에 해당하는 동물은 지구상에 있는 전체 동물의 아주 극히 일부분이 아닐까 해요. 우리가 직접 보지 못하는 농장 동물, 실험 동물 등 산업 현장에 많은 동물이 있고, 이들에 대한 복지 문제는 아마도 사회적으로 가장 마지막에 다루어질 문제가 아닐까 하는 비관적인 생각도 있지만, 법적으로 재미있는 쟁점들도 많으니 관심을 많이 가져 주셨으면 해요.

Q. 지방변호사회나 변호사협회에 바라시는 점은 없으신지요?

동물과 관련한 변호사들의 활동은 한마디로 '돈이 안 되는' 것들이에요. 열심히 활동하고 있지만 진정성 있게 활동하고자 하는 변호사님들이 사실 활동을 '지속'하기란 쉽지 않아요. 이런 부분을 잘 살펴서 많은 활동 지원을 해 주셨으면 합니다.

Q. 변호사님 및 'PNR'의 앞으로의 계획이나 포부에 대해서도 한 말씀 부탁드립니다.

'PNR'에는 여성 변호사님 비율이 높아요. 그런데 저희가 최근 출산, 육아 등으로 2~3년 정도 활동이 정체되었었어요. 단기적인 플랜은, 다시 분발해서 상근 변호사님을 모시는 것, 그래서 이 활동을 해 나가고 싶은 변호사님이 생업 걱정 없이 활동에 전념할 수 있는 구조를 만드는 것이고요, 장기적으로는 법조계 전체적으로 동물 관련 법들이 통일성 있게 정비될 수 있는 학회 같은 것을 만들었으면 좋겠어요.

'환경 문제' 전문

녹색법률센터 최재홍 변호사

Q. 우선 간단한 자기소개 부탁드립니다.

저는 연수원 전부터도 녹색연합에서 자원봉사 활동을 했었고, 사법연수원에서도 중단되었던 환경법학회도 다시 만들기도 하면서 녹색연합 산하 녹색법률센터에서 활동해 온 사법연수원 36기 최재홍 변호사라고 합니다. 연수원 수료 후에는 건국대학교에서 환경법 관련 강의를 하기도 했습니다.

사법시험 3차 면접 때 환경 운동 하려고 변호사가 되고 싶다고 했더니 부장검사인 면접관분이 환경 운동 활동가를 하지 왜 변호사를 하려고 하냐고 물어보셨던 기억이 나네요(웃음).

Q. 환경 문제를 위한 변호사로서 활동하고 계신데, 어떻게 해서 환경 문제 관련 활동을 하시게 되었나요?

산을 너무 좋아해서 산에 다니던 중 환경이 훼손된 모습들을 보고 생각이 참 많았습니다. 1993년도 겨울 치악산에 갔다가 거기 인명구조대 대장님과 둘만 잠을 자게 되었는데, 당시 제가 산에 관심이 많아 이런저런 얘기를 하던 중 대장님이 '동생이 산을 위해서 일하다 보면 언젠가 산이 동생 옆에 와 있을 것'이라고 말씀해 주신 것이 영향이 컸던 것 같아요. 제가 법대였으니까 변호사가 되어서 법적으로 환경 관련 활동을 해 보자고 결심한 후 여기까지 이르게 되었습니다.

Q. 녹색법률센터에 대한 소개도 부탁드립니다.

　제가 사법시험을 준비하면서 절에서 공부하던 1998년도 경에 신문을 받아 보다가 그 당시 '환경소송센터'라는 명칭으로 녹색법률센터를 처음 알게 되었습니다. 미국에서 공부하고 오신 변호사님이 국내에서도 소송이라든지 법제도 측면에서 환경 운동을 하겠다는 포부를 밝히면서 녹색연합에 대해서 더 자세히 알게 되었고, 이후 새만금 미래세대 소송에서 자원봉사 활동 등을 하며 관련 활동들을 본격적으로 하게 되었죠.

　녹색법률센터는 이병일 소장님과 운영위원 19명으로 구성되어 있고, 녹색연합 등 환경단체들과 함께 입법 운동이라든지 제도 개선 운동도 하며, 현안이 발생하면 지역 주민들을 만나 소송도 진행합니다. 자동차 배기가스에 의한 천식 피해 관련 서울 대기 오염 소송, 제철소 대기 오염 피해 관련 소송, 정부나 공공기관에서 발주하는 제도 개선 용역 등을 진행하고, 변호사들끼리 만나서 관심 영역도 찾고 같이 수행하고 있어요.

　현재 제가 속해 있는 법무법인 자연도 녹색법률센터 운영위원님들이 모여서 만들어진 로펌입니다. 3년 정도 같이 활동했던 변호사님들이 뜻을 모았고, 환경에 관심 있는 젊은 변호사님들의 인큐베이팅도 같이하고자 했지요.

　녹색법률센터에는 환경에 관심 있는 변호사님들이 스스로 찾아오시는 경우가 많습니다. 저희 외에도 환경법률센터라고 환경운동연합 산하에 있는 단체가 변호사분들이 모여서 활동하는 단체가 있고, 환경정의시민연대 쪽에서도 변호사분들이 모여서 별도의 센터처럼 운영하고 있습니다. 민변 환경보건위원회도 있네요. 하지만 환경 관련 중요 사건이 있을 때에는 관심 있는 변호사님들이 국민소송대리인단 등을 구성해 함께 진행하는 경우도 많아서 대부분 서로 다 아는 사이입니다.

Q. 하시는 업무가 전부 환경 사건은 아닐 것 같은데, 어떠신가요?

저의 경우 일반 사건 60%, 공익 사건이 40% 정도로, 평소에는 일반 사건을 더 많이 하고 있습니다. 하지만 공익 사건도 하다 보면 선순환 구조로 되는 경우도 있더라고요. 활동하다 보면 지역 주민분들이 사건을 소개해 주시기도 하고, 지역 주민분들의 자녀분들이 도시에 나가 있다 보니까 그분들이 또 사건을 소개해 주시기도 합니다. 폐기물 매립장 거부 처분 취소소송처럼 지방자치단체에서도 소송할 때 저희에게 의뢰를 할 때도 있고요. 한번은 폐기물 사업자가 저를 찾아와서 군 상대로 소송대리를 해 달라고 해서 거절한 적도 있었는데, 그렇게 돌려보내자 결국 소송에서 상대방으로 만났어요(웃음).

Q. 환경 문제에 대한 법률 대응에 관하여도 구체적으로 설명 부탁드립니다.

저희는 패소 전문 변호사라고들 합니다(웃음). 하지만 가습기, 살균

제 등 유해 물질 노출로 인한 건강 피해는 특이성 질환이 아닌 이상 소송을 통해서 승소하기가 쉽지 않거든요. 인과 관계 입증이 어려워서 배출 기준 초과인 경우에만 위자료 정도가 인정됩니다. 하지만 그런 소송들이 반복되다 보면 현재 제도상의 한계 부분을 드러내는 효과는 있어요. 이러한 제도적 한계들을 지속적으로 제기한 결과, 가습기피해자구제법에서는 역학적 인과 관계가 인정되고, 환경부가 피해 질환으로 인정한 경우에는 인과 관계를 추정하도록 좀 더 구체적인 입법이 되기도 하였습니다. 물론 법원에서 이러한 인과 관계 추정 규정을 어떻게 적용할지는 좀 더 지켜보아야 할 것 같아요.

다들 잘 아시는 밀양 송전탑 사건에서도 10년 넘는 투쟁 기간에서 송전탑주변지역지원에관한법률도 제정되고, 헌법소원도 하면서 제도 개선으로 끌고 가기도 했습니다. 골프장 관련 사건도 국민권익위원회 제도개선팀과 협의해서 골프장이 국토계획법상 도시계획시설사업이 될 수 없도록 도시계획시설의 결정 구조 및 기준에 관한 규칙 개정 권고를 하였고, 국토부가 해당 권고를 수용하기도 하였습니다.

골프장 설치 근거 법률이었던 국토계획법 관련 규정에 대해 헌법소원을 통해 헌법불합치 결정을 이끌어 내기도 했어요. 대부분 패소하는 경우가 많지만, 이런 경험들이 환경 관련 일을 계속하게 하는 원동력이 되는 것 같네요. 물론 최근에는 지자체가 개발행위신청을 거부하면서, 관련 소송이 제기되면 지자체를 대리해서 사건을 진행하기도 하는데, 아무래도 지자체장의 지역 환경 등 고려한 거부 처분은 적법하다는 판단을 받는 경우가 많아진 것도 새로운 경향이기는 합니다.

Q. 공익 소송을 하시는 경우 소송 비용은 어떻게 충당하시나요?

소송 비용은 지역 주민들로부터 지원받는 경우도 있는데, 전에는 공익 소송을 비용을 따로 안 받고 하는 경우가 많았습니다. 단체에서 모금 활동을 통해서 기금을 마련해서 진행을 많이 하지요.

Q. 많은 일이 기억에 남으시겠지만, 그래도 하셨던 일 중에 특별히 더 기억에 남거나, 보람 있었던 일이 있으신지요?

제일 기억에 남는 건 역시 골프장 건으로 2010년경 헌재에서 헌법불합치 결정을 받았을 때입니다. 회원제골프장은 일반인이 이용할 수 있는 시설이 아님에도 강제 수용 권한이 주어지는 국토계획법의 위헌적 요소에 대해서 기자 회견도 하면서 최후의 수단으로 헌법소원을 제기했지만 쉽지 않을 것을 알고 있어 별 기대를 하지 않았었는데, 선고 당시에 헌법불합치 선언이 되었을 때는 정말 보람되고 뜻깊었네요.

Q. 일하시면서 애로 사항이나 단점도 있으실 것 같습니다.

주민들과 같이 활동을 할 때, 주민분들께 소송이 어렵다는 점을 말씀드려도 변호사를 통해서 소송을 제기하면 법원이 억울함을 풀어줄 거라는 생각을 많이들 하세요. 그런데 현실은 그렇지 않은 경우가 많습니다. 앞에서도 패소 전문이라고 말씀드렸지만, 그럴 때 주민분들 모습을 지켜보는 것이 마음이 좀 그렇지요. 밀양 송전탑 사건 때에도 행정대집행으로 송전탑 설치 부지에 주민들이 세운 움막을 강제 철거한다고 하여 서울에서 10명의 변호사가 밤에 급히 내려갔는데도 변호사로서 할 수 있는 한계가 많다고 느껴졌습니다. 주민과의 관계에서도 그렇고, 사후적인 소송의 결과의 한계가 있다 보니까 그럴 때 자괴감도 들기도 하지만, 그래도 패소의 무게를 같이하는 변호사들과 나누어서 지니까 좀 낫습니다.

그 와중에 할 만큼 했다고 이해해 주시는 주민분들도 있어서, 가을만 되면 전국에서 농산물 선물이 참 많이 와요(웃음). 죄송하고 감사하지요.

Q. 녹색법률센터를 비롯해서 앞으로 환경 문제에 관심이 있거나 환경을 위한 활동을 하고 싶어 하는 변호사님들에게 하고 싶으신 말씀이나 알려 주고 싶으신 말씀이 있으신지요?

요즘에도 젊은 변호사님들이 환경에 관심이 있으신 것 같습니다. 전통적인 환경 이슈 외에도 최근에는 동물권, 기후 변화 쪽으로도 많이 관심이 있는 것 같아요. 기후 솔루션, 플랜 1.5 변호사그룹 등의 단체들은 변호사님들이 메인 상근 활동을 하고 있기도 해서 매우 고무적입니다.

법이론적으로 환경 분야는 특수 분야라서, 변호사가 혼자서 할 수 있는 것은 매우 제한적입니다. 특히 건강 피해의 경우 인과 관계의 문제 때문에 전문가 그룹과 연계해야 하고, 환경 행정 같은 경우는 오염 물질 배출 저감 기준 등의 프로세스를 잘 아는지 여부에 따라 소송 진행 방향도 달라지기 때문에 피해 발생 현장도 찾아가서 주민들과 대화도 하고, 관련 행정 절차가 어떻게 진행되는지 알게 되면 좀 더 용이합니다. 그게 안 되면 증거 수집부터 해서 소송 진행 과정에서 벽에 부딪힐 수밖에 없죠.

그리고, 토양 오염 문제도 이슈가 커지고 있습니다. 도심지 주유소 폐업 시 유류 오염에 따른 토양 오염도 매매 시 중요하거든요. 아직까지는 이 부분을 전문적으로 하는 분이 별로 없으신 것 같아 블루 오션이 아닌가 합니다.

Q. 서울지방변호사회나 변호사협회에 바라는 점은 없으신지요?

서울지방변호사회에서는 녹색법률센터를 통해서 환경 소송 매뉴얼 작업 강연도 했습니다. 환경에 관심 있는 변호사에게 안내하는 자료로서 참 좋았다는 생각이 듭니다. 가능하다면 가습기 살균제와 같은 중요 사건에서 증거 수집 관련 감정 전문가 그룹과 연계를 해 주거나 프로보노와의 네트워크 연결, 비용 지원 등을 해 주시면 참 좋을 것 같아요. 일본 같은 경우는 공해 사건 소송으로 확보된 기금으로 다른 사건에 대한 소송을 지원하기도 하는데, 공적인 변호사회나 변협에서 이런 부분을 해 주신다고 하면 큰 도움이 될 것입니다. 변호사회에서 환경 이슈 관련 피해 구제나 조사와 관련해서 보도 자료를 내주시는 것만 해도 법적으로 피해자들에 대해 큰 역할을 하는 것이니, 관심을 많이 가져 주셨으면 좋겠습니다.

Q. 변호사님 및 녹색법률센터의 앞으로의 계획이나 포부에 대해서도 한 말씀 부탁드립니다.

빨리 변호사를 그만두고 산에 가고 싶습니다(웃음). 바쁘다 보니 오색 케이블카 사건 현장 조사 겸 산에 갔었고, 지리산 산악 열차 현장 조사를 겸해서 겨우 등산을 가고 있네요. 오색 사건 때에는 설악산 대청봉에서 기자 회견을 하자고 뜻을 모아서 10명 정도가 플래카드를 짊어지고 대청봉에 올라가서 기자 회견을 하기도 했었습니다. 4대강, 설악산도 그렇고 자기 스스로 환경을 지켜야 한다는 확신이 있어야 그걸 토대로 법원을 설득할 수 있는데, 문제가 생겨야지만 산에 간다는 것이 저로서는 참 슬픈 일입니다.

저희 쪽에서도 환경이라는 큰 틀로 변호사들과 만나고 했었는데, 점차 분야가 구체화되고 있어요. 관심은 있지만 변호사 활동이 바빠서 참여 못 하는 분들도 많은데, 후배 변호사들 중에 특정 분야에 전문가로서 활동할 수 있는 분이 있으면 인큐베이팅도 하면서 같이 성장해 나가는 탄탄한 환경 운동 변호사 그룹을 만들고 싶은 것이 제일 큰 바람입니다.

기후 변화 대응 '플랜 1.5' 활동,

박지혜 변호사

Q. 안녕하세요, 바쁘실 텐데 시간 내어 주셔서 대단히 감사드립니다. 우선 간단한 자기소개 부탁드립니다.

안녕하세요, 사단법인 '플랜 1.5'에서 활동하고 있는 박지혜 변호사입니다. 2017년 녹색법률센터에서 변호사 생활을 시작한 이후부터 환경 분야의 공익 활동을 전업으로 해 오고 있습니다. 저는 녹색법률센터에서 2018년에 대규모 석탄발전소 건설 사업에 대한 취소 소송에 나서게 된 것을 계기로 에너지·기후 분야 활동에 주력하고 있네요. 최근 몇 년간은 석탄발전소의 빠른 퇴출과 재생에너지 확산을 위한 활동에 집중하기 시작했고, 전국적인 연대체인 '석탄을 넘어서(Korea Beyond Coal)' 활동에 힘을 쏟기도 했습니다.

Q. '플랜 1.5'에 대한 소개도 부탁드립니다.

'플랜 1.5'는 이전 단체(기후 솔루션)에서 함께 활동하셨던 윤세종 변호사님, 권경락 활동가님과 함께 설립한 비영리 사단법인입니다. 작년 5월에 창립총회를 하고 8월부터 본격적인 활동을 시작하였습니다. '플랜 1.5'에 변호사가 둘이나 되지만 법률가단체이기보다는 전문성을 바탕으로 활동하는 환경 단체라고 말씀드리고 싶네요. 이제는 기후 정책의 큰 정책 목표가 정해졌기 때문에 정책 목표의 이행을 위해 세부적인 정책이 큰 정책 목표에 맞게 잘 조정되는 것이 중요한 시기라고 생각했고, '플랜 1.5'도 그러한 점에 초점을 두고 있습니다. 또한 시민

사회에서 기후·에너지 캠페인이 더 널리 확산될 수 있도록 환경단체 이외의 시민단체들(노동단체, 소비자단체, 인권단체 등)과도 관계를 맺고 기후 운동을 널리 확산하고자 하며, 이러한 운동 과정에서 필요한 법적 조력을 제시하는 것은 물론이고, 청소년 기후 소송의 사례와 같이 소송 등 법적인 수단도 적절히 활용될 수 있도록 역할을 하고자 하는 단체입니다. 참, '플랜 1.5'는 지구 평균 기온 상승을 1.5도에서 막아 보자는 뜻에서 붙인 이름입니다(웃음).

Q. 온실가스와 기후 문제에 관한 변호사로서 활동하고 계신데, 어떻게 해서 이런 활동을 하시게 되었나요?

조금은 관념적인 얘기일 수도 있는데요, 본래 환경 문제에 주목하게 된 것은 우리가 살면서 중요하게 생각하는 것들이 제대로 보호받지 못한다는 생각이 들었고, 그 대표적인 사례가 생태적 가치라고 생각했기 때문입니다. 온실가스 문제는 특히 우리의 생산과 소비 활동 전반과 아주 밀접하게 연관이 되어 있습니다. 에너지를 사용하는 모든 활동이 온실가스를 발생시키기 때문이죠. 그래서 기후 문제를 해결하는 방식도 에너지 사용을 줄이고, 효율을 높이고, 더 친환경적인 에너지원으로 바꾸는 것이 핵심이에요. 그러한 방식으로 기후 문제가 제대로 해결된다면 많은 환경 문제가 함께 해결될 수 있다는 생각이 들었습니다. 물론 앞서 말씀드린 것처럼 처음 환경변호사 일을 시작하면서 대리하게 된 석탄발전소 사건이 계기가 되긴 했습니다. 녹색법률센터에서 진행한 석탄발전소 허가 취소 소송(주변 지역 주민들의 제3자 소송)을 대리하면서 온실가스 감축 관련 내용이 허가 시에 왜 제대로 반영되지 않는지 저도 많이 들여다보게 되었고, 문제의식이 생기게 되었습니다.

Q. 우리나라의 온실가스나 기후 문제는 국제적 기준에서는 어느 정도 수준이고, 부족한 점이나 잘된 점은 무엇인지요?

우리나라는 제조업 강국이라서 온실가스 배출 대국입니다. 지난 수십 년간의 산업화 과정에서 온실가스 배출이 꾸준히 증가해 왔고, 그 결과로 연간 배출량으로는 전 세계 10위권 안에 들고, 누적 배출량으로도 17위라는 통계가 말해 주듯 역사적 책임도 만만치 않아 꼭 감축 책임을 이행해야 하는 위치에 있습니다. 그래서 꾸준히 국제사회에 온실가스 감축하겠다는 약속을 해 왔고요. 국제적인 논의에 참여하고 약속을 제시했다는 것은 잘된 점이라고 할 수 있겠네요. 그런데도 그간 온실가스 감축 정책을 적극적으로 시행해 오지는 못했습니다. 2009년에 2020년 감축 목표(5억 4천 3백만 톤)를 선언했지만 코로나19 사태 이전까지 한해도 빠짐없이 온실가스 배출이 증가했고, 2019년 UNEP(UN환경계획)에서는 한국을 파리협정의 이행을 위해 감축 노력 이행이 필요한 7개 국가 중 하나로 언급하기도 했습니다. 2020년에는 온실가스 배출량이 6억 5천만 톤 정도였는데, 이는 2020년 감축 목표를 무려 1억 톤 이상이나 초과한 수치였고요.

Q. 우리나라의 온실가스나 기후 문제에서 가장 시급한 현안은 무엇이라고 생
   각하시는지요?

2021년 11월에 강화된 온실가스 감축 목표가 수립되었어요. 강화된
감축 목표에 따라 현재는 연도별·부문별 감축 목표가 제시되어야 하
고, 산업과 수송, 전환 부문 등 주요 배출 부문의 감축을 유도할 수
있도록 관련 정책이 조율되어야 하죠. 기존 '저탄소 녹색성장 기본법'
을 폐지하고 새로 제정된 '기후위기 대응을 위한 탄소중립·녹색성장
기본법'에 따라 다가오는 3월까지 위와 같은 내용을 담은 탄소중립 기
본 계획이 수립되어야 하는데요, 이 계획이 제대로 세워져야 할 것 같
습니다.

Q. 기후 소송도 하시는 것으로 알고 있습니다. 기후 소송은 무엇이고, 그동안
   어떤 성과가 있었는지요?

지난 2020년 3월에 청소년들이 대한민국 정부의 국가 온실가스 감
축 목표가 미약하여 청구인들의 기본권을 침해하므로 위헌이라는 취
지의 헌법소원을 제기할 때 저도 기후 솔루션에서 대리인으로 참여하
였습니다. 위 헌법소원에서는 크게 세 가지 문제를 제기했는데요,
2020년 감축 목표의 불이행, 2030년 감축 목표의 미흡함, 이를 규율
하는 당시 '저탄소 녹색성장 기본법'의 문제입니다. 이후로 청구인 청
소년들의 기후 운동은 청소년 기후 행동이라는 단체의 탄생으로 이어

졌고, 최근 아기 기후 소송까지 2건의 헌법소원이 더 이루어지는 등 기후 문제에 대한 사회적 관심을 확산하는 데 큰 역할을 했다고 생각합니다. 여전히 미흡하지만 2030년 감축 목표를 한 차례 상향하는 계기가 되기도 했고요. 유사한 사건들이 해외에서는 승소로 이어진 바 있어서(네덜란드 우르헨다 사건, 독일연방 헌법재판소 위헌결정, 프랑스 세기의 사건 등), 3건의 우리나라 헌법소원에 대해서 한국의 헌법재판소에도 전향적인 판결을 해 줄 것을 기대하고 있습니다.

Q. 산업통상자원부나 국회를 통하여 국가의 정책에도 관여를 하시는지요?

'관여'라고 부르기는 미약한 수준이지만, 중요한 정책들에 의견을 내고 반영하기 위해 노력하고 있습니다. 해당 내용을 플랜 1.5의 '기후제안', '기후현안'이라는 이슈 페이퍼 형태로 발간하여 널리 알리는 활동도 병행하고요. 저희 홈페이지에서도 보실 수 있습니다. 결국 정책 결정 과정은 줄다리기와 같다고 생각하는데요, 환경 이익은 분산된 이익이고 제대로 된 대변자가 없기에 산업적 이익이나 단기적인 경제적 이익에 손을 들어 주는 결과가 나오기 쉽죠. 그러한 줄다리기에서 환경 이익을 대변하는 쪽에 조금 더 힘을 보태는 활동을 하고 있습니다. 아직은 우리 단체가 신생 단체로 많이 알려져 있지 않고, 정책 관여 활동 경험이 부족해서 정부와 소통하는 채널을 만드는 작업부터 시작하고 있습니다. 기후 이슈가 국가적 우선순위에서 많이 밀려나 있는 상황이라 더 열심히 활동해야겠다고 생각하고 있습니다.

Q. 그 밖에 기후 문제에 대한 '플랜 1.5'의 법률 대응이나 활동에 관하여도 구체적으로 설명 부탁드립니다.

이외에 다른 시민사회단체의 기후 운동에 대한 법률적 조력자가 되기 위해서 노력하고 있습니다. 최근에는 신규 석탄 발전 중단에 관한 입법 청원 성공을 계기로 관련 법률안(신규석탄발전금지법) 작업에 주도적으로 참여하기도 했습니다. 또한 기후 소송과 관련하여서도 또 다른 의미 있는 시도를 만들어 낼 수 있는 기회도 모색하고 있고요. 재작년 네덜란드에서 기업을 상대로 온실가스 배출량 감축을 명령하는 판결이 나왔는데, 이러한 유형의 소송이 우리나라도 가능할지 고민해 보고 있습니다.

Q. 많은 일들이 기억에 남으시겠지만, 그래도 하셨던 일 중에 특별히 더 기억에 남거나 보람 있었던 일이 있으신지요?

가장 인연이 많았던 사건은 역시 신규 석탄발전소 취소소송입니다. 소송은 졌고 발전소 건설도 아직 진행 중이지만, 3년이 넘는 기간 동안 해상공사 중단, 회사채전량 미매각 등 여러 가지 자그마한 승리의 순간들이 있었고, 결과적으로 기후 문제, 석탄발전소 문제에 대한 사회적 관심을 이끌어 내는 성과가 있었지 않았나 생각합니다.

Q. 일하시면서 애로 사항이나 단점도 있으실 것 같습니다.

환경 사건을 하면서 법정에서 이겨 본 경험이 별로 없네요(웃음). 아직 제 역량이 부족하고, 또 관련 실무가 발전이 더딘 탓도 있는 것 같습니다. 그래서 환경법 공부도 꾸준히 하고 있어요. 2020년부터 서울대학교 법학전문대학원에서 환경구제법 강의를 맡아서 법으로 환경을 보호하는 일의 의미에 대해서 다시 생각해 보고 앞으로 할 일들을 고민하는 기회로 삼고 있습니다. 박사 학위 논문을 「기후 위기 시대의 기후·에너지법」이라는 단행본으로 발간하였으니 관심 있으신 분들은 한번 읽어 보셔도 좋을 것 같습니다.

Q. '플랜 1.5'를 비롯해서 앞으로 환경 문제에 관심이 있거나 환경을 위한 활동을 하고 싶어 하는 변호사님들에게 하고 싶으신 말씀이나 알려 주고 싶으신 말씀이 있으신지요?

환경 문제에 관심이 있으시고 직접 활동하고 싶으시다면 언제든 연락 주세요. 녹색법률센터에서도 함께할 변호사님들을 항상 모시고 있습니다. 녹색법률센터 운영위원회에 참여하시면 실무와 병행하여 공익 사건들을 함께 수행하실 수 있습니다. 시간을 내기 어려우시다면 저희 단체를 비롯한 환경 단체를 후원해 주셔도 큰 힘이 됩니다. 저희 '플랜 1.5'도 여러 기후 재단이나 개인의 후원으로 유지되고 있으니까요.

Q. 서울지방변호사회나 대한변호사협회에 바라시는 점은 없으신지요?

공익전업변호사에 대한 지원이 다시 부활하면 좋을 것 같습니다. 공익인권라운드테이블처럼 환경 단체와 관심 있는 변호사들이 만날 수 있는 기회를 제공하는 등 의미 있는 공익 활동 촉진을 위해서 더 노력해 주셨으면 좋겠습니다.

Q. 변호사님 및 '플랜 1.5'의 앞으로의 계획이나 포부에 대해서도 한 말씀 부탁 드립니다.

당장 큰 변화를 꿈꾸기보다는 조금씩, 한 단계씩 필요한 변화를 만들어 내고 싶습니다. 공익 환경법 단체들이 꾸준히 활동하면서 함께 변화를 만들어 나갈 수 있으면 좋겠다고 생각해요. 그러한 활동 기반을 만드는 데 제 역할을 해 나가도록 하겠습니다. 많은 관심과 성원 부탁드립니다.

환경·난민·여성 인권 개선 활동

김보미 변호사

Q. 안녕하세요, 바쁘실 텐데 시간 내어 주셔서 대단히 감사드립니다. 우선 간단한 자기소개 부탁드립니다.

안녕하세요, '사단법인 선'에서 상임변호사로 일하고 있는 김보미입니다. 주로 환경, 난민, 여성 인권 분야의 문제를 해결하기 위한 활동을 하고 있습니다.

Q. '사단법인 선'에 대한 소개도 부탁드립니다.

'사단법인 선'은 인권 신장과 사회 공동체적 가치를 추구하는 '법무법인(유) 원'의 이념에 따라 2013년에 설립되었습니다. 저를 포함한 2명의 상임변호사와 1명의 직원이 함께 일하고 있습니다. 선은 생태, 여성, Youth(아동·청소년·청년), 사회적 경제, 국제 인권 등 다양한 분야의 공익위원회를 두고 있는데, 각 위원회에 속한 '법무법인(유) 원'의 변호사들이 함께 소송 대리나 자문을 제공하고 있습니다. 법률지원뿐만 아니라 공익 단체 후원, 장학사업, 봉사활동을 통해 법률가의 사회적 책임을 다하고자 노력하고 있습니다.

인권과 직간접적으로 연관되어 있고, 현재 전 세계적으로 가장 중요한 공익 인권 이슈인 기후 위기와 생태 분야에 로펌 공익 법인 중 가장 먼저 주목하였고, 활발하게 활동을 해 왔다는 점이 다른 공익인권 변호사 단체들과는 차별화된 '사단법인 선'의 특징입니다. 제가 '사단법인 선'에 오게 된 이유도 이러한 활동을 함께 하고 싶어서였습니다.

Q. 패션 기업의 재고 폐기 금지 입법 운동이라는 다소 생소한 활동을 하고 계신데, 어떤 활동인지 소개해 주실 수 있을까요?

네, 저는 '다시입다연구소[1]' 및 정의당 장혜영 의원실과 함께 패션 기업의 재고 폐기를 막기 위한 법률 제정 활동을 하고 있습니다.

패션 기업들은 팔리지 않은 새 옷을 일정 기간(한국 평균 3년)이 지나면 매립하거나 소각합니다. 단지 브랜드의 이미지를 지키기 위해 한 번도 입지 않은 패션 재고들이 폐기되는 것입니다. 이렇게 재고를 처리하는 것은 자원 낭비는 물론 심각한 환경 파괴를 야기합니다. 프랑스는 2020년 1월 '폐기 방지와 순환경제법안'을 통과시켰고, 이 법은 2022년부터 시행되어 2023년부터는 의류, 신발 등 팔리지 않은 패션 재고품의 폐기를 법적으로 금지하고 있습니다. 팔리지 않은 재고는 자선단체 등에 기부하거나 재활용하도록 하여 쓰레기가 배출되는 것을 막고, 자원을 사회에 순환하여 사용하도록 하는 것입니다.

한국의 경우 국내 최대 패션 기업 대부분이 재고를 소각하고 있으나 폐기 현황에 대한 정보조차 정확하게 공개되지 않습니다. 패션 기업이 생산량을 더 철저하게 관리하고, 어쩔 수 없이 재고가 발생할 경우에도 소각하거나 매립하는 것이 아니라 재활용하고 기부하는 등 다양한 방식으로 순환 사용할 수 있도록 하여, 환경 오염을 막고 자원 낭비를 막는 것이 이 활동의 목적입니다.

---

1 패션 산업이 환경에 끼치는 악영향을 알리고, 의류 폐기물을 줄이기 위한 활동을 하는 비영리단체

Q. 이러한 활동은 생태 운동의 한 형태로 볼 수 있을까요? 생태 운동이란 무엇이고, 거기서 변호사가 할 수 있는 역할은 어떤 것이 있는지요?

생태 운동의 사전적 정의가 '생산 활동으로 인한 환경 파괴를 널리 알리고 인간의 생활 양식을 바꾸어 생태계와 조화된 사회 발전을 이루고자 하는 운동'을 말하는 것이니 생태 운동의 한 형태라고 볼 수 있을 것 같습니다.

생태 운동에서 변호사가 할 수 있는 일은 다양합니다. 법을 위반하여 환경 파괴를 야기하는 기업을 상대로 법률에 위반된 사업 행위에 대해 소송을 제기할 수도 있고, 환경을 파괴하는 개발 사업의 허가 처분에 대해 취소 소송을 할 수도 있고, 국민의 환경권 침해를 이유로 국가에 대한 헌법소원을 청구하는 것도 할 수 있습니다. 환경 보호 활동을 하는 NGO나 NPO, 소셜 벤처의 사업에 대해 법률 자문을 제공할 수도 있고, 기후 정의 활동가의 기후 정의 활동에 대한 소송을 대리할 수도 있고, 환경 보호를 위한 다양한 입법 운동에 법률전문가로 참여할 수도 있을 것 같습니다.

Q. 우리나라의 생태나 기후 관련해서 시급한 현안이나 다른 나라에 비해 뒤처진 것들은 어떤 부분이 있을까요?

기후 위기 대응을 위해 가장 시급한 것은 에너지 전환이라고 생각합니다. 석탄화력발전소가 얼마나 유해한지 정부와 기업, 시민 모두 알고 있습니다. 그럼에도 대한민국 기업이 개발도상국에 석탄화력발전소를 건설하는 것, 국가나 공기업이 석탄화력발전 사업에 투자하는 것에는 큰 문제의식을 느끼지 못하는 것 같습니다. 많은 선진국들이 더 이상 기후 변화를 야기하는 회사의 사업에 투자하지 않는 추세인데, 대한민국의 기업들은 여전히 석탄화력발전소를 건설하고, 화석 에너지 사업에 투자를 하고 있어 이런 부분이 큰 문제라고 생각합니다.

에너지 전환과 더불어 가장 큰 축을 차지해야 하는 것은 생명 다양성 보존입니다. 지구의 생물 다양성은 전례 없는 속도로 훼손되었는데, 1970년 이후 포유류와 조류, 양서류, 파충류, 어류의 개체 수가 69% 감소했다는 통계가 대표적 예입니다. 기후 변화와 생물 다양성을 별개로 다뤄서는 안 되고 함께 고민하고 해결해야 할 문제입니다. 인간 중심적 기후 위기 대응이 아닌 모든 생명이 지속 가능한 사회로 나아가야 진정한 기후 위기 해결이고, 지속 가능한 사회가 될 것이라고 생각합니다. 그러나 대한민국은 여전히 보호 구역에 케이블카를 만들고, 야생 동물이 살 수 있는 도심 속 미세 서식지를 파괴하는 등 인간의 편의만을 위해 생물 다양성 문제는 뒷전으로 미루고 있는 것 같습니다.

Q. 그 밖에 난민 등 국제 인권 분야에서도 활동하시는 것으로 알고 있습니다. 간단히 소개 부탁드립니다.

민주주의를 위해, 자신의 성적 지향이나 정체성, 신앙이나 신념을 지키기 위해 혹독한 박해를 피해 대한민국에 온 사람들이 난민으로 인정받아 인간다운 삶을 살 수 있도록 다양한 법률지원 사업을 하고 있습니다.

가장 많은 비중을 차지하는 업무는 난민불인정 결정을 받은 난민 신청자를 대리하여 취소 소송을 제기하거나 이의 신청을 돕는 일입니다. 난민 신청을 하려고 하는 외국인에게 법률 자문을 제공하기도 하고, 난민의 생존권 등을 침해하는 법률에 대한 헌법소원도 현재 진행 중에 있습니다. 난민인권네트워크에 참여하여 난민의 인권 신장을 위한 제도 개선 활동도 하고, 대한변호사협회의 난민이주외국인특별위원회에 위원으로 활동하며 법조인으로서 난민 이주 외국인의 권리를 보호하기 위해 할 수 있는 다양한 일들을 함께하고 있습니다.

Q. 그 밖에 변호사님이나 사단법인 선의 활동에 관하여도 설명 부탁드립니다.

선은 법률지원뿐만 아니라 2015년부터 매년 '재단법인 지구와사람'과 공동으로 지구법 강좌도 개최하며 환경 문제에 대한 인식을 제고하고, 환경 문제 해결을 위해 노력하고 있습니다.

Q. 많은 일이 기억에 남으시겠지만, 그래도 하셨던 일 중에 특별히 더 기억에 남거나 보람 있었던 일이 있으신지요?

'청년기후긴급행동'의 기후활동가들을 대리한 민·형사 소송이 기억에 남습니다. 두 활동가는 甲기업의 베트남 석탄화력발전소 건설을 반대하고, 그린 워싱[2]을 비판하고, 기후 위기의 심각성을 알리기 위해 甲기업 본사 앞, 론사인(lawnsign)에 초록색 수용성 페인트를 뿌리고 반대 집회를 하여 집회시위법위반과 재물손괴혐의로 기소되었습니다. 지난 기일, 최후 진술에서 피고인들은 담담한 목소리로 당당하게 자신들이 얼마나 기후 위기를 진지하고 심각하게 느껴 왔는지, 단식 투쟁부터 이 사건 행동을 하여 검찰에 기소되기까지 피고인들이 얼마나 많은 노력을 해 왔는지, 여느 대한민국의 평범한 청년으로 삶을 포기하면서까지 지키고 싶은 것은 어떤 것인지 얘기하였는데, 저도 이를 들으며 큰 감동을 받았습니다. 같은 시대 같은 사회에서 살아가는 같은 청년으로 기후정의활동가들이 기후 위기에 맞서 저항하는 것이 고마움과 동시에, 그들에게만 이 힘들고 무거운 짐을 맡긴 것 같아 미안함을 동시에 느꼈습니다.

저는 이렇게 소송을 통해 만나는 사람들이 가장 기억에 남는 것 같습니다. 자국의 민주주의를 지키기 위해 목숨을 걸고 싸워 왔고, 여전히 노력하고 있는 난민 신청자를 만났을 때 그분의 올곧은 자세와 당당한 태도, 민주주의에 대한 열망을 들으며 큰 감동을 받았었고, 결국 그분이 한국에서 난민인정을 받았을 때 정말 제 일처럼 기뻤습니다. 100년 전 미국에서 대한민국 독립운동을 하는 사람들을 만나는 기분이 이런 걸까? 생각했습니다. 저는 이렇게 멋진 사람들을 도울

---

2 'green'과 'white washing(세탁)'의 합성어로, 기업들이 실질적인 친환경 경영과는 거리가 있지만 녹색경영을 표방하는 것처럼 홍보하는 것

수 있을 때 가장 보람을 느낍니다. 왜 공익인권변호사가 되고 싶었는지, 이 일을 하면서 어떤 역할을 할 수 있는지 실감하고 더 열심히 일해야겠다고 생각하게 됩니다.

Q. 일하시면서 애로 사항이나 단점도 있으실 것 같습니다.

환경 소송 판결문이나 기후 위기와 관련된 과학적 증명 자료, 난민들의 출신 국가 COI(Country of Origin Information) 조사 자료가 대부분 영어여서 자료를 읽고 번역하고 정리하는 데 시간이 조금 더 소요되곤 합니다. 영어 공부를 꾸준히 해야 한다는 점이 약간의 애로 사항인 것 같습니다.

Q. 앞으로 생태나 국제 인권 문제에 관심이 있거나 활동을 하고 싶어 하는 변호사님들에게 하고 싶으신 말씀이나 알려 주고 싶으신 말씀이 있으신지요?

먼저, 생태와 국제인권 문제에 관심을 가지고 활동을 하고 싶어 하는 모든 변호사님들을 진심으로 환영합니다. 공익 전담 변호사가 아니지만 본업에 더하여 관심 있는 공익인권 분야의 프로보노 활동을 하고 계신 훌륭한 변호사님들이 많다는 것을 알고 있습니다. 기후 소송이나 난민 소송을 수행하고, 법률 자문을 하는 것도 정말 좋지만, 차근차근 시작해 보고 싶으시다면 같은 분야에 관심이 있는 사람들과 스터디를 하거나 관련 학회 등에 참여해 보시는 것도 좋을 것 같습니다. 저는 기후 소송에 관심이 있는 변호사님들과 스터디 모임을 하고 있는데, 기후 소송을 공부하고, 자료를 공유하고, 서로의 활동에 도움을 주는 등 일에도 큰 도움을 받고 있습니다. 난민 지원 단체들과 함께하는 난민인권네트워크에서도 아주 많은 도움을 받고 있습니다.

Q. 지방변호사회나 변호사협회에 바라시는 점은 없으신지요?

공익 인권 활동에 대한 관심과 지원이 더 많아지면 좋겠습니다.

서울지방변호사회 프로보노 지원센터에서 만든 법률지원 매뉴얼은 많은 변호사님들이 공들여 만들었고, 아주 유익하다고 생각합니다. 그런데 아쉽게도 많은 사람들이 이런 매뉴얼을 잘 알지 못하고, 활용하지 못하고 있는 것 같습니다. 서울지방변호사회에서 매뉴얼을 더잘 홍보하고, 난민사건 법률지원 매뉴얼, 직장갑질사건 법률지원 매뉴얼, 장애인학대사건 법률지원 매뉴얼 등 분야별 매뉴얼의 내용에 대해서 특강도 열면서 공익 전담 변호사는 아니지만 프로보노 활동을 하고 싶은 변호사님들이 더 활발하게 참여할 수 있도록 하면 좋을 것같습니다.

Q. 앞으로 변호사님의 계획이나 포부에 대해서도 한 말씀 부탁드립니다.

저는 아직 배울 것도 많고 배우고 싶은 것도 많은 새내기 변호사지만, 앞으로도 꾸준히 기후 소송과 난민 법률지원 활동을 하며 실력 있는 변호사로 성장하고 싶습니다. '기후 문제는 인권 문제'라는 것에 공감하며 기후 정의 활동가들의 캠페인에서 변호사가 필요할 때, 거뜬히 제 몫을 다하는 변호사가 되고 싶습니다. 새로운 유형의 기후 소송이나 기후 위기에 저항하기 위한 다양한 활동에 참여할 수 있으면 좋겠습니다.

소소한 계획으로는 환경 문제를 이유로 10년이 조금 넘는 시간 동안 채식을 해 온지라 채식하는 법조인 모임을 만들어 보고도 싶습니다(웃음).

KBS 〈시사 직격〉 진행

임재성 변호사

Q. 안녕하세요, 바쁘실 텐데 시간 내어 주셔서 대단히 감사드립니다. 우선 간단한 자기소개 부탁드립니다.

안녕하세요, '법무법인 해마루'에서 파트너로 일하고 있는 임재성 변호사라고 합니다. 저는 변시 4기이고요, 졸업한 이후 지금 일하고 있는 '해마루' 로펌에서 어쏘 변호사로 시작해서 9년째 일하고 있습니다. 저는 30대 중반에 변호사가 되었는데요. 변호사가 되기 전에는 '전쟁 없는 세상'이라는 시민단체에서 활동하기도 했고, 사회학과 대학원에서 연구자로 공부하기도 했습니다. 사회학 박사 학위는 변호사가 된 이후 취득했는데, 그 맥락에서 지금은 연세대학교 사회학과에서 겸임교수로 법사회학, 범죄사회학 강의도 하고 있습니다.

Q. KBS 〈시사 직격〉 진행자로 유명하신데, 원래 방송 쪽 일을 하셨었는지요? 아니라면 어떻게 해서 공중파 시사 프로그램을 진행하시게 되었는지 궁금합니다.

네, KBS에서 〈시사 직격〉이라는 프로그램 MC를 3년 반 정도 하고 있습니다. 그 이전까지는 방송 쪽 경력, 즉 프로그램 고정 패널이나 진행을 한 적은 전혀 없었습니다. 그래서 처음 MC를 맡았을 때도 50분짜리 시사 프로그램 MC를 방송 경력이 아예 없는 변호사에게 맡기는 것 자체가 화제가 되기도 했는데, 사연은 이렇습니다. 제가 2019년 상반기에 KBS 〈오늘밤 김제동〉이라고 하는 프로그램에 몇 번 나가서 당시 수행하고 있었던 강제 동원과 제주 4·3 군사재판 재심과 관련해서 말씀을 드릴 기회가 있었습니다. 그때 KBS PD님들이 저를 좋게 보아 주신 듯하고요. 마침 당시 KBS에서는 〈추적 60분〉이라고 하는 전통의 프로그램을 폐지하고, 그 뒤를 잇는 새로운 시사 프로그램을 준비하고 있었던 시기였습니다. 그 과정에서 '새로운 프로그램'에 '새로운 MC'를 써 보자는 이야기가 나왔다고 합니다. 사실 처음 제안을 받았을 때는 일언지하에 '생각 없다, 안 하겠다' 했었죠. '내가 무슨 엠씨를 해'라는 마음이었습니다. 그런데 PD분들이 여러 번 사무실로 와 주셔서 프로그램에 대한 계획이나 구상을 들려주셨고, 결국 설득되어 저도 함께하기로 결심하게 되었죠.

Q. 그 밖에 하고 계시는 활동에 대해서도 간단히 소개 부탁드립니다.

당연히 변호사로서 진행하는 저희 로펌 사건이 최우선이고요, 강제 동원 사건이나 베트남전 민간인 학살 국가 배상 사건 등이 언론에 보도가 많이 되는 사건이지만, 그 이외의 사건들 역시 충실하게 수행하기 위해 노력하고 있습니다. 그 외에는 크게 두 가지 활동이 있을 듯합니다. 하나는 앞서 말씀드린 〈시사 직격〉의 MC 활동이죠. 매주 다른 주제를 다루기 때문에 그 영역에 대한 숙지가 필요하고, 대본 검토와 수정, 녹화, 더빙 등의 일정이 매주 진행됩니다. 또한 제가 직접 취재를 하는 경우가 종종 있는데요, 안타깝게 목숨을 잃은 서울남부지검 고 김홍영 검사 부모님, 고 이예람 중사 부모님을 뵙고 인터뷰했던

건이 기억에 남네요. 고 김홍영 검사님 부모님의 경우 자필 유서를 최초로 공개해 주셨는데, 그런 취재 과정이 부모님을 더 아프게 하는 것은 아닐지 힘들었던 기억이 나네요.

또 다른 활동은 사회학자로서의 교육, 집필 활동입니다. 연세대 사회학과에서 강의를 하고, 4주에 한 번 한겨레신문에 칼럼을 쓰고 있습니다. 또 올해 출간을 목표로 법사회학 관련한 단행본을 집필 중에 있습니다. 다른 방송 프로그램에서 제안이 온 적도 몇 번 있었지만, 그렇게까지 하게 되면 본업이 바뀔 것 같아 모두 고사했습니다.

Q. 최근 이슈가 되고 있는 일제 강제 동원 피해자의 손해배상청구 소송도 맡으셨던 것으로 알고 있습니다. 해당 사건에서 청구권협정이라는 조약에 관한 법원의 법리적 판단도 많이 이슈가 되었는데요, 사건 내용을 간단히 소개해 주실 수 있을까요?

1940년대 일본제철이나 미쓰비시중공업에서 강제노동 당하신 피해자들의 소송입니다. 1990년대 일본에서 진행되었던 소송은 모두 패소했습니다. 이에 2000년대 한국에서 소송을 진행했고, 2012년 대법원에서 원심을 파기하고 원고들의 일본 기업을 상대로 한 손해배상청구를 인용하는 취지로 선고가 이루어졌죠. 이후 파기환송심, 재상고심으로 이어졌고, 결국 2018년 대법원 전원합의체 판결로 피해자들의 청구가 인용되는 최종 판결이 선고되었습니다.

이 판결이 선고되기 전부터 일본 정부는 이 문제에 매우 적대적이었습니다. 확정판결이 나왔음에도 피고 기업들은 일본 정부 뒤에 숨어서 원고 측과 그 어떤 협의도 거부하였죠. 그래서 원고 측은 통상의 민사소송과 마찬가지로 일본 기업의 자산을 찾아 강제집행절차를 시작하였는데, 이에 대해 일본은 2019년 7월 반도체 소재에 대한 수출 규제를 단행하며 경제 보복을 시작했습니다. 고위급 회담 역시 거부하면서 한국을 압박했고, 결국 지난달 한국 정부는 한국 기업의 돈으로 피해자들의 채권을 소멸시키겠다는 발표를 하기까지에 이르렀죠.

사실 이 문제에 대해 여러 측면에서 많은 이야기를 드릴 수 있을 듯합니다만, 지금 국면에서 딱 한 가지만 이야기해 드리고자 한다면, 행정부가 사법부 판결에 대해 '어떤 입장을 취해야 하는가', 아니, '어떤 입장을 취해서는 안 되는가'라고 할 수 있을 듯합니다. 최근 정부에서는 이 강제 동원 판결을 '걸림돌', '돌덩이'로 표현하고 있습니다. 그래서는 안 되죠. 내심의 의사가 이 판결의 결론이나 법리에 대해 비판적이라고 하더라도 대통령이, 행정부가 자국 최고법원의 판결을 존중하지 않는 모습을 보이는 것은 이념과 지향을 떠나 결코 옳지 않은 모습이라고 생각합니다. 삼권분립이라는 근대 민주주의의 핵심 원칙을 어기는 것이라고 생각해요. 삼권분립은 상호통제입니다. 즉, 입법-사법-행정 각각의 권력이 본인의 마음에 들지 않아도 다른 권력의 결정을 존중하도록 강제하는 것이 삼권분립의 본질일 것입니다. 실질은 물론이고 형식, 태도에 있어서도 삼권분립이 존중되어야 하는데, 이번 강제 동원 대법원 판결에서는 그런 원칙이 많이 훼손된 것이 아닌가 우려됩니다.

하나 더는, 법리적 측면에서 현재 행정부는 사법부의 격의 부당하게 떨어뜨리고 있는 것이 아닌가 굉장히 우려됩니다. 대통령께서 "우리 정부는 1965년 국교 정상화 당시의 합의와 2018년 대법원 판결을 동시에 충족하는 절충안으로 제3자 변제안을 추진하게 된 것"이라고 국무회의에서 발언했는데, '동시에 충족'이라는 표현은 사실상 1965년 청구권협정과 2018년 대법원 판결의 모순이 있고, 그래서 그 모순을 해결하기 위한 조치를 한 것이라는 설명입니다. 이건 성립할 수가 없는 논리이고, 틀린 법리라고 생각합니다.

그리고, 정부의 안은 '제3자 변제'입니다. '일본 기업이 아닌 한국 공공기관이 변제한다, 채권자가 동의하지 않아도 된다'이죠. 그래서 채권자의 동의 없이 제3자가 변제를 할 수 있는지도 민법 해석과 관련된 법리적 문제도 등장하고 있습니다. 외교부는 가능하다는 유력설이 있다고 하고 있지만, 아직 구체적 근거는 제시하지 못하고 있어요. 과거에는 피고 기업의 채무를 제3자인 한국 공공기관이 인수하는 병존적 채무 인수도 언급되었지만, 사실 병존적 채무 인수는 피고인 일본 기업의 채무임을 전제로 하기 때문에 채택하기 어려워 최근에는 논의되지 않고 있는 듯합니다.

잘 아시다시피 조약의 국내적 효력은 법률과 같습니다. 그리고 법률에 대해 일국에서 최종적인 해석 권한을 가지고 있는 것은 사법부죠. 즉, 대법원이 1965년 청구권협정에 대한 최종적인 해석 권한을 가지고 있고, 그 권한에 따라 청구권협정을 해석·적용한 것입니다. 그리고 그 해석에는 행정부도 입법부도 구속될 수밖에 없는 것이고요. 그런데 대통령을 비롯한 행정부 관료들이 대법원 판결과 조약 사이에 모순이 있는 것처럼 발언하고 있습니다. 그 소송을 수행한 저로서는 매우 안타까울 뿐입니다.

삼권분립의 핵심은 서로가 서로를 견제하는 것인데, 사법부의 판단이 자신의 입장에 부합하지 않는다고 하여 걸림돌이나 돌덩이라고 비난하는 것, 또 최근에는 법관 개개인의 출신 등을 근거로 비난하는 모습도 확인되는데, 매우 부적절하지 않나 생각합니다.

Q. 일본에서의 일제 강제 동원 피해자의 손해배상청구 소송은 왜 패소했는지요?

일본에서 패소했던 이유는, 일본은 전후에 제정된 회사정리법 및 기업재건법 등에 따라 전쟁 책임을 지는 기업의 법인격을 두 개로 분리시켰고, 채무를 남겨 놓은 회사를 소멸시켜 버렸습니다. 이에 법원은 강제 동원 피해자들이 손해배상청구는 현존 기업이 아닌 소멸된 기업을 상대로 할 수 있을 뿐이라고 판단했죠. 하지만, 우리 대법원은 그 법과 일본 법원의 판결은 공서양속에 위반되니 한국에서는 적용할 수 없다고 판단한 것이고요. 청구권협정에 대한 해석도, 청구권협정에는 불법 행위에 대해서는 협정 주체 사이의 합의가 존재하지 않았으니 그에 따른 손해배상청구권에 대해서도 청구권협정에 포함되지 않는다고 해석했습니다. 당시 대법원 별개 의견은 불법행위 손해배상청구권도 청구권협정에 포함된다고 보기는 했으나 그 효과로서 개인 청구권이 소멸되지는 않았다고 보았고, 반대 의견은 불법행위 손해배상채권은 포함, 그 효과에 있어서 개인 청구권은 존재, 다만 소권이 없어진 것으로서 본다는 차이를 가집니다. 반대 의견은 1965년 청구권협정으로 일본 기업의 배상채무가 일종의 자연채무가 된 것이라고 본 것이죠.

Q. 피해자에 대한 손해배상을 명한 판결이 확정되었지만, 여전히 변제나 집행은 이루어지지 않은 듯합니다. 현재는 어떤 상태인가요?

일본 기업을 대리한 국내 최고의 변호사 집단과 일본 외무성의 부당한 송달방해의 합작으로 강제 집행 과정에서 상당히 지연되었습니다. 즉, 압류결정이든 매각명령결정이든 확정이 되려면 채무자에게 송달을 해야 합니다. 이때 헤이그송달협약에 따라 한국에서는 담당재판부-법원행정처 그리고 일본에서는 일본 외부성-일본 사법부-피고 기업 이렇게 송달이 이루어집니다. 그런데 2018년 대법원 판결 이후에는 일본 외무성이 강제 동원과 관련된 서류를 딱 붙잡아 두고 송달도 반송도 시키지 않는 것이죠. 반송이라도 빠르게 시켜 주어야 공시송달 결정이라도 할 텐데, 그 시스템을 잘 알기에 일부러 반송도 시키지 않는 거죠. 결국 장기간 고의적으로 송달이 이루어지지 않는다는 점을 소명해서 공시송달 결정이 나왔는데, 이렇게 공시송달 효력이 발생하면 바로 일본 기업의 국내 대리인이 바로 위임장을 넣습니다. 일본 기업도 그들의 대리인도 송달을 회피하면서도 절차를 계속 확인하고 있었던 거죠. 그렇게 절차에 들어오면 그 이후부터는 법이 정한 모든 불복 절차를 다 진행합니다. 2018년에 선고된 판결의 집행 절차가 지금까지 계속되는 사정입니다. 압류결정에 대해 재항고까지, 매각명령 결정에 대해 역시 재항고까지. 하지만 이제 우여곡절 끝에 그 과정은 다 거쳤고, 결국 지금은 매각명령결정의 대법원 재항고심 판단만이 남아 있는 상황이기는 합니다.

Q. 일제 강제 동원 피해자 손해배상청구 사건과 같은 일들은 어떻게 해서 시작하시게 된 것인지요?

저희 로펌의 장완익 변호사님이 1990년대부터 일제강점기 인적 수탈에 관심이 있으셨고, 친일재산조사위원회 활동도 하셨습니다. 그래서 '법무법인 해마루'에서 일제강제동원 피해자 손해배상청구 사건을 초기부터 진행하였는데, 로펌에 취업하면서 저도 참여하게 된 것이죠. 그 외에도 '해마루'는 2016년부터 제주 4·3 군사재판 재심 사건을 꾸준히 진행하고 있습니다. 저희 법인이 최초의 재심개시결정을 2019년 이끌어 냈는데, 저 역시 이 사건에 참여했습니다.

Q. 그 밖에도 많은 일이나 사건들이 기억에 남으실 것 같은데, 강제 동원 사건 외에 하셨던 일이나 사건 중에 특별히 더 기억에 남거나 보람 있었던 경우는 어떤 것인지요?

강제추행 피해자를 대리한 사건과 관련해서 최근 국민참여재단과 성범죄에 대한 문제의식을 크게 가지게 되었습니다. 이건 변협 회원들과 좀 공유하고 싶은 부분인데요, 성범죄의 경우 국민참여재판에서 무죄율이 매우 높다는 것은 이미 알려진 사실입니다. 그 결과 2018년, 2019년, 2020년 참여재판 성범죄 무죄율은 43.3%, 28.5%, 48%에 달했습니다. 제가 피해자를 대리한 사건에서도 피고인은 어떻게든 국민참여재판을 받고자 최선을 다했고, 검사와 피해자의 반대에도 불구하고 단독에서 합의부로 재정 합의까지 하면서 결국 국민참여재판이 열렸습니다. 그리고 무죄가 선고되었죠. 국민참여재판을 사법민주화의 상징처럼 이야기하고, 확대해야 한다는 논의가 많은 것이 사실인데, 정작 왜 성범죄에서 유독 무죄율이 높은지에 대해서는 제대로 된 분석이나 연구가 아직까지 없습니다. 최근에서야 피해자다움에 대한 배심원들의 고정 관념, 진술 일관성에 대한 판단의 까다로움 등을 지적하는 몇몇 연구가 등장하고 있을 뿐인데, 그 와중에도 높은 무죄율이 계속 유지되고 있습니다.

절차에 따라 특정 사건의 판단이 크게 달라진다는 것은 일견 성범죄의 변호를 맡은 변호사들에게는 기회일 수도 있겠지만, 피해자 측 대리의 입장에서는 큰 리스크일 수도 있습니다. 무엇보다 실체적 진실에 대한 판단이나 법적 안정성 측면에서 문제죠. 이 틈새에 대한 검토와 조치가 필요하다고 봅니다. 그리고 국민참여재판 가능성이 있는 사건은 수임계약 체결 시에도 미리 고려하여 수임계약을 체결하셔야 합니다. 국민참여재판으로 진행될 경우, 시간과 노력이 훨씬 더 많이 소요되기 때문에 예상치 못한 상황이 올 수도 있거든요.

Q. 일하시면서 애로 사항이나 단점도 있으실 것 같습니다.

파트너가 된 지 아직 1년이 되지 않았는데요. 사건수임이 어렵습니다(웃음). 주변에서는 방송을 하면 사건수임에 도움이 되지 않냐는 이야기도 있던데, 저 개인적으로는 잘 모르겠더라고요. 물론 방송을 보고 연락을 주시는 분들은 있으시지만, 대부분 수임으로 연결되기는 좀 어려운 사건이었습니다. 방송이 비추는 이미지나 보도가 많이 되는 사건이 '공익 사건을 많이 하는 변호사'라는 것으로 보여서 '일반 사건은 안 할 것 같다', '바쁠 것 같다', 또는 '내 사건을 무료로 해 줄 것 같다'인 것 아닐까 싶은데요. 어떻게 해야 수임을 잘할 수 있는가, 그것이 당면한 과제이고 고민입니다(웃음).

Q. 지방변호사회나 변호사협회에 바라시는 점은 없으신지요?

큰 것 하나와 작은 것 하나 말씀드려도 될까요? 먼저 큰 것은, 약화되는 듯한 협회의 공적 기능을 강화했으면 하는 것입니다. 변호사협회는 조합조직의 성격을 가지고 있죠. 조합조직은 해당 집단의 이익이나 권익을 위해 싸워야 해야 한다는 요구를 받고 또 그래야 하는 부분이 있기도 합니다. 그러나 '변호사'협회라면 다른 조합조직과는 다른 공적인 역할도 필요하다고 봅니다. 양질의, 그리고 적정한 비용의 법률 서비스가 시민들에게 어떻게 효과적으로 전달될 수 있을지에 대한 고민, 제도적 실천이 그러한 예일 수 있겠죠. 의사협회가 자신들의 이익만을 위해 움직인다면 환자들의 건강권이 침해될 위험이 생기듯, 변호사협회 역시 시민들의 권익을 위한 역할도 적극적으로 해야 할 것입니다.

작은 것 하나는, 변협에서 종이로 된 홍보물이나 인쇄물 배송(배포)를 전자적인 수단으로 대체하면 어떨까 싶습니다. 정보의 전달이라는 측면에서 대체재가 충분하고, 또 그렇게 절약한 예산으로 다른 사업이나 지원도 할 수 있을 테니까요.

Q. 앞으로 변호사님의 계획이나 포부에 대해서도 한 말씀 부탁드립니다.

주변에서는 방송인이라고 반쯤 농담을 하시기도 하고, 저 역시 방송에 에너지를 쏟는 것은 사실이지만 송무변호사로 살아가고 있고, 또 살고 싶습니다. 한 사건 한 사건 의뢰인들과의 신뢰 관계에서부터 시작해 증거 제출과 주장을 충실하고 성실하게 하는 기본을 지키는 변호사로 살아가는 것이 앞으로의 제 계획이고 포부입니다.

'민주사회를 위한 변호사모임' 활동

이창민 변호사

Q. 안녕하세요. 바쁘실 텐데 시간 내어 주셔서 대단히 감사드립니다. 우선 간단한 자기소개 부탁드립니다.

안녕하세요. 이창민 변호사입니다. 서울 시청 인근에서 법률사무소를 운영하고 있습니다. 국가배상, 헌법소원, 개인회생까지 다양한 사건을 다루고 있습니다.

Q. 이태원 참사와 관련해서 피해자들을 돕는 일을 하고 계신 것으로 알고 있습니다. 어떻게 해서 그런 일을 하시게 되었는지 궁금합니다.

'민주사회를 위한 변호사모임'이라는 변호사 단체를 통해서 피해자를 돕게 되었습니다. 개인적으로 우리 사회가 세월호 참사, 대구 지하철 참사 등 그간 수많은 인명 피해를 야기한 사회적 참사를 통해서 배운 것이 많지 않다고 생각했고, 이에 원인 규명을 통한 제도 개선이 필요하다고 생각했습니다. 그래서 제도를 개선하는 데에 조금이라도 도움이 되고, 무엇보다도 남겨진 유가족들에게 힘이 되고 싶어 피해자 조력에 참여하게 되었습니다.

Q. 구체적으로 어떤 루트로 피해자들을 돕는 일이 시작되었는지요?

이태원 참사의 경우 유가족 몇 분이 민변 측으로 연락을 먼저 해 왔고, 이후 민변 측에서 유가족 간담회 등을 주최하였습니다. 그 후 이태원 참사 관련 국가의 책임이 있다는 주제로 민변, 참여 연대가 공동 기자간담회를 개최하였습니다. 공동 기자간담회 이후 민변 변호사들이 피해자 조력을 하고 있다는 것이 대외적으로 많이 알려져 피해자들을 돕는 일이 시작될 수 있었고, 그 결과 현재 120명 이상의 희생자 유가족들에게 법률적인 조력을 제공하고 있습니다. 사실 일일이 찾아가는 것도 좋은 방식이라고 생각합니다만, 다른 사건도 다루어야 하기 때문에 시간적 어려움 등으로 일일이 찾아가지는 못했습니다.

Q. 현재 이태원 참사와 관련된 진상 조사나 피해 보상 등은 어떻게 진행되고 있는지요?

경찰 국가수사본부가 특별수사본부를 만들어 관련자들에 대한 수사를 진행했습니다. 그런데 예상대로 수사 대상을 미리 한정해 놓고 수사를 했고, 그마저도 제대로 수사를 하지 못했습니다. 특수본 수사 이후 검찰이 이태원 파출소 순찰팀장 등이 112 신고 처리 내역을 허위로 입력한 혐의를 밝혀낸 것만 보더라도 특수본 수사가 얼마나 부실하게 진행되었는지를 여실히 보여 주는 것이라고 생각합니다.

한편, 국회 국정조사도 이루어지긴 했지만 행안부를 비롯한 피조사 기관들의 자료 제출 비협조, 증인이나 참고인들의 거짓 진술과 불성실한 답변 등으로 인하여 참사에 대한 진상이 규명되지 못했습니다. 이렇게 진상이 규명되지 못하였기 때문에 피해 보상을 논하는 단계까지는 아직도 이르지 못했습니다.

Q. 그렇다면 앞으로 더 규명되어야 할 진상은 어떤 부분이 남아 있다고 보시는 지요?

더 규명되어야 하는 부분은 아직도 상당히 많습니다. 우선 서울청 112 상황실에 압사 관련 신고가 당일 6시 34분부터 참사 발생 직전인 10시 15분까지 11차례 이상 접수되었고, 그중 몇 번은 긴급 출동에 해당하는 코드 0, 코드 1이었음에도, 지령 및 지시가 현장에 제대로 전달되지가 않았습니다. 즉, 112 신고가 서울청 차원에서 접수는 되었는데, 이태원 파출소 현장에 하달이 전혀 되지 않은 것이죠. 이 부분이 왜 그런지는 아직까지 전혀 밝혀지지 않았습니다. 중요한 부분인데 말이죠. 또한, 참사 이후 정부가 왜 유가족들의 연락처를 서로에게 전혀 제공하지 않았는지, 경찰이 희생자들이나 생존자들의 금융 정보를 동의나 허락 없이 광범위하게 조회하거나 조사한 이유는 무엇인지 등 정말 많은 부분이 밝혀지지 않았습니다. 이런 부분들에 대한 진상이 규명되지 않으면 향후 재발 방지도 대책도 세우기 어렵습니다.

Q. 현재 이태원 참사의 해결을 위해서 남아 있는 과제는 무엇인지요?

이태원 참사 관련 특별법이 제정되어야 합니다. 특별법에는 독립적

특별조사위원회 설치를 통한 진상 규명, 특별조사위원회에 특별검사 도입 요구권 부여, 희생자 추모 및 희생자, 상인 등을 비롯한 피해자 지원 사업 등이 담겨 있습니다. 즉, 진실 규명과 희생자 추모, 재발 방지를 위해 특별법이 통과될 필요가 있습니다.

특별법안은 시민대책회의와 유가족협의회가 민변의 도움을 받아 같이 만들었고, 남인순 의원 대표 발의로 184명 의원들이 야 4당 공동 발의하여 현재 국회에 계류 중에 있습니다.

Q. 우리나라에서 이런 참사가 반복되는 이유는 무엇이라고 생각하시는지요?

문제는 사람의 생명을 고귀하게 생각하지 않는 데에서 출발한다고 생각합니다. 이것이 안전에 대해 진중하고 진지하게 생각하지 않는 사회 분위기를 조성하는 것입니다. 그래서 수많은 참사가 발생하고, 후속 조치들이 있었음에도 다시 또 다른 참사가 계속해서 발생하는 것입니다. 세상에 완벽한 제도는 없습니다. 제도가 있다면 어떻게 운용하는지가 가장 중요한 것입니다. 즉, 제도를 운용하는 사람들의 생명에 대한 태도가 바뀌어야 또 다른 사회적 참사가 발생하지 않을 것입니다.

Q. 우리나라의 수사제도나 경찰제도와 관련해서도 많은 활동을 하고 계신 것으로 알고 있습니다. 어떤 내용인지 소개 부탁드립니다.

경찰제도와 검찰 제도 개선과 관련하여 활동하고 있습니다. 검찰 및 경찰 권한의 분산, 수사기관 간 효과적인 협업, 경찰권과 검찰권의 통제에 대해 나름대로 연구하고 적극적으로 활동하고 있습니다.

Q. 수사제도와 관련하여 서울회 회원들에게 소개해 주실 만한 좀 더 구체적인 내용이 있다면 무엇일까요?

군이 한 가지를 꼽자면 검찰의 권한이 너무 크다는 것입니다. 권력 기관 간, 국가기관 간에도 견제와 균형의 원리가 작동되어야 하는데, 현재는 검찰이 너무 많은 권한을 가졌다고 생각합니다. 즉, 수사와 기소 관련 권한과 재량이 너무 큽니다. 특히 기소를 하면 독립된 사법부의 판단을 받을 수 있지만 기소하지 않는 것에 대한 실질적인 통제장치는 현재 없습니다. 이른바 사건 암장이라고 할 수 있겠는데요. 이 부분에 대한 제도 개선이 시급하다고 생각합니다. 현재 재정신청 제도가 있기는 하지만 고발 사건의 경우 일부 공무원 범죄에 한정되어 있고, 법원이 기소를 명해도 검찰이 공소유지를 제대로 할 동기가 없기 때문에 현재 실효성이 없다고 판단되는 상황입니다.

Q. 우리나라의 수사제도나 경찰제도를 다른 나라의 제도와 비교할 때 장·단점이나, 보완해야 할 점은 무엇이라고 보시는지요?

우선, 다른 국가와 비교해 우리나라 수사 제도의 장점은 별로 없는 것 같습니다(웃음). 단점으로는 검찰이 너무 많은 권한을 갖고 있다는 것입니다. 현재 2대 범죄에 대해서 검찰이 수사권을 갖고 있고, 더불어 기소권도 갖고 있습니다. 둘 다 막강한 권한입니다. 이러한 권한을 오남용하지 않고 온전히 국민을 위해 사용할 수 있도록 통제하는 것이 중요합니다. 즉, 국민에 의한 감시와 통제가 필요합니다. 그런데 아직 국민에 의한 수사 및 기소 통제는 제대로 논의조차 되고 있지 않은 실정입니다. 경찰도 마찬가지입니다. 영국이나 일본 등의 자치경찰제도와 비교할 때 우리나라의 경찰제도는 매우 중앙집중적 제도인 데다가 상명하복 및 관료주의적 문화 때문에 권력 집중이 너무 심합니다.

Q. 그 밖에 하고 계시는 활동에 대해서도 간단히 소개 부탁드립니다.

'진실·화해를위한과거사정리위원회'에서 최근 강제징집·녹화사업이 위법하다고 결정을 해서, 최근 이른바 강제징집·녹화사업과 관련하여 국가를 상대로 손해배상을 청구하고 그 피해자들을 조력하는 활동을 시작했습니다. 한국의 굴곡진 현대사를 바로잡는 일에 일조하는, 변호사로서 중요한 활동이라고 생각합니다.

그리고 지난 2년간은 서울지방변호사회 인권위원회 활동을 하면서 검사의 피고인에 대한 증거 기록 제출 관련하여 피의자나 피고인이 전자적 방법으로 받을 수 있는 방법을 연구해서 토론회를 개최했던 일이 기억에 남습니다.

Q. 강제징집·녹화사업이란 구체적으로 무엇을 말하는지요?

70년대, 80년대 민주화 운동을 탄압하기 위해 이른바 운동권 학생을 강제로 징집하여 군대에 보내거나, 가혹행위 등 고문을 통해 프락치로 둔갑시켜 학생운동의 뿌리까지 파헤치려고 한 국가의 범법 행위를 일컫는 것이라고 보면 되겠습니다.

Q. 그 밖에 많은 일이나 사건들이 기억에 남으실 것 같은데, 특별히 더 기억에 남거나 보람 있었던 경우는 어떤 것이지요?

제일 어려운 질문이네요. 특별히 더 기억에 남는 사건은 딱히 없는데, 보증금을 반환받지 못하는 임차인이라든지, 임금이나 퇴직금을 받지 못하고 있는 노동자 등 사회적 약자들을 대변하고 법률적 조력을 주었을 때 가장 보람을 느낍니다. 수임료를 안경으로 주셨던 안경점 사장님하고, 성공 보수를 망고로 주셨던 의뢰인분들도 갑자기 생각나네요(웃음).

Q. 일하시면서 애로 사항이나 단점도 있으실 것 같습니다.

일하면서 큰 애로 사항은 없습니다. 다만, 사무실 운영에 대해 항상 고민합니다. 개업변호사로서 지극히 현실적인 고민이라고 하겠습니다. 지금 저희 사무실 직원이 8명인데, 함께 행복하게 일할 수 있는 공간을 만드는 게 제 목표입니다.

Q. 서울지방변호사회나 변호사협회에 바라시는 점은 없으신가요?

회원들에게 다양한 문화 콘텐츠를 제공했으면 합니다. 예를 들어 힙합 댄스 교실이나 트로트 열창 교실 등 회원이 적극적으로 참여하고, 즐길 수 있는 공간과 기회를 제공하면 좋겠습니다(웃음).

Q. 변호사 본업도 하시면서 공익 활동도 앞장서서 하시는 모습이 많은 서울회 회원 변호사님들에게 귀감이 될 것 같습니다. 앞으로 변호사님의 계획이나 포부에 대해서도 한 말씀 부탁드립니다.

최근 많은 시간을 사무실에서 보내는데, 직원들과 함께 일할 맛 나는 사무실을 만드는 것이 제 목표이자 계획입니다.

일본군 '위안부' 민사소송 대리

양성우 변호사

Q. 안녕하세요. 바쁘실 텐데 시간 내어 주셔서 대단히 감사드립니다. 우선 간단한 자기소개 부탁드립니다.

안녕하세요, '법무법인 지향'에서 소속변호사로 일하고 있는 양성우 변호사입니다. 현재 8년 차 변호사이고, 로펌에서는 주로 기업법무를 비롯해 건설, 부동산 관련 소송과 자문 업무를 수행하고 있습니다.

Q. 일제강점기 때 일본군 '위안부'로 피해를 입은 할머님들의 손해배상 소송을 진행하고 계신 것으로 알고 있습니다. 현재 진행하고 계시는 '위안부' 소송은 누가, 누구를 상대로 제기한 소송인가요?

'위안부' 소송은 일본군 '위안부' 피해자분들과 그 유가족들이 원고가 되어 일본국을 상대로 제기한 손해배상청구 소송입니다. 원고분들이 얼마 남지 않은 삶의 끝자락에서 일본국을 상대로 소송을 제기한 것은 크게 3가지 이유였습니다.

첫째는 피해자분들로서는 죽는 순간까지도 일본국, 일본군이 자행한 반인륜적 범죄를 확인하고 이를 역사에 기록하고자 함이었고, 둘째로 일본국의 법적 책임을 명확하게 밝힘으로써 다시는 이러한 범죄가 일어나서는 안 된다는 역사적 반성을 새기고자 함이었습니다. 셋째로는 일본이 주장하는 바와 같이 1965년 청구권협정이나 2015년 12월 28일 한일 외교장관회담 합의, 즉 2015년 '위안부' 합의에 의해 이 문제가 모두 해결된 것이 아님을 대한민국 법원에서 확인받기 위함이었습니다.

현재 남아 계신 일본군 '위안부' 피해자들은 10명도 채 되지 않은 상황으로, 모두 평균 94.6세의 고령이십니다. 이 소송의 원고분들도 처음 11분이었는데, 지금은 이용수 할머니 한 분만 남아 계신 상황입니다. 이분들 생전에 일본 정부의 사과와 배상을 받아 내기 어려울 수 있다는 목소리가 있지만, 이 소송을 통해 일본군 '위안부' 문제의 진실을 확인하고 일본국에 대한 법적 책임을 물을 수 있기를 바랍니다.

Q. 어떻게 해서 그러한 소송을 진행하시게 되었나요?

이 소송은 민주사회를 위한 변호사모임의 일본군 '위안부' 문제 대응 TF에서 시작한 소송으로, 단장이신 이상희 변호사님을 비롯해 여러 변호사님들이 초기에 진행하셨는데, 평소 저도 일본군 '위안부' 문제와 한국군의 베트남 피해 학살 사건 등 과거사 문제에 관심을 가지고 있던 터라 TF에 참여하게 되었습니다. 참고로 제가 처음 TF에 참여한 때는 일본 외무성이 소장 등 소송 서류를 계속 반송하고 있어 송달 자체가 되지 않고 있던 상황이었는데, 실제 제1회 변론기일이 진행된 것은 지난 2019년 11월 13일에서야였습니다. 즉, 소장이 처음 접수된 2016년 12월 28일로부터 약 3년이 지나 재판이 열린 것이었죠. 이미 저도 원고들이 계속해서 공시송달 절차를 통해 재판을 신속히 진행해 달라는 의견서를 제출하여 이루어진 것이었는데, 일본 정부는 재판이 시작된 이래 지금까지 단 한 번도 출석하지 않았습니다.

Q. 손해배상소송의 현재 진행 상황은 어떤지요?

국내에서 진행된 일본군 '위안부' 손해배상청구소송은 총 2건입니다. 그런데 서울중앙지방법원은 2021년 1월과 4월 위 2건의 소송에 대하여 엇갈린 판결을 선고했는데, 1월 판결은 원고들의 손해배상청구를 인용한 반면, 4월 판결은 국가면제라는 법리를 적용, 외국 국가(일본)에 대한 국내법원의 재판관할권을 인정할 수 없다고 보아 소각하 판결을 했습니다. 더 아이러니한 건, 위 1월 승소 판결의 원고분들이 후속 소송으로 피고 일본국을 상대로 한 소송 비용 신청과 재산 명시 신청 사건의 경우에도 그 결정이 엇갈렸다는 것입니다. 소송 비용 신청 사건 재판부의 경우, 1월 판결에 따른 강제집행이 외교적 충돌 등의 문제가 있어 추심할 수 없다는 결정을 내린 반면, 재산 명시 신청 사건 재판부는 1월 판결 재판부의 법리를 인용하면서 일본국에 대하여 재산 상태를 명시한 재산 목록을 제출하라는 재산 명시 결정을 내렸습니다. 물론 일본 정부는 위 결정에 대해 아무런 대응도 하지 않고 있습니다.

Q. 강제 징용 손해배상 소송과 마찬가지로, '위안부' 소송에서도 국제 면제라는 국제관습법 관련 법리가 주요 쟁점이라고 들었습니다. 관련해서 최근에 일본 변호사까지 우리 법원에 증인으로 출석한 것으로 알고 있는데, 구체적으로 어떤 내용이 쟁점이 되고 있는지 설명 부탁드립니다.

일본 정부가 이 사건 소송에서 주장하는 국가 면제는 국내 법원이 외국 국가에 대한 소송에 관하여 재판할 수 없다는 국제관습법적 원칙입니다. 주권을 지닌 국가 간에는 서로 재판권을 행사할 수 없고, 외교 등의 방식으로 해결하라는 것으로, 이 원칙이 적용되면 법원은 심리하지 않고 각하 판결을 할 수 있습니다. 일본 측은 이 원칙을 믿고 지금까지 무대응으로 일관해 온 것입니다.

그런데 국가 면제는 만고불변의 원칙인가 하면 전혀 그렇지 않습니다. 많은 분들이 오해하고 있는 것 중 하나가 이 부분인데, 국가 면제에 관한 통일되고 일관된 국가 관행은 없습니다. 대다수 국가 역시 19세기 말부터 상행위에 대해서는 국가 면제의 예외를 인정하는 등 각국에 따라 국가 면제 개념이 상대적으로 변화해 왔고, 최근 들어서는 강행규범 위반 등의 이유로 국가 면제를 인정하지 않는 판결들이 새롭게 나오고 있습니다. 특히 앞서 설명해 드린 4월 패소 판결은 2012년 ICJ 결정을 근거로 본 소송에 국가면제를 적용해야 한다고 판단하였는데, ICJ 결정을 이 사건 소송에 그대로 적용하는 것은 무리가 있습니다. ICJ 결정이 나온 지 이미 10년 이상 경과하였고, 이 기간 동안 국가면제에 관한 상황이 상당히 변화했기 때문입니다. 일례로 ICJ는 판결 당시 국가 면제를 부정한 나라는 기껏해야 이탈리아와 그리스 정도에 지나지 않고 다른 6개국은 국가 면제를 적용했다는 점을 근거로 국가 면제를 인정하였지만, 이후 브라질, 우크라이나 등이 중대한 인권 침해, 강행규범 위반 행위에 대해 국가 면제를 부정하면서 현재는 찬반이 거의 동수 가까운 상황으로 바뀐 상태입니다. 이외에도 국제인권법의 발전으로 중대한 인권 침해 피해자에 대해서는 국가

면제를 부정해야 한다는 논의가 대두되고 있는 상황입니다.

이외에도 2015년 한일합의의 효력이 주요 쟁점이 되고 있는데, 이 부분도 하고 싶은 말이 많지만 인터뷰 지면상 생략하겠습니다(웃음).

그리고 최근 일본군 '위안부' 피해자를 위해 활동해 온 일본인 야마모토 세이타 변호사님이 전문가 증인으로 재판에 출석해 일본 정부가 주장하는 국가면제 적용의 부당성을 여러 관점에서 치밀하게 논증하시면서 이 사건이야말로 국가 면제를 제한해야 하는 전형적인 사례임을 강조해 주셨는데, 여러모로 의미 있는 증인신문 시간이었습니다.

Q. 대리인인 변호사 입장에서는 쉽지 않은 소송일 것 같습니다. 소송 전략은 어떠신지요?

소송 전략이라고 하니 뭔가 거창한데요(웃음), 저희 대리인단은 1심 때와 마찬가지로 국내외 논문을 계속해서 스터디 하고 이를 외화하는 작업을 하고 있고, 전문가 증인 신청이나 전문가 의견서를 통해 이 사건에의 국가 면제 적용의 부당성, 일본이 주장하는 샌프란시스코 틀의 문제점 등을 변론하고 있습니다. 앞으로도 무조건적인 국가 면제의 적용은 헌법 제10조, 헌법 제27조 등 우리 헌법 질서를 심각하게 훼손하는 것이고, 이 사건 소송에서 국가 면제를 제한하더라도 국제법 위반이 아님을 적절한 방식으로 변론해야 할 것 같습니다.

Q. '위안부' 소송은 우리나라는 물론 다른 나라에서도 많이 제기되어 온 것으로 알고 있습니다. 그럼에도 불구하고 아직도 소송이 진행되고 있는 이유는 무엇이라고 보시는지요?

일본과 미국 법원에서 진행된 일본군 '위안부' 피해자들의 손해배상 청구는 전부 기각되었습니다. 특히 일본 법원의 경우, 하급심에서 원고들의 청구를 인용한 사례도 있었는데, 일본 최고재판소에서 일본이 전후 체결한 샌프란시스코 강화 조약의 틀로 인해 개인이 소송으로 배상청구권을 다툴 수 없다는 독자적인 논리를 만들어 최종 기각함으로써, 이후에는 관련 소송이 전면 봉쇄되는 결과가 발생하였습니다. 이러한 이유로 이 사건 원고분들께서 마지막 수단으로서 국내에서 소송을 제기한 것입니다. 참고로 일본 정부는 아직도 일본군 '위안부' 문제에 대하여 성노예는 사실에 반하고, 강제 연행에 관한 증거가 없다고 주장하고 있습니다.

Q. 일본 관련 소송의 경우 정치적 사건을 법정으로 끌고 들어간다는 비판도 일부 있는 것 같습니다. 이에 대해서는 어떻게 생각하시는지요?

물론 우리 사회에서 흔히 볼 수 있는 정치의 사법화는 큰 문제입니다. 그러나 이 사건은 반대로 법원에서 해결할 수 있는 문제를 정치적, 외교적 문제로 치부하여 피해자들의 권리를 외면하려는 것은 아닌지 되묻고 싶습니다. 이 사건 소송이 가지는 의미에 대해 세심하고 진지한 고찰 없이 오로지 그 실체를 알 수 없는 국익의 관점에서 판단하고, 그 책임을 입법부와 행정부에 떠넘기는 것이야말로 사법부의 책임을 방기하는 것 아닐까요?

참고로 유엔인권이사회, 유엔자유권위원회, 여성차별철폐위원회, 고문방지위원회, 국제노동기구를 비롯한 국제기구들도 지금까지 일본 정부에 '위안부' 문제 진상 규명 및 배상 등을 권고하고 있습니다. 국제 사회도 이 문제를 국내의 정치적인 문제로 치부하고 있지 않은 것입니다.

Q. 그 밖에 이태원 참사나 최말자 님 재심 사건 등도 진행하고 계시다고 들었습니다. 최말자 님 재심 사건은 다소 생소한데, 어떤 사건인가요?

최말자 님 사건은, 56년 전에 자신에게 성폭행을 시도하던 남자를 방어해 혀를 깨문 것이 정당방위로 인정되지 않아 중상해죄로 처벌받은 사건입니다. 저희 법인의 김수정 변호사님이 법인 내에서 대리인단을 꾸려 최말자 님의 행위가 정당방위였음을 주장하며 법원에 재심을 청구하여 진행 중에 있고, 저도 대리인단에 함께 참여하고 있습니다.

Q. 어떻게 보면 국가 권력의 남용과는 다소 거리가 있는 사건으로 보이는데, 최말자 님 재심 사건이 이슈가 되는 이유는 무엇인지요?

당시 판결이 내려진 1965년에도 헌법과 형사소송법이 존재하였고, 여기에 양성평등이 다 명시되어 있었지만, 법원은 이를 무시하고 피해자의 존엄과 기본권을 보장하지 않았습니다. 이러한 이유로 최말자 님 재심 사건은 시대가 바뀌었으니 판결을 바꿔 달라는 게 아니라, 사실에 입각해 이를 바로잡아 달라는 요청으로 봐야 합니다. 당시 판결을 내린 재판장은 '어차피 험한 일을 당해 결혼하기 어려울 테니 두 사람이 결혼할 생각이 없는가'라는 막말로 최말자 님에게 2차 가해를 하기도 했습니다.

최근 언론에서 이 문제를 집중적으로 다루고 있는 이유 중 하나는 법원이 자신의 과오를 진지하게 성찰하고 이를 바로잡을 수 있을 것인지에 대한 관심이 아닐까 생각합니다.

Q. 위와 같은 사건을 할 때 힘들지 않으신가요? 그 밖에 하고 계시는 활동에 대해서도 간단히 소개 부탁드립니다.

앞서 소개한 사건들은 저뿐 아니라 대리인단에 소속된 많은 변호사님들이 함께 수행하고 있기에 크게 힘든 건 없습니다. 물론 때때로 힘들다고 느끼지만, 서로 지지하고 응원해 가면서 힘을 냈던 것 같습니다.

한편 공익 사건도 때때로 수행하고 있지만 지난 7년간 송무변호사로서 시간을 보내왔고, 앞으로도 송무변호사로 살아갈 것이기에 부끄럽지 않은 전문가가 되고 싶다는 게 작은 포부이자 계획입니다. 그래서 지금 저희 법인의 기업법무팀에 소속돼 스타트업 자문이나 기업 관련 소송을 하고 있는데, 이 분야에서 어떻게 전문가로서의 입지를 다질 수 있을 것인지 고민 중입니다.

Q. 그 밖에 많은 일이나 사건들이 기억에 남으실 것 같은데, 특별히 더 기억에 남거나 보람 있었던 경우는 어떤 것이지요?

2가지 정도 생각이 나는데, 대형 마트의 고객 개인 정보 판매에 따른 개인 정보 침해 손해배상 청구 사건에서 승소했던 사례나, 사실혼이 파기된 동성 부부의 재산 분할 사건을 대리했다가 국내에서는 아직 동성혼이 제도적으로 인정받지 못해 패소해서 도움을 주지 못했던 사례가 기억납니다. 두 번째 사건은 의뢰인에게 미안한 마음도 커서 지금도 유독 기억에 남는 것 같습니다.

Q. 일하시면서 애로 사항이나 단점도 있으실 것 같습니다.

아무래도 가정생활이나 여가 생활에 시간을 많이 못 내다보니 체력적으로나 정신적으로 지칠 때가 있습니다. 그런데 한편으로는 이런 사건들을 수행하다 보면 함께 일하는 다른 변호사님과 의견을 교환하는 과정에서 얻은 경험을 통해 일반 사건 업무에도 도움이 될 때가 적지 않아 장점이 큰 것 같습니다.

Q. 지방변호사회나 변호사협회에 바라시는 점은 없으신가요?

위원회나 커뮤니티가 있지만 각 역할이나 내용, 참여 방법 등을 잘 모르는 회원들이 많은 것 같습니다. 이 부분을 더 자세하고 구체적으로 알려 주면 좋을 것 같습니다.

'사내변호사의 갱신기대권' 승소

김송이 변호사

Q. 안녕하세요. 바쁘실 텐데 시간 내어 주셔서 대단히 감사드립니다. 우선 간
   단한 자기소개 부탁드립니다.

   안녕하세요, 서울지방변호사회 소속 김송이 변호사(사법연수원 40기)
입니다. 현재는 '에이치비인베스트먼트 주식회사'에서 준법감시인 겸
사내변호사로 근무하고 있습니다.

Q. 최근 다니셨던 직장을 상대로 한 해고무효확인 소송에서 승소하신 것으로
   알고 있습니다. 구체적으로 어떤 내용의 소송이었는지요?

   정확히는 해고무효확인 소송의 일종인 근로계약갱신거절에 대한 무
효확인 소송입니다. 지방공기업인 '서울교통공사'에 변호사로 2년의 기
간을 계약하고 입사하였는데, 2년 후 근로 계약 갱신이 거절되자 이에
대한 무효확인 소송을 제기하여 1심에서는 패소했지만, 2심에서 승소
하여 대법원에서도 최종 승소하였습니다(대법원 2022다305144 판결).

Q. 기존에도 사내변호사님들이 해고무효확인 소송에서 승소한 경우는 있었던
   것으로 알고 있는데, 변호사님 소송과의 차이점은 무엇인지요?

   제 사건의 경우엔 제가 입사하기 이전에 근로 계약이 갱신되었던 변
호사인 직원이 없었습니다. 이전에 근무하셨던 변호사님이 한 분 계

셨는데, 2년을 채우기 전에 이직을 하셨기 때문에 선례가 없었습니다. 그리고 기존 다른 변호사님들의 사례의 경우, 최소 1번 정도 갱신되었던 분들이 주로 승소하셨었는데, 저는 갱신된 적이 없는데도 이번에 승소한 것이 차이점이라면 차이점인 것 같습니다.

Q. 사내변호사의 갱신기대권 요건은 어떻게 되는지요?

근로 계약, 취업 규칙, 단체 협약 등에서 기간 만료에도 일정한 요건이 충족되면 당해 근로 계약이 갱신된다는 취지의 규정을 두고 있거나, 그러한 규정이 없더라도 당해 근로 관계를 둘러싼 여러 사정을 종합할 때 근로 계약 당사자 사이에 일정한 요건이 충족되면 근로 계약이 갱신된다는 신뢰 관계가 형성되어 있는 경우, 갱신기대권이 인정된다는 것이 대법원의 확립된 판례이고, 이것이 사내변호사에게도 그대로 적용된다는 점을 확인한 것이 이번 판결의 의미입니다.

Q. 결국, 법원은 변호사의 갱신기대권 인정 요건도 다른 근로자와 동일하게 보면 된다고 판단한 것인지요?

네, 맞습니다. 변호사도 회사에 소속되어 근로를 제공하는 경우에는 근로자이니까요.

Q. 현행 근로기준법상 사내변호사는 2년을 초과하여 근무하더라도 무기계약 직으로 전환되지 않는데도 불구하고, 현재 실무 관행상으로는 2년 근무 후 계약이 종료되어 이직하는 경우가 많은 것 같습니다. 원인은 무엇이라고 보시는지요?

다른 회사들의 실무 관행에 대해서는 잘 모르겠지만, 제가 겪은 경험에 의하면 서울교통공사의 경우 직원에게 갱신기대권을 주지 않기 위해 계약 갱신을 거절했습니다. 저뿐만 아니라 같이 입사하였던 박사님들도 동일한 시기에 일부는 갱신되었지만 나머지는 계약 갱신을 거절당했는데, 동일한 이유였습니다.

Q. 변호사님의 승소 판결이 비슷한 고민을 하고 계시던 변호사님들에게 많은 회망이 될 것 같습니다. 재직했던 회사를 상대로 소송을 제기하기는 쉽지 않으셨을 것 같은데, 소송을 결심하시게 된 계기는 무엇이었는지요?

'서울교통공사' 법무실에서는 계약 갱신은 당연히 되니까 걱정하지 말라는 얘기를 여러 번 들었는데, 계약 종료되기 18일 전에 인사처에서 계약 갱신을 하지 않겠다는 일방적인 통보를 들었습니다. 그리고 퇴사 후 곧바로 2명의 변호사에 대한 채용 공고문이 올라왔습니다. 2018년 3월 제가 입사 시 채용 공고문에서는 '필요 시 재계약 가능'이라고 공고하고 있었고, 근로계약서에도 근무 성적 평가를 실시하여 계약의 연장 여부에 반영한다고 규정하고 있었지만, 현실에서는 재직

시 근무 성적이나 공고문의 문구가 전혀 반영되지 않았습니다. 회사가 사정이 어려워서 변호사가 필요 없게 된 것도 아니고, 근무 성적이 최고 등급인 S여서 근무 성적이 모자란 것도 아닌, 단순히 직원에게 갱신기대권이 생기는 것을 막기 위해서 직원을 자르고 다시 채용 공고를 내는 비상식적 행위가 납득이 되지 않아서 소송을 하기로 결심하게 되었습니다.

Q. 소송을 진행하시면서 힘들었던 일도 있으셨는지요?

비슷한 시기에 입사해서 비슷한 시기에 갱신 거절이 되었던 박사님들이 계셨는데, 노동위원회에 구제 신청을 했는데 받아들여졌습니다. 하지만 저와 같이 입사하였다 같은 시기에 갱신 거절된 다른 변호사님은 노동위원회 구제신청이 받아들여지지 않았습니다. 제가 제기한 소송의 1심에서도 별다른 이유 없이 패소하였습니다. 자격증을 가진 전문직 근로자에게 계약 갱신에 있어서 다른 근로자와 다른 시각이 존재하는 것이 아닌가 하는 우려도 있었죠.

다행히 2심 재판부에서는 증인 신청도 받아들여 주시고, 위 박사님들과 달리 볼 이유가 없다고 판단해 주셨습니다. 대법원에서도 최종적으로 승소하여서, 결국 서울교통공사에서는 제 사건의 대법원 판결 이후 박사님들에 대한 부당해고구제재심판정취소 행정소송이나 자회사에서의 유사소송 등에서 대법원까지 가지 않고 승복하여 정리한 것으로 알고 있습니다. 결과적으로 제 사건이 리딩 케이스가 된 셈이죠.

별개로 박사님들에 대한 행정소송 1·2심에서 서울교통공사가 패소하였는데, 해당 2심 판결문(서울고등법원 2022누44769 판결) 문구가 인상이 깊어서 소개해 드리고 싶네요.

근로자의 입장에서는 기간제로 근로 계약을 체결할 경우 기간의 만료 시에 갱신에 관한 사용자의 의사 여하에 따라 근로의 계속을 통한 소득 확보의 기회를 상실하게 될 위험에 상시로 노출됨에 따라, 근로 계약을 체결할 때는 물론, 근로를 제공하는 과정에서도 사용자가 제시하는 불합리한 근로 조건이나 차별적인 대우를 마지못해 수용하게 될 가능성이 크다. 특히 그와 같은 상황에서 근로자의 종속적 지위 및 취약한 협상력을 이용하여 자신의 이득을 얻으려는 사용자의 기회주의적 태도까지 보태어진다면, 종속성에 기인한 근로자의 경제적 지위는 더욱 추락하고 생활은 불안정해질 수밖에 없는 것이 현실이다. (중략) 대법원 판례에 의해 일관되게 인정되어 온 이른바 '기간제 근로자에 대한 갱신기대권의 법리'는 바로 이와 같은 현실적, 규범적 인식 하에 채택된 것이다. (중략) 사용자가 근로관계의 존속을 면할지 여부는 사용자의 입장에서 '갱신인정의 필요성'이 아닌 '갱신 거절의 합리성'이 인정되는지 여부에 따라서 결정되는 것인데, 이때 갱신 거절의 합리성 여부는 단순히 사용자 입장에서 근로 관계를 존속시킬 만한 적극적, 긍정적인 사유의 존부에 기하여 정해질 수는 없는 것이고, 적어도 근로자에게 기업조직에서 요구되는 업무 능력이나 자질이 상당히 결여된 사실이 확인된 경우 등과 같이 객관적으로 볼 때 사용자에 대하여 근로 관계의 존속의 부담을 지우는 것이 불합리하거나 부당하다고 평가되는 소극적, 부정적 사유가 존재하는지 여부를 중심으로 하는 것이며, 최종적으로는 이에 더하여 합리적이며 공정한 절차에 따라 갱신 거절이 이루어진 것인지 여부까지 종합하여 판단되어야 한다는 것이 대법원 판례의 취지이다.

Q. 기억에 남거나 조언해 주고 싶은 점이 있으시다면 어떤 점이 있을까요?

2020년 3월에 계약 갱신 거절을 통보받고 2023년 3월에 대법원의 최종 판결문을 받기까지 만 3년이란 시간이 걸렸습니다. 애착을 가지고 다니던 회사에 소송을 제기하게 되기까지는 고민도 많이 되었고, 같이 일하던 직원을 증인 신청 하면서 폐를 끼치는 느낌도 들었습니다. 결국 승소하긴 했지만, 애초에 이런 경험을 하지 않았다면 더 좋을 것이라는 생각을 안 할 수가 없었죠.

'서울교통공사'와의 소송에서는 기존 변호사의 갱신 관행은 없었지만, 근로계약서에 계약 갱신 요건이 기재되어 있었고, 채용 공고문에 계약 갱신 가능하다는 문구도 있었고, 사규에 계약 갱신 절차도 기재되어 있었기 때문에 승소할 수 있었던 것 같습니다. 그러니 회사를 선택하실 때 정규직으로 가게 되는 게 제일 좋지만, 계약직으로 가게 될 경우에는 기존 변호사들의 근로 계약 갱신이 이루어지고 있는지, 사규나 근로계약서에 계약 갱신에 대한 요건이 반영되어 있는지, 채용 공고문에 계약 갱신에 대한 사항이 기재되어 있는지 가장 먼저 살펴보시는 것이 좋을 것 같습니다.

Q. 앞으로 포부나 계획 같은 것이 있으실까요?

지금은 투자회사에서 준법감시 업무를 맡고 있는데, 새로운 분야라서 업무에 흥미도 생겨 열심히 하고 있고, 앞으로도 이쪽 분야에서 더 공부도 해 보려고 하는 중입니다. 앞서 말씀드린 것처럼 이런 일이 없었다면 더 좋았겠지만, 지나고 보니 결과적으로 저한테는 오히려 잘된 것으로 볼 수도 있을 것 같습니다(웃음).

생명안전기본법 제정을 위한 연대 노력

오민애 변호사

**Q. 안녕하세요. 바쁘실 텐데 시간 내어 주셔서 대단히 감사드립니다. 우선 간
단한 자기소개 부탁드립니다.**

저는 '법무법인 율립'에서 일하고 있는 오민애 변호사라고 합니다.
변호사시험 4회로, 2015년부터 변호사로서 활동을 시작했으며, 노동,
생명 안전, 집회·시위 분야에 관심을 갖고 관련 일들을 해 오고 있습
니다.

**Q. 2015년도에 경찰의 시위 진압용 직사살수에 맞고 사망한 백남기 농민 사건
을 대리하셨다고 들었습니다. 해당 사건에 대해 간단히 소개 부탁드립니다.**

백남기 농민 사건의 경우, 2015년 11월 14일 민중총궐기 대회에서
경찰의 직사살수에 맞아서 쓰러진 백남기 농민이 2016년 9월경까지
중환자실에서 한 번도 의식을 찾지 못하다가 사망한 사건입니다. 당시
제가 가족분들을 대리했는데 경찰청장, 서울지방경찰청장 등을 포함
한 경찰 관계자들에 대한 형사고소, 국가배상청구소송 등을 통해 사
망의 원인이 경찰의 직사살수 행위였다는 사실을 법원에서 판단받기
까지 오랜 시간이 걸렸고, 그 과정에서 사망진단서 허위 작성 문제, 유
가족들에 대한 2차 가해 등 관련 사건들도 계속되었습니다. 위 사건
이 제가 변호사 업무를 하는 데에 가장 큰 영향을 주었고, 지금도 주
고 있는 사건입니다.

경찰청 인권침해사건조사위원회가 인권 침해를 인정하고 재발 방지

를 위한 여러 권고도 하였지만 실제 구체화되지는 않았고, 지금은 경찰이 다시 살수차를 도입한다는 이야기를 하고 있는 상황입니다.

Q. 어떻게 해서 그 사건을 대리하게 되셨는지요?

저도 당일 집회 현장에 있다가, 백남기 농민이 직사살수로 인해 쓰러진 후 서울대병원으로 이송되는 과정을 알게 되었고, 이후 진상을 밝히고 관련자들의 책임을 묻는 과정에서 함께하게 되었습니다.

Q. 당시 경찰이나 공무원 등의 유죄가 최근 확정된 것으로 알고 있는데, 변호사님이 담당하셨던 백남기 농민 사건은 현재 어떻게 되었는지요?

국가배상청구소송의 경우 오랜 시간 법적 공방을 진행하다가 법원의 조정을 통해 국가배상책임을 인정하는 내용으로 종결지을 수 있었습니다. 형사사건의 경우 당시 서울지방경찰청장과 현장 지휘를 했던 기동대장, 그리고 직사살수 행위를 했던 경찰관 2명이 유죄 판결을 받았는데, 서울지방경찰청장의 경우 1심에서 무죄를 받았다가 항소심에서 유죄를 받았고, 대법원 상고심에서 올해 4월 유죄판결이 확정됐습니다.

서울지방경찰청장의 경우 현장에서 직접 지휘를 한 것은 아니지만 현장 지휘관 보고를 수동적으로 받기만 하거나 현장 지휘 체계만 신뢰하지 말고 현장에서 과잉 살수 실태에 대해 구체적으로 확인하고 필요한 조치를 취했어야 함에도 그러한 조치를 취하지 않은 잘못이 있다고 인정한 사례로서 법적인 의미가 있는 사건이라고 하겠습니다.

Q. 집회 및 시위 관련 활동을 많이 하시는 것으로 알고 있는데, 특별한 동기가 있으실까요?

백남기 농민 사건을 대리하는 사건을 하면서 소위 공익 사건 내지 공익 업무라고 하는 일들을 하게 되었던 것 같습니다. 누구나 자신의 의사를 자유롭게 표현할 수 있어야 하고, 시민으로서 그렇게 할 수 있는 권리이자 수단이 집회 및 시위인데, 2015년에는 집회가 금지되고 차 벽, 물대포 등으로 가로막히는 경우가 많았습니다. 집회 현장에서 그런 상황들을 직접 겪으면서 공권력으로 시민들의 자유를 가로막고, 심지어 시민들을 다치거나 죽게 하는 상황은 막아야 하고, 그 과정에 조금이라도 힘을 보탤 수 있다면 좋겠다고 생각했습니다.

법을 가지고 일을 하면 차별받지 않는 사회를 만드는 데에 아주 조금이라도 힘을 보탤 수 있지 않을까, 최소한 법 앞에서는 모두가 평등할 수 있지 않을까 하는 생각이 계기가 되어 변호사가 되었기 때문에, 변호사가 된 이후에도 부당한 상황에서 그 부당함을 이야기할 수 있는 일을 하고자 했던 것 같습니다. 물론, 이전에 근무했던 '법무법인 향법' 그리고 지금 속해 있는 '법무법인 율립' 사무실에서 공익 사건들을 맡거나 관련 활동을 하는 것을 장려하시고 지원해 주셔서 더 가능했던 것 같습니다(웃음).

Q. 집회 및 시위와 관련해서 또 어떤 활동을 하시는지요?

집회·시위와 관련해서는 집회 및 시위에 관한 법률에서 집회를 절대적으로 금지하고 있던 장소(국회, 법원 등) 관련 조항이 헌법불합치 결정을 받은 이후 법률 개정이 이루어지기 전에, 해당 조항을 적용받아 유죄 선고를 받았던 분들의 재심 사건을 진행했었습니다.

그리고 집회·시위의 자유가 침해되지 않고 온전히 보장받을 수 있기 위해 제도적으로 어떤 개선이 필요한지, 또는 집회 금지나 집회 제한 통고로 집회의 자유가 침해될 수 있는 사안에 조력하면서 집회·시위의 자유 보장과 관련하여 변호사로서 어떻게 역할을 할 수 있을지에 대해서도 계속 고민하면서 지내 오고 있습니다.

Q. 재심 사건에 관하여 조금 더 자세하게 설명 부탁드립니다.

헌법재판소는 집회 및 시위에 관한 법률이 국회의사당, 법원 등 절대적 집회 금지 장소에 대하여 정하고 있는 것에 대해서, 원칙적으로 집회를 금지하고 예외적으로 허용하면서 각 장소의 기능을 해할 우려가 없는 경우까지 금지하고 있는 것은 침해의 최소성과 법익의 균형성을 갖추지 못하여 헌법에 위배되므로 법 개정이 필요하다는 취지의 결정을 하였습니다. 헌법불합치 결정을 받은 법 조항에 근거하여 처벌을 받았던 분들의 재심을 청구했고, 재심 청구 하셨던 분들은 모두 무죄 판결을 받았으니 혹시 서울회 회원 변호사님들 주변에도 절대적 집회 금지 장소에서 집회, 시위를 했다는 이유로 처벌받은 분이 계신다면 재심 청구를 고려해 보셔도 좋겠습니다.

Q. 현재 우리나라에서 집회 및 시위 관련하여 제도 개선이 시급한 부분은 무엇이라고 생각하시는지요?

여전히 집회 금지 장소는 원칙적으로 집회를 금지하고 예외적으로 허용하는 형태로 규정되어 있습니다.

헌법재판소의 결정 취지와 다르게 집회의 자유를 제한하는 방향으로 규정되어 있어서 이 부분에 대한 논의가 필요하지 않을까 합니다. 그리고 최근 들어 경찰 내외부적으로 물대포나 캡사이신과 같은 경찰 장비 사용이 다시 거론이 되고, 교통 소통, 출퇴근 시간대를 이유로 한 집회 금지 내지 제한 통고도 계속되고 있어서 다시 집행정지 신청 사건이 늘고 있는 점이 매우 우려되는데, 법률의 명확한 근거가 아닌 정책상 필요에 의해 집회 금지나 세한 통고를 하고 있는 상황에 대해서는 개선이 필요하다고 생각합니다.

Q. 생명 및 안전에 관한 활동도 활발히 하시고 계신데, 간단히 소개 부탁드립니다.

세월호 참사 당시 로스쿨 3학년에 재학 중이어서 무언가 직접 할 수 있는 것은 없었지만, 왜 세월호 참사가 발생해야 했는지, 누가 책임져야 하는지 등에 대해 관심을 갖고 있었고, 변호사가 된 이후 세월호 참사의 진상 규명과 유가족들에 대한 지원을 위한 활동들을 함께해 왔습니다.

그리고 발전소 석탄 컨베이어 벨트에 끼어 숨진 김용균 노동자의 사망 사고, 반도체 노동자의 직업병 등 산재에도 관심을 갖고 가능한 사안들에 조력을 해 왔는데, 그러면서 생명과 안전에 대한 관심이 커졌습니다. 그래서 생명안전기본법을 만들기 위한 활동을 함께하게 되었고, 중대재해기업처벌법 제정 운동도 함께하게 되었습니다.

이 중 중대재해처벌법은 결국 제정되었고 현재 시행과정에서 여러 한계가 지적되고 있기는 하지만, 우리 사회가 노동자의 생명과 안전을 더 이상 비용으로 치부하지 않고 존중할 수 있는 기반 중에 하나로 중대재해처벌법이 잘 작동할 수 있기를 바라고 있습니다.

Q. 생명안전기본법에 관하여 좀 더 설명 부탁드립니다.

우리나라는 생명과 안전에 관한 기본법이 없고 안전권도 기본권으로 인정되지 않고 있는데, 생명과 안전이 우리 사회가 중시해야 할 기본적인 가치라는 점을 분명히 하기 위해서 생명안전기본법이 필요하다는 생각에 함께하고 있습니다. 그래서 안전권에 대한 명문 규정을 두는 한편, 피해자와 시민의 권리 차원에서 재난 및 안전사고 예방과 발생 시 회복을 위해 어떤 권리를 보장해야 하는지 정하고, 독립적 조사기구를 두어 재난에 대한 독립적 조사를 진행할 수 있도록 근거 규정을 두고자 하는 법률안입니다.

생명안전기본법은 2020년 9월에 우원식 의원이 발의한 상태에서 현재 제정 노력을 계속하고 있지만, 기본법적 성격이라 아직 여러 의원 사이에서 공감대를 형성하지 못하고 있는 것 같습니다. 하지만 안전 문제들이 계속 생기고 있어서 제정 필요성은 계속 확인되고 있다고 생각합니다. 앞으로도 생명안전시민넷, 재난참사피해자모임 등과 함께 계속해서 생명안전기본법 제정 노력을 이어 갈 것입니다.

Q. 변호사 업무에 병행해서 공익 활동을 하시는 것이 힘드시진 않으신지요?

물리적으로나 체력적으로 좀 힘들다는 생각이 들 때가 아주 가끔 있지만(웃음), 관심을 갖고 또 해야 한다고 생각합니다. 업무와 활동이 별개라고 생각하지는 않고, 공익 활동도 제가 하는 변호사 업무의 일환이자, 일의 원동력이라고 생각합니다.

가족들도 공익 활동을 하는 것 자체는 응원하고, 지지해 주시기는 하지만, 혹시나 해를 입을까 봐 다소 걱정하시기는 합니다.

Q. 여태까지 하셨던 활동 중에 가장 보람 있었던 일이나 가장 힘들었던 일은 어떤 것이었는지요?

백남기 농민 사건이 저에게는 가장 기억에 남고 다양한 감정을 느끼게 해 준 일이었던 것 같습니다. 사건을 진행하는 과정에서는 부당한 상황에 대해 논리적으로 대응하기 위해 준비하는 과정이 힘들기도 했지만, 함께하는 선배 변호사님들, 동료들이 계셔서 서로 힘이 되었고, 보람도 느낄 수 있었습니다.

Q. 지방변호사회나 변호사협회에 바라시는 점은 없으신가요?

이렇게 공익 활동과 관련해서 계속해서 관심을 가지고 필요한 지원을 해 주실 수 있다면 좋을 것 같습니다. 개별 변호사들이 관심을 갖고 하는 사안들 외에도 지방변호사회나 협회 차원에서 추진할 수 있는 공익 활동이 있다면 함께 고민해 주시고 회원들이 참여할 수 있도록 해 주시면 좋지 않을까 합니다.

Q. 변호사 본업도 하시면서 공익 활동도 앞장서서 하시는 모습이 많은 서울회 회원 변호사님들에게 귀감이 될 것 같습니다. 앞으로의 계획은 어떠신지요?

앞으로도 제가 해야 한다고 생각하는 일에 최선을 다해서 함께하려고 합니다. 10·29 이태원 참사, 최근 오송 지하차도 참사까지 우리 사회에서 벌어지는 재난 참사의 이유가 무엇인지, 어떤 제도적 문제가 있고 피해자들이 어떤 지원을 받을 수 있어야 하는지 뜻을 모아 동료, 선후배 변호사님들과 함께 꾸준히 고민하고 피해자분들을 지원해 나가려고 합니다.

'회복적 사법' 대화모임 진행

박인숙 변호사

Q. 안녕하세요. 바쁘실 텐데 시간 내어 주셔서 대단히 감사드립니다. 우선 간단한 자기소개 부탁드립니다.

저는 사법연수원 45기 변호사입니다. 연수원 수료 후 서울북부지방법원에서 상근조정위원으로 일하다가 2018년 후반 개업하여 공익과 사익을 위한 활동을 함께하고 있습니다. 사법연수원 1년 차 때부터 서울소년원과 인연이 맺어져서 소년들에게 검정고시를 가르치다가 회복적 사법 활동으로 징계방에 들어간 소년들과 회복적 사법 대화모임을 진행했습니다.

Q. '회복적 사법'에 관하여 간단히 소개 부탁드립니다.

사법연수원 1년 차 때부터 소년들과 인연을 맺으며 그들을 위해 무엇을 할 수 있을까 많이 고민하다가 회복적 사법을 접하게 되었습니다. 회복적 사법은 현재의 사법 절차인 응보적 사법과 비교해서 설명할 수 있는데, 응보적 사법에서는 법을 어긴 사람에 대해서 국가가 그 책임을 묻는 것으로, 형사사법절차에서 피해자는 당사자로 등장하지 않지만, 회복적 사법은 가해자, 피해자뿐 아니라 그들이 함께하는 공동체까지 당사자가 되어서 피해자의 피해 회복을 위해서 무엇을 할 수 있을지를 대화를 통해서 찾아 나갑니다. 가해자와 피해자에게 무슨 일이 있었는지, 어떤 피해가 발생했는지, 발생한 피해를 회복하기 위해서 무엇을 할 수 있는지 세 가지 질문을 던집니다.

회복적 대화는 가해자와 피해자가 함께 위 세 가지 질문으로 대화를 나누면서 서로의 입장을 이해하여 피해자는 자책이나 두려움으로부터 벗어나고, 가해자는 피해자의 요구를 듣고 자발적으로 책임을 집니다. 특히 가해자, 피해자의 행위만으로는 피해 회복이 되지 않는 경우도 있어 공동체가 함께 피해 회복을 위한 방안을 모색한다는 것이 큰 특징입니다.

회복적 사법에 관심을 갖고 있던 때 서울소년원에서 제가 가르치던 멘티 2명이 징계방에 가게 되는 사건이 발생하였는데, 그들과 함께 대화 모임을 했습니다. 서로에게 울분을 갖고 있던 소년들이 한 시간의 대화 모임에서 상대를 이해하고 사과하는 것을 직접 경험하며 회복적 사법이 소년들에게 중요하다는 것을 깨닫게 되고, 2020년 코로나19 전까지 매주 토요일이나 일요일에 서울소년원을 방문하여 회복적 사법 대화 모임을 진행했습니다. 사전 모임, 본 모임, 사후 모임을 진행하여 갈등 당사자들을 최소 2~3번은 만나서 사전 모임에서는 어떤 어려움이 있는지 들은 후, 본 모임에서는 사건에 대해서 얘기하고, 사후 모임에서는 어떻게 실천하고 있는지를 함께 얘기 나눴습니다.

Q. 회복적 사법의 관점에서 볼 때, 우리나라의 응보적 사법 제도나 정책의 문제점은 무엇인지요?

피해자가 당사자가 되지 못한다는 것입니다. 가해자들은 피해자에게 사과하고 용서를 구하기보다는 판사에게 반성문을 쓰면서 용서를 구합니다. 저는 서울구치소에서 수용자 법 교육을 한 경험이 있는데, 대부분의 수용사들이 판결을 받아들이지 못하고 억울하다고 호소하며 피해자를 비난합니다. 피해자들은 가해자가 교도소를 출소한 후를 두려워합니다. 안전한 사회가 되기 위해서는 재범을 하지 않는 것이 중요하고 보복 범죄가 없어져야 하는데, 가해자는 자신의 잘못을 깨닫지 못하고 피해자는 자신의 피해를 드러낸 것으로 고통을 받습니다.

회복적 사법을 도입한 제도로 검찰에서 하고 있는 형사조정과 소년보호재판부에서 하고 있는 화해 권고가 있는데, 둘 다 피해자의 동의가 필요하지만 피해자들이 가해자 직접 대면을 꺼리다 보니 잘 운영되고 있지 못합니다. 형사조정제도는 주로 경미한 범죄의 경우 이루어지는데, 형사합의를 하면 가해자가 선처받을 수 있지만 가해자가 합의 내용을 지키지 않더라도 강제하지 못하는 문제가 있습니다. 피해자가 마음을 내어서 합의했더니 가해자가 자신의 이익만 취하는 2차 가해가 발생할 가능성이 높습니다. 안전한 환경에서 피해자도 안심하고 가해자를 만나 자신의 피해를 나누면서 피해를 입은 것이 자신의 잘못이 아니라는 것도 알게 되고, 가해자가 피해자의 요구에 따르게 할 수 있습니다. 이를 잘 설명하여 소년의 화해권고제도가 활성화될 수 있도록 전문가 양성과 설득이 필요합니다. 소년의 경우 2차 가해가 문제 되는 경우도 있는데, 이를 예방하기 위해서라도 이런 제도를 통해 사건이 발생한 후 빠르게 가해 소년을 교육하여 적절히 행동하도록 하고 피해자를 보호하면서 대면할 수 있도록 제도적 장치를 갖추어야 할 것입니다.

Q. 우리나라에서 시급히 개선해야 할 제도나 정책이 있다면 무엇이라고 생각 하시는지요?

수사 단계부터 사회적 약자를 위한 국선변호사를 선임해 주는 제도라고 생각합니다. 수사 단계에서의 진술을 뒤집기가 어렵고, 소년은 보호자가 보호하지 않는 경우에는 미성년자임에도 혼자서 조사를 받는 경우가 꽤 있습니다. 보호자가 동석을 하는 경우에도 경찰 조사 경험이 없는 보호자가 압박감을 느껴서 경찰의 요구를 거부하지 못하는데, 소년이 혼자 조사를 받는 경우 경찰이 자백을 강요하면서 자백할 때까지 조사를 지속하고 같은 질문을 반복하며 끝내 원하는 답을 받아 내 버리면 속수무책입니다. 소년은 보호자가 자신을 보호하지 못하니 결국 국가가 나를 범죄자로 만들어 버린다는 생각을 하게 되고, 이러한 억울함이 쌓이고 자포자기해서 타인에게 피해를 주는 행위, 즉 범죄를 하는 사람이 되어 버립니다.

변호사의 가장 큰 역할은 비록 범죄를 하였더라도 변명할 수 있도록 도와주고 과하거나 억울하게 처벌받지 않도록 도와주는 것인데, 소년이 작은 잘못을 했을 때 조금의 변명도 할 수 없이 범죄자로 낙인이 찍히고 비난받는 것은 건전한 시민으로 자라나는 데 큰 걸림돌이 됩니다. 수사를 받는 단계부터 국선변호사가 선임되어서 그의 억울함을 조금이나마 수사기관에 알리고 변호를 받게 된다면 소년은 절망하지 않고 좋지 않은 환경에서도 힘을 내어서 살아 나갈 수 있을 것입니다.

Q. 최근 촉법소년임을 악용하는 청소년 범죄 증가로 인해 촉법 연령 하향 논의도 있는 것 같은데, 변호사님은 어떻게 생각하시는지요?

소년정책은 매우 중요한 것으로, 데이터 등 객관적 자료 및 연구에 근거하여 만들어져야 합니다. 여론으로 정책의 방향을 정해서는 안 됩니다. 지금 촉법 연령 하향은 정확한 통계에 근거하지도, 정확한 연구에 근거하지도 않은 것으로 자극적 몇몇 사건으로 소년에 대한 공포심을 유발하고 그 여론에 편승하여 진행되고 있습니다. 촉법소년임을 악용한다는 것이 어떤 표현인지 알 수 없지만, 촉법소년이더라도 범죄를 범한 경우 소년원에 위탁되어 구금됩니다. 청소년들에게 무서운 건 형들일 텐데 무서운 형들이 있는 구금 시설에서 2년을 지낸다는 것이 얼마나 공포스러운 일인지 모릅니다. 이러한 상황에 놓일 수도 있는데, 촉법소년임을 악용한다는 것이 어떤 말일까요? 더 오래 소년교도소에 구금될 수 있는데 그렇지 않아서 악용한다는 것일까요?

지난 법무부의 발표에 따르더라도 14세 범죄 소년의 경우에도 소년교도소에 구금된 소년이 없었습니다. 판사들이 범죄 소년의 경우에도 나이 등 상황을 고려하여 소년재판으로 송치하고 있다는 것을 의미합니다. 이러한 상황에서 촉법을 악용한다는 것은 허상일 뿐 사실이 아닙니다. 촉법소년은 10살부터 13살의 소년입니다. 그들을 직접 만나보면 특별한 생각을 하고 어떤 행동을 한다기보다는 상황에 따라서 인지 없이 행동하는 경우가 많습니다. UN의 경우도 이러한 청소년의 특징을 고려하여 14세가 가장 적절한 나이고 그 이상으로 형사미성년자 나이를 상향하는 것을 권장하고 있습니다.

사람들은 소년을 훈계하고 가르쳐야 할 대상으로 보면서도 소년이 잘못을 하는 경우 개선의 가능성이 없다며 엄벌하려고 합니다. 제가 경험한 바에 따르면 소년은 분명 개선 가능성이 큽니다. 소년 중에는 가정 폭력, 아동 학대, 학교 폭력의 피해자였던 아동도 많습니다. 그들이 어떤 시간을 보냈는지를 이해하면서 그들을 교육하고, 그들이 자신의 행위에 대해서 책임질 수 있도록 하는 것이 필요합니다. 교육하여야 할 대상으로 보면서도 필요에 따라서 교육이 안 되는 대상으로 소년을 규정하는 것은 모순입니다. 소년에 대한 개념과 그들이 성인과 어떤 점에서 다른지를 잘 이해하여 사회를 위한 정책을 만들어 가야 할 것입니다. 소수자에 대한 정책은 여론에 따를 수 없고, 이는 국가가 깊이 있게 연구하여 그 방향을 정해야 할 것입니다.

Q. 변호사로서 아동 및 청소년 관련 활동을 많이 하고 계신데, 구체적으로 소개 부탁드립니다.

어떤 사건이 발생하면 소년에게 불리한 방향으로 법이 개정되고, 그에 대해서 누구도 문제 제기를 하지 않았다는 것을 보며 소년사법과 정책이 소년을 위한 방향으로 가고 있지 않다는 것을 알게 되었습니다. 법을 개정할 때 선진국의 예를 들면서 정당화시키곤 하는데, 아동 인권의 경우는 선진국이 따로 없다고 생각합니다. UN 아동권리협약이 1989년에 만들어진 걸 보면 세계적으로 아동 인권에 대한 관심이 얼마나 낮은지를 알 수 있습니다. 2018년에 UN CEDAW(여성에 대한 모든 형태의 차별철폐에 관한 협약) 대한민국 심의에 시민단체대표로 참석하면서 2019년 UN CRC(아동권리협약) 심의를 준비해야겠다는 생각을 했습니다. 수용자 인권 전문가인 시민단체 활동가와 미국 변호사, 한국 변호사 8명이 함께 공부를 하여 소년사법보고서를 작성하여 제출하였습니다. 그리고 2019년 2월 UN CRC 프리세션에 참석하였고, 2019년 9월에 본 세션을 참석하여 2019년 10월에 소년에 대한 소중한 권고를 받았습니다.

그 후 2020년에 법무부가 만든 소년보호혁신위원회에서 1년간 활동을 하면서 촉법소년에 대한 통계 시스템 구축 등의 권고를 하였습니다. 법무부 입장에서 의견을 피력하는 위원들이 많은 상황에서 소년을 보호하고 소년의 인권을 향상시키기 위한 방향을 찾느라 힘든 시간이었습니다. 특히 그 당시 유선 전화로 야간 외출 제한을 관리하고 있었는데, 소년 보호자의 수면권을 언급하면서 소년의 생체정보를 담은 스마트 워치를 채우자는 법무부를 저지하는 것이 어려웠습니다. 현재 아무런 법적 근거도 없이 스마트 워치를 착용하게 하고 있다는 사실을 알게 되었고, 이에 대해서 어떻게 대처해야 하는지를 변호사들과 함께 논의 중에 있습니다.

Q. 보호 종료 아동의 시설 내 아동 학대 사건 민사소송도 하고 계신다고 들었습니다. 어떤 내용의 소송이고, 결과는 어땠는지요?

서울시에 소재한 아동양육시설에서 2015년부터 2017년까지 있었던 아동 학대 사건에 대해서 시설의 책임을 묻는 민사소송입니다. 직접 가해자만 형사처벌을 받았는데 시설의 도움으로 직접 가해자도 경미한 처벌을 받아서 집행유예와 기소유예를 받았습니다. 제가 경험한 청소년들은 자신에게 조금만 잘해 줘도 자신에게 잘못한 어른을 쉽게 용서하는데, 이 시설의 아동들은 정말 한이 서렸다 싶을 정도로 억울함이 컸고 그 억울함이 성인이 된 지금까지도 영향을 미치고 있었습니다. 이런 종류의 사건에서는 소송당사자를 찾기도 어렵고, 찾았다고 하더라도 소송을 하자고 설득하기도 어려운데, 이 사건의 원고들은 스스로 소송을 하고 싶다고 했습니다.

이 사건 원고들은 아동 학대 피해가 밝혀진 이후에도 시설에서 보호하지 않아서 직접 가해자가 형사재판을 받는 중에 피해자인 자신들을 찾아와서 합의하도록 강요하여 마음의 상처가 컸습니다. 아동학대 당사자들인 원고들은 초등학교 이전부터 보호자인 시설로부터 학대를 받아서 어려운 인생을 살고 있고 인생에 대한 희망도 없었지만 살아남기 위해서 최선을 다하고 있었습니다. 원고들의 피해 내용을 처음 들었을 때 사실이 아니라는 생각이 들 정도로 믿어지지 않았습니다. 대한민국에서 토한 음식을 먹게 하는 곳이 있다는 사실에 놀라고, 아동학대가 만연한 시설에서 자란 아동을 다시 생활지도사로 고용하여 선배가 후배를 때린다는 것에 놀랐습니다. 다행히 형사 기록이 있고, 시설이 아동 학대 사실을 알고도 경찰에 신고하지 않았지만 시설 내에서 징계한 기록은 있어서 이를 토대로 시설의 책임을 묻기 위해서 주력하고 있습니다.

시설의 보호 아래 있는 아동이 시설의 학대에 대해서 그 당시에 대항하지 못하더라도, 그들이 성인이 되면 시설의 책임을 물을 수 있다는 것을 이 소송으로 보여 주고 싶습니다. 피고들이 소멸시효의 완성을 모두 주장하고 있는데, 성폭력 사건과 같이 학대 피해자들이 성인이 된 이후 혹은 정신적 피해가 발생하였다는 것을 안 때로부터 소멸시효의 기산점이 진행한다는 판결을 받는 것이 무엇보다 중요하다는 생각을 하고 있습니다.

Q. 그 외에도 로스쿨에서 소년사법 강의도 하시고, 청소년 상담사 교육도 하시는 것으로 알고 있는데, 변호사 업무와 병행해서 이런 활동을 하시는 것이 힘드시진 않으신지요?

솔직히 힘듭니다. 특히나 청소년 상담사 교육은 주말에 6시간을 진행하고 있습니다. 그럼에도 불구하고 포기하지 않고 꾸준히 하는 이유는 저와 같은 생각을 가진 분들을 만날 수 있기 때문입니다. 청소년에 대해서 따뜻한 시선을 가진 분들이 청소년을 돕기 위해서 배우고자 저를 만나려고 한다는 사실을 알기에 힘들지만 함께하고 있습니다. 로스쿨의 경우, 소년을 위한 활동을 하는 변호사가 한 명이라도 더 생기면 좋겠다는 희망으로, 청소년 상담사의 경우 청소년이 가장 편안하게 먼저 만나는 분들로 청소년이 어려움에 처했을 때 직접적인 도움을 줄 수 있기를 바라는 마음으로 진행하고 있습니다.

Q. 여태까지 하셨던 활동 중에 가장 보람 있었던 일이나 가장 힘들었던 일은 어떤 것이었는지요?

보호자가 없는 청소년을 돕는 일에서 딜레마를 겪었습니다. 변호사라는 직업은 피해자의 경우 가해자를 처벌하거나 최대한 보상을 받을 수 있도록 돕는 일을 하는데, 청소년이 피해를 입은 경우 직접 거액의 보상을 받게 하는 게 올바른지에 대한 고민이 있었습니다. 특히나 합의가 거의 되었을 때 저를 배제하고 돈을 받은 후 연락을 두절한 청소년 피해자를 경험하면서 과연 내가 옳은 일을 하고 있나 하는 생각을 했습니다. 하지만 피해 보상을 받는 것은 피해자가 청소년이든 성인이든 같아야 한다고 생각합니다. 속된 말로 열심히 돕고 뒤통수를 맞아서 정신이 혼미하였지만, 꼭 필요한 일을 했다고 생각합니다(웃음). 보상받은 돈이 필요한 곳에 잘 쓰였길 희망합니다.

Q. 지방변호사회나 변호사협회에 바라시는 점은 없으신가요?

드러내지는 않지만 숨어서 자신의 역할을 하고 있는 변호사를 찾아내어서 그들이 지치지 않고 본인의 일을 할 수 있도록 다양한 방법으로 격려해 주시기를 부탁드립니다. 변호사는 내면의 에너지가 소진되는 직업인데, 주변의 응원이 큰 힘이 됩니다.

Q. 변호사 본업도 하시면서 공익 활동도 앞장서서 하시는 모습이 많은 서울회 회원 변호사님들에게 귀감이 될 것 같습니다. 앞으로의 계획은 어떠신지요?

저는 연수원을 수료할 때부터 앞으로의 변호사 활동을 어떻게 할지 고민했었습니다. 그때 내린 결론은 '공익과 사익을 병행하자, 사건을 수임하여 번 돈으로 공익 사건을 힘차게 하자'였습니다. 지금까지 어느 정도 계획대로 진행되고 있다고 생각합니다. 공익전담변호사처럼 많은 공익 활동을 할 수는 없지만 제가 할 수 있는 역량 내에서 할 수 있는 활동은 하려고 합니다. 그동안 해 온 소년을 위한 활동, 보호 종료 아동을 위한 활동도 계속할 것이고, 성폭력 피해자를 위한 변호, 강제동원 피해자를 위한 민사소송 등 분야에 국한되지 않고 제가 할 수 있는 일은 해 나갈 예정입니다. 지치지 않도록 스스로를 잘 관리하면서 변호사로서 할 수 있는 일을 해 나갈 수 있도록 노력할 것입니다.

군 인권 및 법제 개선 활동

김인숙 변호사

Q. 안녕하세요. 바쁘실 텐데 시간 내어 주셔서 대단히 감사드립니다. 우선 간단한 자기소개 부탁드립니다.

저는 사법연수원 31기이고, 현재 '민들레법률사무소'를 운영하고 있습니다. 성폭력과 가정 폭력 사건, 군 관련 사건, 시국 사건 등을 다루었고, 그 외 국가경찰위원회위원, 대체역심사위원회위원을 역임하였고, 현재 뉴스통신진흥회 이사로 활동하고 있습니다.

Q. 군인권센터에서 활동을 하신다고 들었습니다. 군인권센터는 어떤 곳이고, 어떻게 해서 활동을 하시게 되었는지요?

군인권센터는 2009년 처음 발족하였을 때 센터의 임태훈 소장과 알고 지낸 것이 계기가 되어 운영위원으로 참여하게 되어 군 내 사건을 다루게 되었습니다. 군인권센터는 군대 내에서 발생하는 다양한 인권 침해 사안이 접수된 경우 피해자를 지원하는 활동을 주로 하고 있으며, 그 외에도 군인권보호관 제도 등 군 관련 제도 개선을 통해 군인의 인권이 확대되고 존엄을 보장하는 사회를 만들기 위해 활동하는 인권단체입니다. 현재 해병대 수사단장 박정훈 대령의 사건을 지원하고 있기 때문에 여러분들이 한 번은 들어 보셨을 것입니다.

군인권센터에서는 군대 내 성폭력 피해자를 전문적으로 구제하기 위하여 2019년 군성폭력상담소를 부설기관으로 두고 있는데, 저는 현재 이 군성폭력상담소의 운영위원으로 활동하고 있습니다.

Q. 현재 군대에서 일어나고 있는 사건은 주로 어떤 것이 있는지요?

　군대는 철저한 계급 사회이기 때문에 흔히 계급을 이용한 가혹 행위가 주로 발생하고 있습니다. 다만 예전처럼 심각한 폭력 문제는 다소 감소하는 경향이 있고, 따돌림 같은 문제가 증가하는 추세에 있습니다. 그리고 진료 문제 등 건강권 문제, 부적응 문제와 자살 및 자해 등 위기 개입이 필요한 문제 등이 꾸준히 발생하고 있습니다.

　또한 성폭력이나 성희롱 사건도 많이 일어나고 있습니다. 군 성폭력은 기본적으로 직장 내 성폭력의 특성을 띠고 있고, 계급이 낮을수록 피해가 커지는 경향이 있습니다. 피해자가 여군일 경우 여군에 대한 차별 문제를 기본적으로 동반하는 경우가 많고, 여군의 경우 특정되기 쉬워서 피해를 드러내기도 쉽지 않을 뿐더러 2차 피해를 수반하는 경우가 있는 등 심각한 사례가 많습니다.

　피해자가 남군일 경우, 어떤 경우에는 정신적으로 더 고통스러워하는 경우가 있는데, '남성성'이 침해되었다고 생각해서 더 큰 분노와 불안, 좌절을 겪는 경우도 있었습니다.

Q. 군대에서 발생한 사건을 많이 수임하셨던 것으로 압니다. 그중 기억에 남는 사건들이 있는지요?

　2011년 7월에 발생하였던 강화도 해병대 총기 난사 사건은 당시 큰 충격을 주었는데, 그때 해병대의 '기수 열외'로 인한 따돌림 등이 문제가 되었습니다. 그 후 병영문화 개선 등의 노력을 한다는 군 발표와 대책 등이 군대에서 큰 사건이 발생하였을 때마다 있었습니다. 아직 만족할 수준은 아니지만 조금씩이나마 개선되어 가는 중이라고 생각합니다.

그리고 2017년 군 동성애자 간 성관계를 가졌다는 이유로 20여 명의 군인을 수사하였던 사건도 기억에 남습니다. 당시 군경찰은 우연히 알게 된 사건을 계기로 그들이 사용한 앱을 이용하여 '색출' 수준의 수사를 하였습니다. 보통의 성폭력 사건의 경우에도 이 전에는 수사 과정에서 '경험 여부'나 '체위' 등 민감한 문제를 언급하면서 피해자를 모욕하는 경우가 많아서, 소위 2차 가해 방지를 여성단체 등에서 지속적으로 주장해서 현재는 일반 수사기관에서는 수사 과정에서 피해자를 모욕하는 질문을 하는 것을 조심하는 추세입니다.

그런데 군 동성애자 간 성관계를 처벌하는 '군형법 92조의 6(추행)'[3]는 성관계가 폭력이나 폭행에 이루어지는 것과는 상관없이 군 시설 외에서 자발적으로 동의하에 한 경우에도 무조건 군인 신분이라는 이유만으로 처벌을 하기 때문에 가해자이면서 피해자가 되는, 납득이 안 되는 구조입니다. 그리고 계급 사회이기 때문에 군 경찰이 어떤 질문을 하더라도 '얼굴이 빨개진 채' 무조건 대답을 하였습니다. 수사 입회를 하면서 군경찰이 사건과 관련이 없는 '목욕 여부', '체위' 등을 언급하며 모욕적인 수사를 이어 나가 강력하게 항의를 한 적도 있습니다.

당시 피의자들 중 일부가 유죄 판결을 받아서 대법원에 상고를 하

---

3 제92조의6(추행) 제1조 제1항부터 제3항까지에 규정된 사람에 대하여 항문성교나 그 밖의 추행을 한 사람은 2년 이하의 징역에 처한다.

였고, 1심 재판 중에 헌법재판소에 '군형법 제92조의6(추행)'이 위헌이라는 헌법소원을 다수 제기하였습니다. 헌법재판소는 아직 심리 중이라며 판단을 내리지 않고 있으나, 대법원은 2022년 4월 21일 동성 군인 간 성관계 및 이와 유사한 행위에 대하여 '사적 공간에서 자발적 의사 합치에 따라 이루어지는 등' 군이라는 공동사회의 건전한 생활과 군기를 직접적 구체적으로 침해한 것으로 보기 어려운 경우에는 '군형법 제 92조의6(추행)'이 적용되지 않는다는 이유로 원심 판결을 파기하는 선고를 하였습니다. 그래서 파기 환송심에서 무죄 판결을 받았고, 다른 유사 사건도 무죄 판결을 선고받았습니다.

개인적으로 헌법재판소에서 '군형법 제 92조의6(추행)'이 위헌 법률이라는 결정을 받는 것이 변호사로서 현재 가진 소망 중 하나입니다.

Q. 군 인권 관련해서 현재 진행 중인 사건도 있으신지요?

해병대에서 다수의 가해자로부터 성추행을 당한 피해자를 변호하는 사건이 있습니다. 피해자는 후임병인데, 가해자들은 선임이라는 우월한 지위를 이용해서 폭력을 행사하고 성고문에 가까운 성추행을 한 사건으로 군성폭력상담소와 함께 지원하고 있습니다.

군이라는 조직 속에서 후임병은 선임병의 추행을 제지는 물론이고, 신고조차 하기 힘듭니다. 특히 선임이 자신의 요구를 듣지 않거나 신고하면 기수열외를 시키겠다고 위협을 하는데, 이런 피해를 당하는 경우에도 무조건 "좋습니다."라고 대답해야 합니다. '기수열외'가 되면 마치 존재하지 않는 유령 취급을 받고 소외 왕따가 되기 때문에 치명적인 위협이 됩니다.

그럼에도 불구하고 이 사건의 피해자는 이런 현실 속에서도 큰 용기를 내어 군성폭력상담소에 지원을 요청했고, 군성폭력상담소는 군 조직을 이해하고 유사한 사건들을 지원한 경험이 있다고 판단해서 저에게 피해자 변호를 요청하게 된 것입니다.

Q. 요즘 뉴스를 보면 군 인권 관련 문제가 끊임없이 주제로 등장하는데요, 군 인권 문제가 이렇게 제대로 개선되지 않는 이유는 무엇이라고 보시는지요?

군은 기본적으로 계급을 기반으로 한 폐쇄적인 계급 사회입니다. 이러한 특성으로 군은 어느 조직보다 권력 관계가 강하게 작동하고 있습니다. 또한 군대는 입법·사법·행정 등 모든 것이 스스로 가능한 자기완결적인 구조입니다. 더구나 분단국가라는 특수성으로 인해 시민들조차도 군이 가진 폐쇄성을 당연한 것으로 인식했습니다. 물이 고이면 썩듯이, 비민주적이고 소통이 되지 않는 조직은 문제 집단이 되기 마련입니다.

특히 한국 사회의 소수자, 사회적 약자에 대한 차별과 혐오적인 문화는 군대로 이어졌고, 군의 폐쇄성으로 더욱 강화되었습니다. 폐쇄성과 비민주성을 근간으로 하는 군대는 이미 자정 능력을 상실한 것이고, 따라서 군 인권 문제를 군 자체에 맡기는 현행 구조가 반복되기 때문에 군 인권 개선은 요원하다고 봅니다.

따라서 적어도 군 사법에 있어서는 이런 폐쇄적인 구조를 오픈해야 한다고 생각합니다. 이런 관점에서 이미 오래전부터 논의되어 온 군 제도 개혁의 하나인 군사법원 폐지도 국민의 재판청구권의 보장 측면에서 실행되어야 할 과제 중 하나로, 이전부터 학계와 국회에서도 활발히 논의되고 있습니다.

Q. 우리나라의 군 인권 관련 제도나 법령은 선진국에 비추어 볼 때 어느 정도 수준이라고 보시는지요?

'군형법 92조의6(추행)' 등 폐지되어야 할 전 근대적이고 폭력적인 조항들이 남아 있어서 아직 가야 할 길이 남아 있는 것은 사실입니다. 하지만 윤 일병 사건을 계기로 군인의 지위 및 복무에 관한 기본법(군인복무기본법)을 제정하였습니다. 이 법은 2015년 12월 29일 공포되어 6개월 뒤인 2016년 6월 30일부터 시행된 군인과 관련된 헌법과 같은 법률로서 군인복무정책심의위원회설치(제8조), 군인의 기본권과 제한 규정(제10조), 직무와 관련 없거나 법령에 위반된 명령 등을 금지하는 명령발령자의 의무(제24조), 사적 제재 및 직권남용금지(제26조), 기본권교육실시(제36조), 전문상담관신설(제41조), 군인권보호관 신설(제42조), 불법과 불의를 알게 될 시 신고의무(제43조) 등의 규정을 담고 있습니다. 이 법을 기초로 개별 사안에 대한 각종 훈령 등 군 인권 관련 법령과 제도는 어느 정도 갖추어졌고 지금도 보완되고 있기 때문에 법이나 제도적 측면에서 발전하고 있다고 봅니다. 하지만 '법률의 제정이나 보완이 아니라 실제 현장에서 잘 적용되고 있는가?'라고 물었을 때 선뜻 그렇다고 답변할 수 없는 형편입니다.

최근 해병대 수사대장 박정훈 대령의 경우에서도 보듯이 법령을 자의적으로 해석하거나 권력으로 찍어 누르는 등 법을 시행하는 사람들의 문제는 늘 있기 때문입니다. 그렇기 때문에 제도가 잘 시행되고 있는지 모니터링하고 감시하는 시민단체들의 활동이 중요하다고 봅니다.

Q. 여태까지 하셨던 활동 중에 가장 보람 있었던 일이나 가장 힘들었던 일은 어떤 것이었는지요?

2002년에 개인법률사무실을 개업한 후 두 번째 맡은 사건에서 앞뒤 안 가리고 경험도 없이 뛰어다니다가 금전적으로, 심적으로 큰 고통을 받은 사건이 있었습니다. 물론 뒤돌아보면 그런 열정을 가지고 사건을 할 수 없을 것이라고 고개가 절레절레 흔들어지는 사건입니다.

이런 경험을 굳이 이야기하는 것은 후배들이 사고(?)를 치기 전에 주위에 의논할 선배 변호사가 있다면 조언을 듣는 노력을 게을리하지 않기를 바라기 때문입니다(웃음). 저도 분명히 의논 드릴 분이 계셨는데 혼자서 해결한다고 나서다가 사고를 냈거든요. 혹시 지금이라도 조언을 구할 선배가 필요하신 후배 변호사님이 있다면 저에게 연락을 주셔도 기꺼이 들어 드리겠습니다.

그 외 다른 변호사님들과 '여성의 종중원 자격 인정'을 위해 대법원에서 최초로 열린 구두 변론에 참여한 사건도 인상 깊은 사건 중 하나였습니다. 50여 년 만에 남성만 종중원 자격을 인정한 관습법을 폐지하고 여성도 종중원의 자격을 인정받은 사건이었기 때문입니다. 호주제 폐지와 더불어 여성의 지위 향상에 의미가 깊었던 사건이라고 생각합니다.

Q. 변호사 본업도 하시면서 공익 활동도 앞장서서 하시는 모습이 많은 서울회 회원 변호사님들에게 귀감이 될 것 같습니다. 마지막으로 하실 말씀이 있으신지요.

제가 변호사가 되어 처음 공익 활동을 한 것이 소위 '따따 사건'이라고 불렸던 가정 폭력 사건이었습니다. 당시 필리핀 여성이 가정 폭력을 신고하여 경찰이 대문을 두드리는 동안, 집 안에서 폭력을 피하기 위해 창문으로 뛰어내려 사망한 사건입니다. 모 신문에서 이 사건의 구제를 맡은 신부님에 대한 기사를 보고 연락하여 여성단체연합과 연대해서 구제 활동을 하였습니다. 그 후 이 사건이 계기가 되어 여성단체연합과 함께 여성의 지위와 권리 향상을 위한 공익 활동을 하게 되었고, 그 후 민변 여성위원회에 가입하면서 관련 활동에 더 적극적으로 참여하게 되었습니다.

변호사는 모두 인권과 공익을 보호할 사명이 있다고 생각합니다. 다만 구체적인 공익 활동을 하는 것은 별개의 문제입니다. 그런데 이런 기회가 쉽게 오는 것은 아닙니다. 저는 후배 변호사들에게 자신이 관심 있는 분야에서 활동하고 있는 인권단체 등과 연대하여 활동하는 기회를 가지라고 권하고 싶습니다. 우리나라의 민간 인권단체는 아직도 열악한 환경에서 활동을 하는 경우가 많고, 변호사들이 같이 연대할 기회를 갖지 못한 단체도 많이 있습니다.

　마지막으로 군형법이 개정되어 2022년 7월 1일부터 '성폭력범죄', '사망사건원인이된범죄', '군인이되기전에저지른범죄'는 수사 과정부터 기소, 재판까지 민간에서 다루게 되었습니다. 군대에서 일어난 사건의 경우 군판사나 군검찰관 출신의 변호사님들이 주로 변론을 하시고 있고, 일반 변호사의 경우 군 조직과 군 성폭력의 작동 방식에 대한 이해가 없어서 변호를 맡을 기회가 없었습니다만, 이번 군형법 개정을 계기로 이 분야에도 관심을 가진 변호사님들이 많아지기를 바랍니다. 행여 관심이 있다면 군인권센터나 부설 성폭력상담소(군인권센터: 02-7337-119/부설 성폭력상담소: 02-6925-1388)를 통해서 활동하실 수 있다는 점을 알려 드리고 싶습니다.

군인권센터 운영위원 활약

강석민 변호사

Q. 안녕하세요. 바쁘실 텐데 시간 내어 주셔서 대단히 감사드립니다. 우선 간단한 자기소개 부탁드립니다.

저는 군법무관 14기(연수원 32기와 동기)로, 2003년 사법연수원 수료 후 같은 해 임관해서 2013년에 소령으로 군 복무를 마치고 '법무법인 다임' 대표변호사로 있다가, 현재는 '법무법인(유) 백상'에서 5년째 근무 중인 강석민 변호사입니다.

Q. 군인권센터 운영위원으로 활동하신다고 들었습니다. 어떻게 해서 그러한 활동을 하시게 되셨는지요?

10여 년의 군법무관 생활로 군인권센터와 인연이 닿아 활동하게 되었습니다. 2006년도부터 2008년도까지는 대통령 직속 군의문사진상규명위원회에 파견을 가서 군에서 사망한 사건에 관해서 유족들이 원인 규명 진정을 하면 재조사해서 진상을 밝히는 일을 했었는데, 이때 시민단체들과도 많이 교류하였고, 이 과정에서 현재의 군인권센터와도 인연을 맺게 되었습니다.

진상규명위원회 사무실이 서울 남대문에 있었기 때문에 서울에서 근무하고 싶어서 지원한 것인데(웃음), 가서 실제 사건들을 보니 사망 사건 발생 시 유족이 항의하기는커녕 군의 피해가 크다고 군에 호통을 듣는 경우까지 있었습니다. 유족들의 인생이 피폐화되는 것을 보고 나서 군 내 인권 문제에 관심을 가지고 계속 봐야 한다는 생각을 했습니다.

Q. 군인권센터는 어떻게 설립되었고, 현재 어떤 활동을 하고 있는지요?

　2009년에 군인권센터가 설립되었는데, 저는 2013년도에 전역하자마자 운영위원으로 활동을 시작했습니다.

　군인권센터는 군대 내에서 일어나는 인권 침해 사안에 관하여 상담 업무 및 법률지원 업무, 절차 조언 등 군 인권 피해자 지원 업무를 주된 업무로 하고 있습니다. 군 인권 문제는 내부적으로는 잘 해결이 안 되기 때문에 군인권센터가 이런 업무를 처음 시작했고, 현재 알려진 국방부의 국방헬프콜도 사실은 군인권센터 때문에 생겼다고 볼 수 있습니다.

Q. 군 인권 문제가 이렇게 오랜 기간 지속적으로 발생하면서도 잘 개선되지 않는 원인은 무엇이라고 보시는지요?

　저는 군에 대한 사람들의 인식이 서로 다른 점이 가장 큰 문제라고 생각합니다. 즉, 군대에 가는 사람, 그 부모, 그 주변 사람들 모두 군에 대한 상이 전혀 다르게 맺혀 있는데, 대부분 군 조직 개선에 대해서는 별 관심이 없습니다. 저는 군 인권 문제는 바로 여기서부터 시작된다고 생각합니다.

　게다가 군 조직은 굉장히 특수하고 폐쇄적이며, 일종의 권력 기관이라 스스로 변화하기가 어렵습니다. 외부의 간섭을 극히 싫어하고 알아서 처리하려는 편의주의적 문화가 넓게 퍼져 있는 상황이거든요. 조직 자체가 특수하다는 생각과 지시 복종 관계를 강화하려는 생각이 맞물린 편의주의 역시 주요 원인 중 하나라고 생각합니다.

이런 편의주의 때문에 군 인권 문제가 발생하면 원인을 밝히기보다는 그 사건만 처리하려는 경향이 있습니다. 최근에 사망한 채 상병 사건도, 채 상병에 대한 처우만 처리하고 당시 같이 물에 빠졌다 살아난 동료 병사들에 대해서는 아무 관심이 없습니다. 왜 물에 빠졌는지에 대해 전혀 조사를 하지 않으니 그 후에도 똑같은 일이 계속해서 반복되는 거죠.

외부의 관심이나 견제가 있으면 이러한 문제를 고칠 텐데, 다들 군은 어쩔 수 없다고 생각해서 다시 원래대로 돌아가 버립니다. 군과 관련된 아주 좋은 비유 하나가 있습니다. 화장실 가기 전에는 급하고, 화장실은 꼭 가야 하며, 갔다 와서 다시 화장실을 쳐다보는 사람은 없다는 말이 있는데, 이것이 꼭 현재의 군대와 같습니다(웃음).

Q. 군 인권과 관련해서 군인권센터나 변호사님께서 현재 진행 중이거나 처리 중인 사건도 있으신지요?

이예람 중사 사건도 현재 진행 중인데, 피해자 법률 대리를 제가 진행하고, 군인권센터도 계속해서 유족 지원을 하고 있습니다. 특검이 기소한 사건에 관해서 대다수 피고인에 대한 1심 선고가 이루어졌는데, 아직까지도 장례를 치르지 못했네요. 이예람 중사 아버님께서는 납득할 만한 결과가 나와야 장례가 가능하다는 입장이어서 현재 사체가 분당 수도병원에 안치되어 있고, 아버님은 아직도 장례식장에서 숙식을 하고 계셔서 상당히 마음이 아픕니다.

군 인권 사건은 한번 침해가 이루어지면 회복이 불가능하다는 특징이 있습니다. 이예람 중사 사건은 군사법제도에 관해서 집중적으로 국민들이 인식하게 된 계기가 된 사건인데, 저도 군법무관으로서 제도의 일원이었지만 상당히 안타까워요. 국민 일반이 가지는 사법제도의 기대치가 있는데, 군사법제도에 대한 기대치는 그에 미치지 못해서 정말 씁쓸합니다.

두 번째는 변희수 하사 사건인데, 변희수 하사의 전역 처분 취소 인사소청부터 소송까지 제가 대리했습니다. 군은 국방력을 강화하고 전투력을 보존해야 하는데, 변희수 하사 사건은 이와 정반대로 처리했다고 생각합니다. 제가 옆에서 본 변 하사는 군만 생각하는 훌륭한 군인이었습니다. 변 하사처럼 자기 업무를 성실히 하는 참군인을 성적 지향 하나만으로 쳐내 버려 오히려 전투력을 약화시킨 안타까운 사건이지요.

세 번째는, 채 상병 관련 사건입니다. 현재 채 상병과 같이 물에 빠졌다가 살아나온 동료 병사를 제가 대리하고 있습니다. 군사법원법이 개정되어서 사망 사건은 경찰이 관할을 가지게 되었으니 군이 사건에 대한 자료나 정보를 제대로 제공해야 하는데, 오히려 국방부에서 범죄 혐의를 줄여서 이첩대상자를 다르게 판단하는 간섭을 한, 정말 말도 안 되는 사건이지요.

군사법원법 개정을 주도했던 국방부가 오히려 개정법의 취지에 반대되는 행위를 한 것입니다. 동료 병사도 50미터 이상 떠내려가다가 구사일생으로 구조되었는데, 그 친구는 살아난 죄책감으로 밤마다 꿈에 채 상병이 나와 괴로워하고 있었습니다. 당시 빠진 물이 흙탕물이었는데도 부대에서 병원 한번 데려가지 않는 등 살아난 병사들에 대해서 아무런 조치도 하지 않아서, 결국 전역하는 날 사단장을 공수처에 고소하게 되었습니다.

저는 위 세 사건이 질적으로는 다 비슷한 사건이라고 봅니다. 하지만 군이 지금도 문제의 근본적 원인이 무엇인지 전혀 고민하고 있지 않아서, 앞으로도 개선이 이루어지지 않을 것 같아 슬프네요.

Q. 우리나라의 군 인권 관련 제도나 법령은 선진국에 비추어 볼 때 어느 정도 수준이라고 보시는지요?

제가 아는 수준에서만 말씀을 드리면 우리나라가 군 관련 법령에서 제일 많이 모델로 삼는 법은 미국의 법입니다. 미국은 파병도 많고, 군사법 문제도 많아서 제일 액티브하게 법령들이 바뀌기 때문입니다. 군 인권 관련 법령이라고 하면 절차 보장 법령과 보상 법령으로 나뉘는데, 우리나라의 보상 법령은 미국 등 선진국에 비추어 볼 때 정말 많이 미흡합니다.

우리나라는 군에서 다치거나 사망한 사람은 전역 이후에 공상임을 피해자가 입증해서 국방부나 보훈처에 보상신청을 해야 하는데, 미국은 반대로 군 복무 시기에 다치거나 사망하면 원칙적으로 공상으로 추정하고, 개인적인 귀책임을 국가가 입증해야 합니다. 전역한 사람이나 유족에겐 자료가 전혀 없기 때문에 공상 입증이 정말 어려워서, 이러한 입증 책임의 부담 차이가 가져오는 결과는 매우 큽니다.

그리고 우리나라는 대만과도 많이 비교됩니다. 대만은 최근 5년 이내에 군 인권 관련 법이 굉장히 많이 개선되어서 현재는 미국 수준으로 올라갔다고 평가되고 있습니다.

Q. 우리나라에서 시급히 개선해야 할 제도나 정책이 있다면 무엇이라고 생각하시는지요?

우리나라는 군 인권 문제 개선의 계속적인 노력이 있다기보다는, 특정 사건이 있을 때 잠깐 이슈화되는 정도라는 점이 문제인 것 같습니다. 군 사망 사고와 관련해서 유족들이 군의 조사 결과를 전혀 신뢰하지 못하니 상시로 조사할 수 있는 기구가 필요한데, 진상규명위원회가 법률상 기간 연장이 안 되어서 결국 없어지게 되어 정말 안타깝습니다.

군인권보호관이라는 제도도 있지만 국가인권위원회라는 조직의 내부 조직이라서 활동에 한계가 많고, 보호관별 역량에 따라서도 차이가 많은 것 같습니다. 독일은 군인권보호관이 의회의 독립적인 기구로 되어 있는데, 우리나라도 추후 제도적 손질이 꼭 필요해 보입니다.

Q. 현재 제도 및 정책 개선 활동이 진행되고 있는 것이 있는지요?

　잘 아시다시피 군인의 사망의 경우, 이중배상금지원칙이 적용됩니다. 해당 군인 자체의 권리에 관해서는 이중배상금지원칙이 맞을 수도 있지만, 유족 고유의 위자료 권리는 별개의 권리인데도 현재는 이중배상 범주에 속하는 것으로 법률에 규정되어 있어서 법원에서도 인정이 안 되고 있습니다. 군인인 자녀가 다친 부모는 별도의 위자료 청구권을 가지는데, 사망한 군인의 부모에게 위자료가 인정되지 않는 것은 전혀 형평성에 맞지가 않습니다. 정부도 이는 불합리하다고 보고, 현재 개정안이 발의되어서 국회에서 논의 중에 있습니다.

Q. 군은 일종의 특별권력관계여서 아무래도 인권 문제에는 취약할 수밖에 없고, 인권이 너무 강조되면 군이 제 역할이나 기능을 할 수 없다는 주장도 있는 것 같습니다. 어떻게 생각하시는지요?

　그것은 정말 오래된 옛날식 발상이라고 생각합니다. 제가 군 생활하면서 경험을 한 바로도 그렇고 정훈 계통에서 조사해 본 바로도 마찬가지인데, 인류가 겪은 전쟁을 분석해 보면 제일 열심히 싸우는 병사들은 중산층의 정상적 가정에서 자란 병사들입니다. 명령이나 강제에서 전투력이 발휘되는 것이 아니라 오히려 합리적인 지시와 조직에 대한 신뢰를 통해 동기가 부여되어 열심히 훈련도 하고 임무도 수행하게 된다는 말입니다. 즉, 이렇게 자율성을 강조하는 것이 진정한 국방력 강화인 것이지 특별권력관계가 인권보다 더 중요하다는 취지의 반론은 저는 전혀 말이 안 된다고 생각합니다.

Q. 여태까지 하셨던 활동 중에 가장 보람 있었던 일이나 가장 힘들었던 일은 어떤 것이었는지요?

아까도 말씀드렸지만 변희수 하사 사건이 가장 마음 아픕니다. 살아만 있었으면 얼마나 좋았을까요. 변 하사 관련 소송은 결국 변 하사 사망 후 법원이 굉장히 이례적으로 유족에게 수계를 허가하여 결국 전역 처분 취소 판결까지 선고해 주었습니다만, 정작 당사자가 없어서 공허했습니다. 국방부가 법령상 군인이 갖추어야 할 신체적 조건에 미달한다고 하여 의무 심사를 통해서 현역 부적합 판정을 하고 전역 처분을 한 것인데도, 변 하사는 끝까지 인사소청에서 받아들여질 거라고 믿었습니다. 하지만 결국 인사소청이 기각되어 법원까지 가게 되었죠. 변 하사는 빨리 군에 돌아가서 복무하고 싶다는 말을 계속했었고, 결국 우울증이 깊어지더니 극단적 선택을 한 것 같아 너무 안타깝습니다.

Q. 지방변호사회나 변호사협회에 바라시는 점은 없으신가요?

변협에서도 관심을 가지고 계신 것은 알고 있습니다. 활동이 계속

이어질 수 있게 앞으로도 실질적인 관심을 가져 주시기 바랍니다.

Q. 변호사 본업도 하시면서 공익 활동도 앞장서서 하시는 모습이 많은 서울회 회원 변호사님들에게 귀감이 될 것 같습니다. 앞으로의 계획이나 포부는 어 떠신지요?

군에서 사망한 군인에 대한 보상에 대한 기본법은 군인사법인데, 군인사법이 너무 불합리하다고 생각됩니다. 특히 사망한 군인에 대한 처우가 너무 미진하다고 생각되어서, 군인사법 개정을 추진해 보고 싶은 포부가 있습니다. 변호사 생활의 희망 사항이자 꿈 중 하나로 삼 고, 언젠가 반드시 제도 개선이 이루어지길 바랍니다.

신탁 분야 전문가

오상민 변호사

Q. 안녕하세요. 바쁘실 텐데 시간 내어 주셔서 대단히 감사드립니다. 우선 간단한 자기소개 부탁드립니다.

저는 '와이앤에스 법률사무소'에서 구성원 변호사로 있는 오상민 변호사입니다. 고려대학교 법과대학 법학과를 졸업하였고, 동 대학원에서 형법으로 석사 학위를 받았으며, '현대산업개발'과 '한국토지신탁'에서 근무하던 중 한양대학교 법학전문대학원에 합격하여 제1회 변호사시험에 합격한 뒤 '하나자산신탁'에서 사내변호사와 감사팀장으로 근무하다 현재는 퇴사하여 개업변호사로 활동하고 있습니다.

Q. 개업변호사로서 신탁 분야 실무를 많이 하고 있으신데, 신탁 분야를 전문으로 하게 된 계기가 있으실까요?

처음부터 신탁 분야를 전문으로 하려고 했던 것은 아니고, 제가 로스쿨에 입학하기 전 '한국토지신탁'에서 근무할 때 신탁 업무를 했었습니다. 그 당시만 하더라도 신탁이라는 것이 일반인들에게 많이 알려지지 않았고, 이를 전문적으로 다루는 변호사님도 매우 적었습니다. 그래서 신탁 분야를 전문화하면 나중에 발전 가능성이 높겠다는 생각을 막연히 하게 되었습니다. 변호사시험 합격 후 '하나자산신탁'에서 사내변호사와 감사팀장으로 오랜 기간 근무하면서 신탁에 대한 이해가 높아지게 되었는데, 그러다 보니 개업 후에도 신탁과 관련된 사건이나 자문으로 의뢰인들께서 저를 많이 찾아오셨습니다. 또한 다른 변호사님이나 법무법인에서도 자문이나 소송 관련 협업 등을 하자는 제안이 종종 들어오다 보니 자연스레 신탁 분야가 저의 강점으로 자리 잡은 것 같습니다.

Q. 개업변호사로서 신탁 분야를 전문으로 하는 매력이나 메리트, 혹은 발전 가능성을 알고 싶습니다.

일본의 어느 학자가 "신탁은 대륙법계 국가에서는 물 위에 떠 있는 기름같이 이질적인 존재"하고 말했을 정도로 신탁은 대한민국 법체계에서 이질적인, 영미법의 특성을 제대로 보여 주는 제도입니다. 이러한 특성으로 신탁은 매우 유연하며, 신탁계약으로 각자의 상황에 맞는 다양한 설계가 가능해 현재 다양한 분야에서 신탁이 많이 활용되고 있습니다. 대륙법계의 법인제도에 비해 중세시대 때부터 유래하는 신탁제도는 그 역사가 오래된 만큼 활용 범위가 무궁무진하고, 앞으로 신탁이 일상생활 곳곳에서 활용되는 시대가 조만간 도래할 것입니다.

Q. 지금까지 담당하신 신탁 사건 중 특히 기억에 남는 사례가 있으실까요?

특별히 기억에 더 남는 사례는 1심과 2심에서 전부 패소한 판결을 3심에서 뒤집은 사건입니다. 제가 '하나자산신탁'에 사내변호사로서 입사했을 때 1심과 2심 모두 하나자산신탁이 패소하고 3심을 진행 중인 사건이 있었습니다. 그런데 살펴보니 1심과 2심에서 신탁회사로서 주장할 만한 내용을 모두 주장하고 패소해야 억울함이 없는데, 그렇지 못한 상태였습니다. 그래서 제가 기존 주장을 모두 바꿔 새롭게 법리 주장을 다시 하여 대법원에서 '하나자산신탁'이 승소했고, 그 뒤로 유사 사건에서는 부동산 신탁회사가 모두 승소하였던 사건이 생각납니다. 수분양자에게는 불리한 대법원 판결이지만, 신탁업계에서는 유명한 판결이어서 저에게 많이 기억에 남습니다.

Q. '신탁의 신_오상민 변호사'라는 유튜브 채널을 운영하고 있으신데요. 변호사로서 유튜브 채널을 어떻게 활용하시는지요?

유튜브 채널을 개설한 첫 번째 목적은 사건 수임과 연결되게 하는 것이었고, 두 번째 목적은 신탁에 대한 정확한 정보를 드리기 위함이었습니다. 상담을 하다 보니 신탁에 대한 이해가 부족해 안타까운 피해를 보신 분들이 많다는 것을 알게 되었거든요. 그리고 제가 강의를 하거나 책을 저술하는 것을 좋아하는 것도 유튜브 개설 이유 중 하나입니다. 제가 채널을 개설한 지 6개월 정도 되었는데, 아직 조회 수나 구독자 수가 많지는 않습니다. 아무래도 '신탁'이라는 주제로만 한정하다 보니 그런 것 같은데, 지금은 '신탁' 이외의 주제에 대해서도 영상을 올리고 있습니다. 특이한 점은 유튜브를 통해 '신탁'과 관련된 상담이 정말 많이 들어오고 있다는 점인데, 아마 '신탁'과 관련하여 어려움을 겪고 계신 분들이 제 영상을 찾아보시기 때문인 것 같습니다. 그래서 조회 수나 구독자 수가 많지 않은 반면, 정말로 찾아오실 분은 오시는 것 같습니다.

Q. 변호사님은 전문성뿐 아니라 실제 의뢰인, 잠재적 의뢰인들과 적극적으로 소통하려 하고, 연구 및 강의를 잘하시는 재능도 있으신 것 같습니다. 본인 이 생각하는 강점은 무엇인지 궁금합니다.

처음 '현대산업개발'과 '한국토지신탁'에서 직장 생활을 할 때 제가 맡았던 업무는 타 부서가 진행하는 업무에 대해 법적 검토를 하고 법무팀 의견을 기재하는 업무였습니다. 솔직히 회사 업무도 잘 모르는 데다 고시 공부만 한 제가 그러한 업무를 맡아서 처리하기에는 매우 벅찼습니다. 제가 잘 모르면 아무 법률 의견도 달 수 없고, 엉터리 의견을 달면 타 부서에 망신이다 보니 하루하루 긴장의 연속이었는데, 다행히 좋은 팀장님을 만나 많은 가르침을 받을 수 있었고, 저도 많이 노력했던 것 같습니다. 그렇게 시간이 지나고 회사 업무에 익숙해지다 보니 반복되는 의견들이 있는 것을 알게 되었습니다. 회사 내부 통신망에 이를 정리하여 게재하면 직원들에게 도움이 되고 저도 업무가 편하겠다는 생각에 문답식으로 이를 정리하여 올린 것을 시초로 직원들의 반응이 좋자, 회사에서 이를 좀 더 보완해 업무 매뉴얼로 만들자고 했습니다. 이렇게 나온 업무 매뉴얼 책자를 회사가 신입 직원들의 연수 교재로 활용하면서 제가 신입 직원 연수 강사로도 활동하였습니다. 이와 같은 경험들이 축적되면서 차츰 저도 재미를 붙이게 되었고, 회사 업무가 아닌 다른 분야나 영역에서도 이와 동일하거나 유사하게 활동하다 보니 지금에 이르게 된 것 같습니다.

Q. 쌍둥이 육아를 적극적으로 돕고 계신다고 들었습니다. 육아에 고민이 있으신 변호사님들께 경험담과 조언을 부탁드립니다.

제가 늦은 나이에 결혼하고 결혼 후 3년 만에 아이가 생겼는데, 마침 아들딸 쌍둥이였습니다. 그 당시 저는 회사에 다니고 있었고, 맞벌이를 하는 아내는 다행히 회사에서 3년간 육아 휴직을 받아 육아에만 전념했습니다. 그런데 아내의 육아 휴직 기간이 끝나고 복직할 무렵, 양가 부모님들이 너무 나이가 많고 지병이 있어 아이를 돌봐 줄 수 있는 상황이 되지 못해 기존에 아내와 함께 아이를 돌봐 주시던 이모님이 쌍둥이를 봐 주시기로 했습니다. 그런데 24시간 내내 엄마가 곁에 있었던 쌍둥이들이 엄마가 출근을 하게 되자 한 달 만에 표정이 너무 달라지고 어두워지는 것을 목격했습니다. 그래서 제가 더 나이가 들기 전에 개업을 하고 쌍둥이들 곁에 있자는 생각에서 회사를 그만두게 되었고, 퇴직 후 두 달간은 제가 전업으로 육아를 했습니다. 그때 쌍둥이들이 아빠가 아닌 엄마만 찾았는데, 말은 못 해도 그 당시 24시간 내내 자신들 곁에 있는 사람이 아빠라는 것을 알았던 것 같습니다. 얼마 되지 않아 아내도 회사를 그만두고 지금은 쌍둥이들 육아에만 전념하고 있는데, 그와 같은 결단을 해 준 아내에게 많이 고맙습니다. 쌍둥이들이 너무 밝게 자라고 있어 제가 그 당시 개업을 한 건 잘한 선택이었다고 자부합니다.

Q. 2024년 새해 새로운 계획이 있으신가요?

사실 육아와 일을 병행하다 보니 육아와 일의 경계가 모호해지는 경향이 있고 아이들이 잘 때 일을 하는 경우가 많습니다. 그러다 보니 제가 살도 많이 찌고 건강도 많이 나빠졌는데, 새해에는 운동을 다시 시작해 건강을 챙기려고 합니다. 그리고 박사 과정을 수료만 하고 아직 논문을 쓰지 못하고 있는데, 박사 논문도 완성하고 신탁과 관련된 책을 출간하고 싶습니다.

Q. 마지막으로 개업을 꿈꾸는 청년 변호사들에게 조언 한 말씀 부탁드립니다.

개업에 대해 너무 겁을 내거나 두려워하지 않았으면 좋겠습니다. 제가 '하나자산신탁'에서 사내변호사와 감사팀장으로 근무하면서 신탁 관련 지식은 누구보다 많다고 자부했지만, 막상 다른 법률 분야에 대한 지식이나 송무에 대한 경험은 많지 않았습니다. 게다가 주변에 개업한 친구들이 더 나이가 들면 개업하지 못한다는 얘기를 할 때마다 개업을 하기는 해야겠지만 누가 나한테 사건을 줄 것인지 막막했습니다. 그렇게 개업을 계속 미루다 개업을 결심한 것은 오로지 쌍둥이들 육아 때문이었습니다. 일단 개업을 해서 부딪혀 보고 정 안 되면 다시 회사로 취업하거나 법무법인에 들어가서 좀 더 송무에 대한 경험을 쌓자는 생각에서 아무 대책 없이 개업을 시작했습니다. 물론 저에게는 '신탁'이라는 전문 분야가 있어 개업을 하는 과정이 남들보다 다소 쉬울 수는 있었겠지만, '신탁'만으로 제가 여기까지 올 수 있었다고 생각하지는 않습니다. 개업 초기 많은 경험을 쌓기 위해 신탁 이외의 각종 사건을 직접 맡아 처리하였고 심지어 부동산등기, 공탁, 법원경매 등의 업무도 직접 처리하면서 다양한 사건 경험을 축적했습니다. 물론 처음 맡는 유형의 사건인 경우 서투르기도 하였지만, 그렇게 어느 정도 다양한 사건 경험이 많이 축적되다 보니 사건을 바라보는 관점이 풍부해졌고 의뢰인에게 상담을 하거나 자문을 할 때 폭넓게 얘기할 수 있어 의뢰인들이 더욱 만족하는 것 같습니다.

'나우 공익변호사 대상' 수상

이주언 변호사

Q. 얼마 전 나우 10주년 공익변호사 대상을 받은 이주언 변호사를 만났습니다. 인터뷰 응해 주셔서 감사합니다. 간단한 소개 부탁드립니다.

안녕하세요! 저는 이주언입니다. 사법연수원을 41기로 수료했고, '법무법인 정평(현 법무법인 JP)'에서 변호사를 시작하였습니다. 2015년부터 '사단법인 두루'에서 공익전업변호사로 활동하고 있는데, 현재는 부산 지역에서 활동하고 있습니다. 두 아이의 엄마이기도 하고요. 얼마 전 공익변호사들을 꾸준히 지원해 주신 법조공익모임 나우로부터 과분하게 큰 상을 받아서 아직도 얼떨떨하고 조심스럽습니다. 나우와 축하해 주신 많은 분들께 진심으로 감사드립니다.

Q. 로펌에 계시다가 공익전담변호사로 일하게 되셨는데, 계기가 있으신가요?

변호사가 되기 위해서 공부할 때부터 조영래 변호사님의 인권 옹호 활동에 영향을 많이 받아 저도 그런 활동을 하고 싶다고 막연히 생각했습니다. 사법연수원에서도 인권법학회 활동을 하면서 진로에 대해 고민했지만, 제가 학교와 사법연수원의 울타리 속에만 있던지라 법학 외에 다른 배움이나 경험이 너무 부족했기 때문에 다양한 사건을 통해 세상을 더 배우고 경험하고 싶어서 로펌을 선택했습니다. 로펌의 변호사 생활도 나름 재밌고 유익했지만, 더 길어지면 원래 하고 싶었던 일을 하기가 어려울 것 같아서 로펌을 그만두고 나와서 현재 공익변호사의 길을 가고 있습니다.

Q. 그동안 여러 공익 사건에서 승소하였는데, 특별히 기억에 남는 사건이 있나요?

'재단법인 동천'에서 변호사 실무 수습을 할 때 조력했던 난민 사건 항소심에서 승소했는데, 제 첫 공익 사건이라 기뻤던 기억이 생생하게 남아 있습니다. 그 사건의 의뢰인이 승소 후 한국에서 딸을 낳았는데, 그 딸의 한국 이름을 제가 지어 드렸고, 지금도 친하게 지내고 있습니다.

'두루'에서는 차별구제소송을 주로 하는데, 시각·청각 장애인들을 대리하여 영화 상영업체들을 상대로 자막과 화면 해설의 제공을 청구하는 '모두의 영화관 소송', 휠체어를 이용하는 장애인들이 편의점을 이용할 수 있도록 편의시설 설치를 요구하는 '모두의 1층 소송'이 대표적으로 승소한 사건입니다. 여러 변호사들, 활동가들과 힘을 모아서 진행했고, 아직 대법원에 소송이 계속 중입니다.

Q. 장애 인권 개선을 위하여 어떤 법제도 개선이 필요한가요?

한 사람의 장애인이 일생을 살아가는 동안 장애 유형과 시기에 따라 여러 장벽에 부딪히기 때문에 개선되어야 할 부분이 참 많은데요. 일일이 열거하기는 어려울 것 같고, 저는 우리 사회의 보편적인 정책과 제도에서 장애인을 배제하지 않고 접근성을 보장하는 것 그리고 특히 장애인에게 불리하거나 중요한 영역에서는 특별한 지원을 하는 것, 이 이중 트랙 접근이 필요하다고 생각합니다.

Q. 부산 지역에서 공익전담변호사로 일하고 계신데, 주로 어떤 영역에서 활동하고 계신가요? 다양한 네트워크가 형성되어 있나요?

2022년 봄에 부산에 왔으니 아직 2년이 안 되었네요. 부산이 고향이지만, 대학 생활부터 시작해 20년을 서울에서 지내서 처음 부산에 왔을 때 모든 게 낯설었습니다. 어디서부터 시작해야 할지도 좀 막막했고요. 하지만 공익전업변호사가 지역에 거의 없다 보니 많이 반겨주셨습니다. 장애인, 아동, 이주민, 노동, 빈곤, 환경 이슈 등 다양한 영역의 인권단체들과 네트워크를 조금씩 만들고 있습니다.

Q. 지역 공익변호사 현황과 어려움에 대하여도 말씀 부탁드립니다.

서울에서는 제가 속한 두루 안에서만 14명의 공익전업변호사가 있어서 저는 장애팀에서 주로 장애인 관련 활동을 하였고, 서울과 수도권에 150여 명의 공익변호사들이 있어서 분업과 협업이 가능했습니다. 현재 부산에는 저 말고 먼저 부산에서 활동을 시작한 공익변호사님 한 분이 계시는데, 이미 많이 소진되셨더라고요. 한두 명이 감당하다가는 저도 같이 금방 소진될 수 있겠다는 생각이 들었습니다. 물론 저희만 일을 하는 것은 아니고 프로보노로 활동해 주시는 훌륭한 변호사님들이 계시는데, 알음알음 친분으로 연결되는 상황이라 체계적이고 지속 가능한 공익 활동에 대한 고민이 있습니다.

Q. 공익변호사의 활동이 전국으로 확대되기 위하여는 어떤 제도 개선이나 인 프라 마련이 필요한가요?

공익전업변호사들은 영리 활동을 하지 않고, 사회의 취약계층, 소수 자들을 위한 권익 옹호 활동에 매진하기 때문에 재정적 안정성을 갖 추기가 매우 어렵습니다. 공익전업변호사를 지원하는 기금이 적은 숫 자지만 있는데, 전국적으로 더 확대되면 좋겠습니다. 서울지방변호사 회의 공익전업변호사 지원이 좋은 예라고 생각합니다. 앞으로도 서울 지방변호사회의 선도적인 역할을 기대하겠습니다.

공익변호사단체는 변호사들이 구성원인 비영리단체인데, 현재 변호 사법이나 비영리단체에 관한 법률 모두에서 공익변호사단체의 특수성 이 고려되지 못하고 있습니다. 그리고 공익변호사단체들이 후원을 받 거나 공모사업에 지원해서 사업비를 받게 되면 업무의 특성상 대부분 공익변호사의 인건비로 지출됩니다. 하지만 아직 후원이나 공익사업 지원은 복지의 관점에서 수혜자의 숫자나 지원 성과(양)를 중요하게 생각하는 것 같습니다. 공익변호사들의 활동은 직접적인 지원보다는 제도 개선을 통해서 해당 제도와 관련된 많은 사람들의 삶을 변화시 키게 된다는 점을 고려해서 이러한 활동에 대한 지원이 더 강화되면 좋겠습니다.

Q. 일하면서 힘들 때도 많을 텐데, 극복하는 나만의 노하우가 있나요?

원래 낙천적인 편이라 일하면서 다른 사람보다는 덜 힘든 것 같습니다. 그래도 힘들 때는 주로 사람들로부터 에너지를 얻습니다. 인복이 많아서인지 힘들다고 말하면 진심으로 걱정해 주고 위로와 응원을 해 주는 사람들이 주변에 많아 지금까지 큰 탈 없이 일할 수 있었다고 생각합니다.

Q. 끝으로 변호사님의 향후 계획이나 포부에 대하여 말씀 부탁드립니다.

저는 요즘 "다리가 되고 싶다"는 생각을 많이 합니다. 이 '다리'는 두 가지 의미가 있습니다. 첫 번째는 튼튼한 두 다리로 뛰어다니는 공익법 활동가를 뜻합니다. 아직 '두루'가 공식적인 분사무소를 개소할 형편은 아니지만, 저는 현장에 직접 가는 것을 좋아해서 주로 인권단체들을 찾아다니면서 일을 하고 있는데요. 이러한 현재 제 모습은 공익법 활동가에 가깝다고 생각합니다.

두 번째는 공익법 활동을 연결하고, 촉진시키는 다리의 역할입니다. 공익법 지원이 필요한 인권단체 또는 소수자, 공익법 지원이 가능한 변호사 등 전문가들을 이어 주는 체계를 만들고 싶습니다. 그 체계가 튼튼해지려면 공익전업변호사도, 프로보노 활동을 하는 변호사도 더 많아져야 합니다. 지역에서 이런 체계가 만들어지면 지방 소멸 문제에도 도움이 되지 않을까 생각하고 있습니다.

기술 범죄 전문 수사관

김지언 변호사

Q. 김지언 변호사님이 기술경찰이 되게 된 배경은 무엇인가요?

로스쿨 재학 중 행정고시(기술고시)에 합격하였고, 직후 변호사시험도 합격하였으나, 바로 특허청에 입사했습니다. 2014년 7월부터 특허청에서 심사업무, 국제업무 등을 담당하던 중, 2021년 2월에 IP와 영업비밀에 대한 형사적 보호가 주 업무인 기술경찰로 임명받게 되었습니다. 신생 조직이었던 기술경찰 조직에서 선후배들과 동고동락하며 IP 수사 경험을 쌓아 나갔고, 점점 수사관으로서의 자신감을 키워 왔습니다. 이제는 IP에 대한 정확한 이해에 더하여 형사로서 날카로운 육감까지 갖춰 나가고 있습니다.

Q. 기술경찰로서 인상에 남았던 사건은 무엇인가요?

국정원으로부터 한 중견기업의 반도체 연구원 두 명이 중국으로 이직했다는 첩보를 받아 수사를 시작한 사건이 있습니다. 처음에는 아무런 기술 유출 증거도 없어 매우 어려웠지만, 다양한 방법으로 유출 의심 증거를 수집했습니다. 이 과정에서 이들이 한국으로 들어올 것으로 예상된다는 정보를 입수하여 입국한 직후, 자택 등에서 압수수색을 진행하였습니다.

수사를 하며 사건의 본질이 드러났습니다. 단순 이직이 아니라 대기업 간부로부터 사주를 받아 중국으로 이직한 것이었습니다. 구체적으로, 대기업 간부가 임원 승진에 실패하자 앙심을 품고 중국 기업과 동업 약정을 맺은 뒤 한국 연구원들을 유인하여 이직시키고, 이어 자신도 중국으로 가서 투자를 받아 사업을 키울 계획이었는데, 거기엔 중국 정부의 반도체 소재기술 자국화를 위한 막대한 투자가 연결되어 있었습니다. 이로 인해 대기업 직원들도 연루되면서 사건의 범위는 더욱 확대되었습니다. 더욱이 이 사건은 해외에 영업비밀 기술을 유출한 것으로, 국가핵심기술까지 관련되어 있었습니다.

2022년 이 사건을 집중적으로 수사하여 결과적으로 3명을 사전 구속하는 데 성공했습니다. 특허청으로선 첫 구속이었고, 2021년 7월에 발족한 특허청 기술경찰과로서도 매우 고무적인 성과였습니다. 이 성과로 기술경찰과 국정원 간의 관계도 좋아지게 되었고, 특허청의 기술유출 양형 기준 강화를 위한 추진, 특허청의 방첩기관화에도 기폭제가 되었으며, 제가 이 사건에서 보인 노력으로 인해 2023년 연말에 특허청에서 대통령 기관 표창을 받게 되었습니다.

Q. 기술경찰로서 받는 교육에는 어떤 것들이 있나요?

법무부 법무연수원에서 기술경찰 교육을 정기적으로 받고 있습니다. 특히 과학 수사에 필수적인 포렌식 분석 교육은 검찰에서 진행되며, 포렌식 분석 장비를 구입할 경우 해당 개발업체에서 직접 교육을 제공하기도 합니다. 제 경우, 위 언급한 교육 외에도 좀 더 체계적인 학습 체계가 필요하다고 생각되어 2022년 3월에 기술 침해 형사실무 연구회를 발족하였고, 내부적으로 형사 수사 실무를 공유하고 학습

합니다. 정기적으로 외부 강사를 초청하여 강의를 듣는 등 지속적으로 실무 지식을 업데이트하고 있습니다. 일반 경찰과의 교류를 통해 그들의 수사 사례를 듣고 경험을 나누는 것도 중요한 학습 방법 중 하나입니다.

Q. 일반 경찰 사건과 기술경찰 사건 처리에서 어떤 차이점이 있나요?

일반 경찰 사건과 기술경찰 사건 처리에서는 몇 가지 중요한 차이점이 있습니다. 특히 IP 침해 사건은 해당 IP가 유효한지부터 판단해야 합니다. 등록된 IP라 할지라도 무효 사유가 있을 경우, 그 권리는 인정되지 않으므로 침해 사실 자체를 수사할 수 없게 됩니다. 무효 사유가 없다 하더라도 권리자가 주장하는 내용이 IP의 권리 범위에 속하는지를 판단하는 과정이 필요합니다. 이 과정에서 사건 당사자는 권리 범위 확인 심판을 요청할 수도 있습니다.

기술경찰의 침해 판단과 특허심판원에서의 권리 범위 확인 심판은 거의 비슷한 과정을 거칩니다. 이는 일반 경찰 사건 처리와 다른 특별한 점 중 하나로, 심판 절차나 공방을 거쳐 나온 심결의 내용은 수사 결과와도 밀접한 관련이 있습니다. 검찰 역시 기술경찰과 독립된 기관이므로 독자적인 판단을 할 수 있지만, 기술경찰의 판단과 검찰의 판단이 달라지는 것은 바람직하지 않습니다. 따라서, 특허심판원의 권리 범위 확인 심판이나 무효 심판 등의 절차가 진행 중일 때는 잠시 대기하며 상황을 지켜보는 입장을 취하기도 합니다.

Q. 수사 과정에서 특히 어려움을 겪는 부분이 있다면 어떤 점인가요?

IP 사건을 다룰 때 가장 큰 어려움 중 하나는 피해 금액 산정입니다. IP 자체의 가치를 매기는 것도 어려울 뿐만 아니라 회사 운영에 여러 요소가 관련되어 있기 때문에, 쟁점이 된 IP나 영업 비밀이 회사에 미치는 영향과 경제적 피해의 정확한 인과관계를 설정하는 것이 까다롭습니다. 피의자는 피해가 없다고 주장할 수 있고, 회사는 그 기술이 핵심적이라고 반박해야 하죠. 형사사건에서 피해 금액은 손해배상과는 다르지만, 양형에서 매우 중요한 요소인데, 이를 정확히 산정하기 어렵다는 점이 큰 도전입니다.

또한, 수사권이 확대되는 상황에서 인력 부족도 큰 문제입니다. 현장 조사가 필요한 사건마다 출동해야 하고, 때로는 거친 대상자들과 대면도 불가피해서 상황을 제압하고 대응하는 것이 힘듭니다. 한 사람당 많은 사건을 담당해야 하고, 현장 방문이나 대상자 대응에 많은 시간과 노력이 소요되며, 이는 실질적인 업무 부담으로 이어집니다. 더군다나 사건 처리 지연으로 인한 항의와 민원에 대응하는 것도 큰 부담입니다.

Q. 영업비밀보호와 산업기술보호에 대한 수사 범위에 관련해 아쉬운 점이 있나요?

네, 실제로 산업기술보호법은 우리의 수사 범위에 포함되지 않아 아쉬움이 큽니다. 우리는 주로 부정경쟁방지법에 근거한 수사를 진행합니다. 산업기술보호법 사건들은 주로 일반 경찰이나 검찰에서 다루고 있죠. 특히, 산업기술이 국가핵심기술에 해당하는 경우에도 우리에게 직접 수사할 권한이 없어 그 부분이 특히 아쉽습니다. 사건이 영업비밀과 국가핵심기술 양쪽에 속할 때 수사를 진행하긴 하지만, 법 적용은 결국 검찰에서 이뤄집니다.

또한 고소인이 변호사 없이 접수하는 경우, 영업비밀보호와 관련 없는 다양한 정보를 제출하는 경우가 많아 수사 과정에서 관련 없는 정보를 걸러내는 데 많은 시간이 소요됩니다. 산업기술과 달리 부정경쟁방지법상 영업 비밀은 비공지성과 비밀관리성 같은 요건들이 필요하여, 공지된 기술인 경우 영업 비밀로 취급되지 않습니다. 때문에 유출된 기술이 산업 기술에 해당할 수 있는데도 불구하고, 우리에게 수사권이 없어 이를 다룰 수 없습니다. 이는 종종 고소인에게 추가 설명을 해 주고, 다른 기관에 사건을 이송할 수밖에 없는 상황으로 이어집니다.

Q. 수사 과정에서 변호사의 역할과 중요성에 대해 어떻게 생각하십니까?

변호사의 참여는 수사 과정의 효율성과 정확성을 크게 높입니다. 변호사가 사건의 복잡한 쟁점을 명확히 이해하고, 증거를 체계적으로 정리하여 제출하기 때문입니다. 이 과정은 수사관이 증거를 분석하고 사건을 이해하는 데 큰 도움을 줍니다. 고소인에게도 법적 절차가 부담스럽고 스트레스가 될 수 있는데, 변호사의 도움으로 이러한 부담을 줄일 수 있습니다.

변호사는 수사 과정에 필요한 증거를 효율적으로 취합하고, 법적 문맥에 맞게 정리해 제공합니다. 변호사와 기술자가 협력하여 특정 기술의 법적 측면을 명확히 해석하고, 이를 증거로 제출한 사례를 개인적으로 험한 적이 있습니다. 이런 협력은 복잡한 특허나 영업 비밀 침해 사건에서 특히 중요한데, 기술적 지식과 법적 해석의 결합이 필수적입니다. 변호사와 기술자의 협력을 통해 구축된 증거는 사건의 판결이나 수사 결과에 직접적으로 영향을 미치며, 이는 수사 결과의 질을 높이는 결정적인 요소가 됩니다.

Q. 향후 경력을 살려서 해 보고 싶은 일은 무엇인가요?

수사관으로서의 경험을 통해, 이미 발생한 침해 사건에 대응하는 것이 엎질러진 물을 닦아 내는 것과 같은 작업임을 깨달았습니다. 이로 인해, IP와 영업비밀보호를 위한 예방적 조치의 중요성을 더욱 강하게 인식하게 되었습니다. 저는 앞으로 이 분야에서 보호 전략과 보안 정책 설계에 기여하고 싶습니다.

IP 법률시장에서 변호사와 변리사의 역할에 대한 전통적인 구분이 있지만, 제 생각에는 전 과정을 아우르는 포괄적인 접근이 필요합니다. 예방과 보호 메커니즘을 효과적으로 구현하기 위해서는 IP 설계부터 심판, 민사와 형사 절차까지 깊은 이해가 필수적입니다.

기업들도 IP에 관련한 복합적인 예방 및 보호 메커니즘을 이해하고 접근할 수 있어야 합니다. 저는 심사관, 수사관이자 변호사로서의 경험을 살려, IP 권리화 초기 단계부터 침해 발생 시 심판 및 민·형사 대응까지 전 과정을 아울러 전략을 수립하는 일을 해 보고 싶습니다. 이를 위해 필요한 자료를 제작할 수 있다면 좋겠고, 널리 교육할 기회가 있길 바랍니다.

건설 관련 전자책 출간

김용우 변호사

Q. 안녕하세요. 인터뷰에 응해 주셔서 감사합니다. 간단한 자기소개를 부탁드립니다.

저는 '법무법인(유) 바른', '건설부동산 그룹'에서 일하는 김용우 변호사라고 합니다. 사법연수원 41기이고, 2013년에 수료한 후 법조인으로 일한 지는 이제 막 10년이 넘었네요. 공익법무관으로 전역한 후 현재 일하는 법인에서 건설이나 시행 관련 각종 송무, 자문 및 각종 행정업무 등을 다양한 일을 담당하고 있습니다.

Q. 최근 '엘박스'에 건설 관련 전자책들을 게재하셨는데, 전자책을 선택한 이유가 있으실까요?

2019년쯤인가요, 저와 막역한 고지훈 변호사가 요새 하도급법 때문에 골치가 아픈데, 당시 공개가 된 공정위 심결과 서울고법 판례 등을 모아서 실무자에게 도움이 되는 하도급법 책을 함께 쓰자고 하셨습니다. 시간을 쪼개 집필하고, 지인, 법인의 변호사님이나 고객분들에게 한 권, 한 권 드렸는데요. 대부분 동일한 반응이었습니다. 한 10초 정도 쭉 살펴보신 후 '열심히 하셨네요', 또는 '목차가 좋네요'라고 하신 후에 끝이었죠. 이후에 책을 단 한 번이라도 직접 펼쳐 보시고 활용한 분은 10% 미만일 겁니다. 심지어 책을 쓴 저조차도 책을 꺼내 보기 싫더라고요. 미약한 홍보는 될 수 있겠지만 실제로 그 책을 통해 도움을 받으실 분들은, 냉정하게 말해 없었습니다.

반면 기왕에 쓴 책 출판을 해야만 하는 저로서는 '을'의 입장에서 어렵게 출판사에 컨택해서 판권을 넘기거나 몇백 부를 의무 구매해서 사무실 한편을 보관 창고로 내어 줘야 했습니다(물론 저와 달리 명성이 있으신 변호사님은 다르실 겁니다(웃음)). 단 한 권을 내는데 상당한 많은 시간과 비용이 들 수밖에 없었습니다. 서너 번의 탈고를 거쳐 책을 낼 무렵에는 또 각종 지침 등이 또 바뀌어서 책을 내자마자 또 개정판을 내야 할 상황이었죠. 아무리 따져봐도 영 수지가 안 맞았습니다.

개정판을 고민할 때쯤, 반복은 하기 싫더라고요. 그때 제게 보인 것이 전자책입니다. 그럴듯한 양장본의 법률 서적이 아니라, PDF 형식의 전자책을 네이버 스마트스토어에서 판매하고 실제로 돈 버는 강의도 있었는데요. 판권을 출판사에 넘기지 않아 활용할 수 있어서 좋다고 생각했습니다. 다만, 저희 책은 법무팀 실무자들이 참고하면 좋아서 스마트스토어보다는 전문 플랫폼이 나을 것 같은데요. 그때 생각난 것이 '엘박스'였습니다. 당시 '엘박스'가 주석서를 런칭할 무렵이었는데요. 저를 비롯한 후배 변호사, 즉 실무를 많이 하는 변호사가 많이 쓰는 플랫폼이었습니다. 제 졸저를 경력이 상당한 법관들께서 고생하셔서 만든 주석서 옆에 두는 것이 과연 가능할지 의문이 들었는데요. 일단 안 돼도 물어나 보자는 심정으로 '엘박스'에 연락을 했는데, '엘박스'에서 관심을 보이셨고, 미팅 진행 후 몇 달 후에 '엘박스'를 통해 런칭하게 됐습니다.

Q. 출간한 전자책과 기존의 책과 다른 점이 있을까요?

『억울한 하도급 심플한 정리법』(약칭, '억하심정')과 『건설을 한다면 알고 갈 기본법』(약칭, '건설알기') 두 권의 책을 올려 두었는데요. 하도급거래 공정화에 관한 법률과 건설산업기본법을 쉽게 풀어쓴 책이라고 보시면 됩니다. 건설알기 책은 저희 법인의 권오준(42기), 김추(43기) 변호사와 함께 쓰고 물심양면으로 많은 도움을 받았습니다. 전자책이 기존의 방식과 다른 점은 크게 3가지로 말씀드릴 수 있을 것 같습니다.

첫째로, 항상 최신입니다. 왜냐하면 계속 업데이트를 새로 해서 매달 반영되기 때문입니다. 법령, 지침이 바뀌거나 중요 판결 심결례가 나오거나 유관기관의 가이드라인, 그 밖의 시의성이 있는 이슈가 있으면 해당 내용을 계속 반영합니다. 적어도 최신 버전인지 여부를 다시 확인하지 않으셔도 됩니다.

두 번째로, 접근성입니다. 일단 '엘박스'를 통해 두어 번의 클릭만으로도 해당 내용에 바로 접근할 수 있고, 키워드 검색으로 문제 되는 지점에 바로 접근할 수 있습니다. 언급된 판례 등도 모두 링크가 심겨 있습니다. 판례번호나 지침명을 입력해 따로 확인할 필요가 없고, 필요한 서식 또한 링크로 달아 두었습니다.

세 번째로, 현재 진행형입니다. 지금 미약한 부분은 계속 보완할 예정입니다. 그 작업이 향후 임계점을 넘게 되면 모든 이슈가 책에 찾아 있을 겁니다. 해당 내용을 다 다루지 못하면 링크를 통해 원문을 확인할 수 있습니다. 쉽게 말해 하도급법과 건설산업기본법과 관련해서는 위 책들이 작은 플랫폼이 되는 것이지요.

장기적으로는 나무위키와 같이 건설, 하도급과 관련해서 누구나 정보를 교류할 수 있는 장이 될 수 있기를 원합니다. 어느 분이라도 책을 수정하거나 보완하실 수 있는 방향으로 전환하는 방식 또한 향후 고려할 예정입니다.

Q. 베트남에 중견 근무 파견 근무를 다녀오신 경험이 궁금합니다.

네, 제가 유학을 신청할 당시에 저희 법인에서 파견 근무로 제도가 변경됐습니다. 원래 미국 유학을 준비했는데, 갑자기 왠지 베트남이 좋아 보이더라고요. 베트남 하노이 현지 사무실이 있는 곳에 인연이 닿아서, 현지 사무실에 상주하면서 회사에서 추진하던 골프장 인허가 과정을 옆에서 지켜봤습니다.

한국에서도 직접 인허가 현장을 뛰어 본 적이 없는데, 베트남은 더욱 생소했습니다. 베트남 공무원들이랑 직접 담판을 짓고 협상하는 법을 배웠고, 베트남 법을 찾아보고 로컬 로펌 등과 협업하면서 법 외적으로도 많은 것을 배웠습니다. 제가 직접 베트남 법을 체크할 수 있는 노하우는 배워 온 것 같습니다.

Q. 최근 미국 변호사 자격을 취득하셨는데, 취득하신 경위 및 준비하신 과정을 나누어 주실 수 있을까요?

베트남 파견 근무를 할 때였는데요. 갑자기 코로나19가 터지면서 집에서 외출조차 허용되지 않게 되었습니다. 공안들이 밖에서 지키고 있으니 하루에 한 번 식료품을 사기 위한 외출 외에는 허용되지 않았습니다. 그때 뭘 해야 하다가 생각난 것이 영어 공부나 제대로 해 보자는 것인데요, 업무를 하다 보니 영어가 아쉬웠거든요. 그냥 하면 목표가 없을 것 같아서 미국 변호사 공부로 해 보았습니다. 문제는 코로나19가 장기화하면서 미국에서도 변호사시험을 개최조차 못 하는 상황이었습니다. 결국 저도 포기했습니다.

한국에 복귀해서 일하는데, 미국 수백 년의 변호사시험 역사상 최초로 'Remote 시험을 개최하겠다'는 이메일을 받게 되었습니다. 달리 생각해 보면 미국에 안 가도, 즉 돈을 안 써도 시험을 볼 수 있구나 싶어서 웬 떡이냐 싶어 다시 준비했습니다. 최초로 응시한 시험에서 1점 차로 아쉽게 탈락하였고, 그다음 시험에서 합격했습니다. 기억이 나는 것이 자정 12시에 시작한 시험이 새벽 7시 반에 끝나서 아침을 먹고 잤던 기억이 있습니다. 코로나19가 장기화되면서 미국 변호사 윤리시험도 한국에서 치르고, Illinois 주 대법관님들 앞에서 원격으로 선서도 할 수 있어서, 결국 미국에 한 번도 가 보지 않고 미국 변호사 자격을 취득하게 되었습니다. 미국 역사상 본토를 한 번도 밟아 보지 않은 미국 변호사가 있을까 싶네요.

Q. 리걸테크의 발전이 눈부십니다. 실무에서 법률 AI 등 적극적으로 활용하고 계신지요.

변호사 업무의 특성상 리걸테크를 직접 활용할 만한 일이 많지는 않습니다. 다만, '엘박스'에서 AI 러닝 훈련에 제 책들을 활용하시겠다고 하셨을 때, 어렵게 쓴 내용을 러닝머신에게 바쳐야 하나 고민이 들었는데요. 아무리 생각해도 법률 AI는 피할 수 없는 숙명인 것 같습니다. 피할 수 없다면 차라리 태풍의 눈에 들어가는 것이 맞겠지요(웃음).

일례로 초창기 서면에서의 과거 하급심 판례의 언급은 대형 로펌의 장점이었는데요. 허가를 받아 법원도서관에서 짧은 시간 안에 수기로 한정된 정보를 겨우 얻어 오거나 법원 관계자에게 간곡하게 부탁해서 확보할 수밖에 없었는데요. 지금은 로스쿨을 졸업한 지 얼마 되지 않은 초년생 변호사도 단 몇 시간 만에 유사한 하급심 판례를 찾아옵니다. 그러면 상대방도 다른 취지의 하급심 판례를 안 찾을 수가 없게 되는 것이지요. 과거처럼 '우리끼리만 아는 정보', '우리끼리만 보는 정보'는 유지되기 어렵습니다. 정보는 계속 보편화될 것이고 쉽게 접근될 겁니다. 오히려 보편화되지 않은 정보, 검색이 되지 않아 접근성이 떨어지는 정보는 그 가치가 줄어들 겁니다. 그런 정보를 잘 활용하는 것이 계속 변호사업을 하며 먹고 살아야 하는 숙명인 것 같습니다.

Q. 마지막으로 하고 싶은 말씀이 있다면 부탁드립니다.

제가 로펌에 입사할 때만 해도 사무실에서 벗어날 수가 없었습니다. 하지만 전자소송이 정착된 후로부터 사무실을 가득 채운 기록, 두꺼운 서류 가방, 골무로부터 해방되었고, 이제 노트북만 있으면 어디

서든 자유롭게 일할 수 있게 되었습니다. 나아가 팬데믹 때 도입된 영상 재판으로 재판 출석도 원격으로 가능해졌습니다. 그것이 용이한지 여부는 차치하더라도 이제 변호사 자격만 가지면 세계 어느 곳에서도 일할 수 있는 시기가 도래되었습니다. 각종 의료기기에 물리적으로 의존해야 하는 의사와 달리 변호사는 몸이 가볍습니다. 저는 장돌뱅이라고도 하는데요(웃음). 변호사는 디지털노마드를 실현하기 정말 좋은 직업입니다. 적어도 그런 면에서는 저는 변호사가 의사보다 좋은 것 같습니다. 다만, 변호사로서 그러한 장점을 잘 활용할지 말지는 각자에게 달린 것 같고, 조금만 살펴보면 기회는 많은 것 같습니다.

실효적인 대북정책 기획

통일부 이예은 변호사

대한민국은 헌법에서 자유민주적 기본질서에 입각한 평화적 통일을 지향함을 선언하고 있다. 남북 관계의 최전선이라고 할 수 있을 통일부와 법무부에서 경력을 쌓고, 지금도 북한에 대해 공부하며 통일, 대북정책의 실무자로 일하고 있는 이예은 변호사를 만났다.

Q. 안녕하세요. 인터뷰에 응해 주셔서 진심으로 감사드립니다. 간단한 자기소개 부탁드립니다.

안녕하세요. 이예은이라고 합니다. 변호사시험 4회이며, 5년여간 로펌에서 일하다가 2020년부터 공직에 입문하였습니다. 통일부와 법무부에서 임기제 공무원으로 있다가, 작년 말 통일부에 경력 채용되었습니다. 국가공무원인재개발원에서 9주간의 신임관리자 교육 과정을 마치고 현재 통일부에서 일하고 있습니다.

Q. 처음 통일부에서, 그리고 이후 법무부에서는 어떤 일을 하셨나요?

통일부에서는 통일법제지원팀이라는 곳에서 통일부 소관 법령 및 행정 규칙 제·개정 절차 지원, 소송·자문 관리, 규제심사 등의 업무를 했습니다. 이후 통일법과 관련된 경험과 전문성을 쌓고자 법무부 통일법무과로 이직하여 근무하였습니다. 법무부에서는 남북법령 연구, 남북 관계 및 통일 관련 법령안 검토, 북한이탈주민 법률지원, 기획 등의 업무를 수행했습니다.

Q. 통일부와 법무부에서 모두 통일이나 북한이탈주민 지원과 연관된 업무를 하셨는데, 특별한 계기가 있으셨나요?

특별한 계기나 결심이 있었던 것은 아닙니다. 다만, 할아버지가 이산가족이셔서 그런지 심적으로 통일이나 남북 교류에 대해 아직 당위적으로 생각하는 면이 있어요. 그리고 실제 일을 하며, 특히 북한이탈주민들을 직접 상대하며 보람을 많이 느꼈고, 더 많이 준비될 필요를 느꼈어요. 흔히 북한이탈주민을 '먼저 온 통일'이라고 합니다. 이들이 단순히 사회적 약자이기 때문에 관심을 갖는 것이 아니라, 북한이탈주민에 대한 현재 우리의 태도와 행동이 앞으로 실제 통일의 때에 보여 줄 우리의 모습과 역량이 된다는 것이죠. 이렇게 생각하니 갈 길이 멀어 보이지만 이 과정에 참여하고 싶고 조금이라도 기여할 수 있으면 좋겠다는 생각이 들었어요. 그렇게 대학원에도 진학하고 관련된 업무를 계속하기로 정했던 것 같아요.

Q. 변호사님들과도 다양한 협업을 하셨다고 들었습니다.

법무부에서 북한이탈주민 법률지원 업무를 담당하며 대한변호사협회와 함께 변호사님들을 대상으로 법률지원을 위한 교육을 몇 차례 진행했습니다. 매번 생각보다 많은 분들이 관심을 가져 주셨고, 연수 시간을 위해 교육을 들으셨다가도 이후 관심이 생겨 법률지원에 참여하시는 변호사님들도 계셨어요. 북한이탈주민들은 우리 사회에 대한 이해나 법적 지식이 다소 부족하고, 문화적 차이나 개인적인 트라우마 등이 작용하며, 일반 국민에 비해 법률지원에 보다 많은 에너지와 관심을 요합니다. 하지만 여러 여건상 변호사님들 개개인의 의지와 역량에 기대는 부분이 있었어요. 노력해 주시는 변호사님들께 늘 송구하고, 진심으로 감사한 마음을 가지고 있습니다.

Q. 통일부에서 법무부로 이직한 이유는 무엇인가요?

통일부에서 공직 시스템에 적응하는 것 업무 내용 자체는 로펌에서 수행한 것과 크게 다르지 않았기 때문에 업무에는 빠르게 적응했어요. 하지만 문제는 통일 업무에 임하는 마음가짐과 통일법에 대한 전문성이었죠. 입부 두 달 만에 남북연락사무소가 폭파되었어요. 사무실에서 생중계 화면을 보면서 '나는 누구, 여긴 어디'라는 생각이 들면서 어질어질하더라고요.

통일부는 헌법상 평화통일조항을 최전선에서 실행하며 세상 민감한 남북 관계를 다루는 부처이고, 저는 이것을 법적인 면에서 지원하는 역할이잖아요, 그런데 이런 막중한 자리에 필요한 사명감과 능력이 있는지에 대한 의문이 들었습니다. 막연한 관심과 안일한 마음가짐, 부족한 지식과 경험을 바로 세우고 싶더라고요.

이후 업무와 별개로 자체적으로 북한과 통일법에 대한 공부를 시작해 보았으나, 당시 돌 아기를 양육하며 별도로 공부를 하기엔 상황이 녹록지 않았습니다. 그때 마침 남북법령 및 통일법 연구를 수행하는 법무부 통일법무과에 자리가 열렸고 이직하게 되었습니다.

Q. 이전 로펌에서의 커리어가 공직에서의 업무에 도움을 준 부분이 있다면?

　법무법인 더함에서 5년여간 근무했어요. 로스쿨 졸업 후 바로 공익 영역으로 갈지, 실무 경험을 쌓을지 고민할 때 사회적경제 전문 신생 법률사무소의 일을 도와 달라는 제안을 받았습니다. 영리와 비영리의 경계에서 더불어 사는 사회를 꿈꾸는 회사의 목표에 이끌리어 어느덧 5년여를 몸담게 되었습니다.

　법무법인 더함은 일반적인 영리 로펌과는 달리 넓게 공익을 추구하는 같은 목적의 구성원들이 모였기 때문에 이후 완전한 공적 영역에 진입하고 적응하는 데에 어려움이 없었습니다. 또한 더함에서 제도 개선 연구용역과 비영리법인 설립·운영 관련 자문도 상대적으로 많이 수행한 덕에 입부 후 법령안 검토를 비롯해 비영리법인 감독 업무 등에도 유용한 자문을 제공할 수 있었습니다.

Q. 애초부터 공직을 목표하신 건 아닌 것 같습니다. 로펌에서 공직으로 이직하게 된 계기가 있으신가요?

　공익을 위해 일하고자 변호사가 되었기에 어떠한 방식으로 공익에 기여할 수 있을지 그리고 스스로의 성향과 적성에 대해서도 계속 고민을 했었습니다. 그러다 아이를 낳고 자신과의 약속을 지키고 도전하는 엄마의 모습을 보이고 싶다는 마음이 들었어요. 생업과 육아에 지쳐 현실에 안주하기 전에 결단을 내려야겠다는 생각도요.

그렇게 기도하던 중 우연한 기회로 통일부 채용 공고가 눈에 들어왔습니다. 그것도 서류 접수 마지막 날에요. 감사히 합격하였고, 더욱 감사하게는 공무원이 적성에 잘 맞고 특히 통일 분야에 종사하는 것에 정말 큰 목적의식과 많은 보람을 느끼면서 일하고 있어요.

Q. 많은 일이 기억에 남으시겠지만. 그래도 하셨던 일 중에 특별히 더 기억에 남거나 보람 있었던 일이 있으신지요?

법무부에서 북한이탈주민 법률지원 업무를 담당하면서, 하나원·하나센터 방문 법률 교육 및 상담부터, 변호사님들과 함께하는 북한이탈주민 대상 법률지원 제도 운영 등 북한이탈주민들과 변호사님들을 직접 만났던 순간들이 계속 기억에 남습니다. 북탈민 법률상담으로 시작해 같이 눈물 흘리며 인생 상담으로 마무리된 순간들, 대상자를 엄마 또는 친동생같이 여기며 때로는 위로로, 때로는 호된 훈계로 함께하시던 변호사님들… 많이 부족하지만 덕분에 신나고 보람차게 일했어요. 탁상공론이 아닌 현실에 부합하는 정책이 얼마나 중요한지 마음속 깊이 느끼게 되었고요. 꼭 다시 좋은 기회로 만나 뵐 수 있길 바랍니다.

Q. 주로 공공 분야에서 전문성을 쌓아 가고 계시는 것으로 보입니다. 이유가 있다면 어떤 것일까요.

오랜 시간 경험한 건 아니지만 공무원 생활이 제 가치관과 생활 방식에 잘 맞는 것 같아요. 직업 자체가 국가와 국민을 위해 봉사하고 공익을 실현하는 일인 데다 유일하게 헌법상 신분도 보장되잖아요. 좌고우면하지 않고 그저 현재 제게 주어진 상황에 최선을 다하면 된다는 점이 매력적이에요.

더불어, 개인적으로 현재 대한민국에 있는 많은 문제의 근본은 남북의 분단으로부터 비롯되었다고 생각하고 있어요. 극단의 이념적 대립과 경쟁의식 등이요. 자녀에게 어떤 나라를 물려주고 싶은지 생각해 봤을 때, 평화롭고 함께 잘 사는 대한민국을 떠올려요. 조금이라도 기여하고 싶습니다. 이를 위해 최전선에서, 가장 많이 그리고 깊이 관여할 수 있는 곳은 중앙행정부처에요. 소속되어 일하는 것만으로 책과 논문으로 배울 수 없는 지식과 경험, 정무적 감각들을 체득할 수 있어요.

Q. 일하시면서 애로 사항이나 단점도 있으실 것 같습니다.

보고와 결재 단계가 많다는 점이 조금은 적응하기 힘들었어요. 일반적으로 변호사들은 같이 일하는 파트너 변호사의 검토 또는 컨펌을 받고 서면, 의견서 제출 등을 진행하잖아요. 개인적으로는 5년 정도 로펌에 있으면서 어떤 영역은 제 선에서 마무리하는 경우도 많았는데, 갑자기 과장, 국장, 실장, 가끔은 장·차관 보고까지 결재 라인이 많아지니 익숙해지는 데 시간이 조금 걸렸어요.

직위가 높아질수록 그분들이 언제나 재석하신다는 보장도 없고 보고 순서가 밀려 기약이 없을 때도 있어요. 그렇게 몇 번 겪다 보니 업무 일정을 계획할 때 보고 일정을 감안해서 역으로 계획을 세우게 되더라고요. 이런 비효율성 등을 고려해서, 최근에는 부처별로 보고 방법과 양식에 변화를 주려고 많이 노력하는 것 같아요. 하지만 실무자가 해당 사안에 있어서는 가장 전문성 있고 경험이 많은데, 신속한 업무 처리가 필요한 경우에는 보고 방법과 양식의 변화가 필요하지 않나 싶어요.

Q. 행정부로 진로를 계획하고 계시는 변호사님들에게 조언을 하신다면 어떤 것이 있을까요?

국가공무원인재개발원에서 같이 교육받았던 경력 채용 합격자들 중 많은 수가 내로라하는 대기업에 다니시던 분들이에요. 의사와 한의사도 있습니다. 제 기수 중 30%는 변호사고요. 이런 분들이 급여는 물론이고 단순히 신분보장이나 안정성 때문에 공무원을 선택하시진 않았을 거예요. 실제로 대체 왜 공무원을 하시려고 하냐고 여쭤보면 대부분 공적 가치 추구와 국가 정책 기획에 대한 비전을 말씀하세요.

짧지만 두 개 중앙행정부처를 경험해 보니, 공익 실현이나 정책 기획 쪽에 관심이 있다면 충분히 고려해 볼 만한 진로인 것 같습니다. 적어도 위 두 목적은 다른 단점들을 충분히 커버할 만큼 효능감이 있어요. 경험해 보고 아니다 싶어 변호사 실무에 복귀하게 되더라도 행정부에서 일했던 경력과 경험은 분명히 좋은 자산이 될 것입니다.

Q. 앞으로의 계획이나 포부가 있으시다면 말씀 부탁드립니다.

일단 현재로서는 통일부에서 다시 한번 적응을 잘하고 제 몫을 해내는 것이 가장 중요한 목표입니다. 그리고 작년부터 북한대학원에서 공부를 시작했어요. 일-육아-학업 병행이 너무나 힘든 와중에도 대학원 공부가 실제 업무와 연관되고 업무 수행에 도움을 주다 보니 정말 재미있고 보람차더라고요. 북한을 잘 알고 그들의 언어와 의식에 대한 정확한 인식을 기반으로 실효적인 대북정책을 기획하고 실행하는 능력을 갖추는 것이 목표입니다.

그리고 한 가지 덧붙이고 싶은데, 현재 남북 관계가 매우 안 좋다 보니 북한과 관련 분야에 대한 기대와 관심이 현저히 낮아진 것 같아요. 하지만 주식도 시장이 파란색일 때 사라고 하잖아요. 이럴 때 준비하고 있다면 다시 불현듯 환경이 마련될 때 변곡점을 놓치지 않고 함께 역사적 순간을 불러올 수 있지 않을까요? 뜻이 맞는 동료들이 많이 생기길 바라는 간절한 마음을 전해 봅니다.

'코리아 R&D 패러독스' 극복

건국대학교 산학협력단 주현열 변호사

Q. 안녕하세요. 바쁘실 텐데 시간 내주셔서 대단히 감사드립니다. 우선 간단한 자기소개 부탁드립니다.

안녕하세요, 저는 건국대학교 감사실과 산학협력단에서 13년 차 사내변호사로 근무하고 있는 주현열 변호사입니다. 제가 2012년도에 처음 대학의 사내변호사로 채용되었을 때만 해도 대학에 변호사가 근무하는 것이 생소하였는데요, 지금은 주요 대학과 산학협력단에 상당히 많은 변호사님들이 근무하고 있습니다.

Q. 산학협력단은 어떤 곳인지요?

산학협력이라는 말은 산업체, 대학이 정부의 지원을 받으며 유기적으로 협력한다는 의미입니다. 각종 연구기관까지 포함하여 '산학연협력'이라고도 하는데, 두 용어 간에 유의미한 차이가 있지는 않습니다. 2003년에 기존 '산업교육진흥법'이 '산업교육진흥 및 산학협력촉진에 관한 법률', 즉 산학협력법으로 개정되면서 대학에 별도 법인으로 산학협력단을 둘 수 있는 근거가 마련되었습니다. 산학협력법은 산학협력 활동을 ① 산업체의 수요와 미래의 산업발전에 따르는 인력의 양성, ② 새로운 지식·기술의 창출 및 확산을 위한 연구·개발·사업화, ③ 산업체 등으로의 기술이전과 산업자문, ④ 인력, 시설·장비, 연구개발 정보 등 유형·무형의 보유 자원 공동 활용 등 4가지 유형으로 구분하고 있습니다. 2022년 기준 산학협력단은 359개로, 국내 전체

대학(411개)의 87.3%가 별도 법인으로 산학협력단을 운영하고 있습니다. 산학협력단은 연구과제나 용역과제의 형식으로 정부 및 산업체의 산학협력 계약을 체결·이행·관리하고, 그 결과물인 지식재산권에 대한 기술 이전과 사업화 촉진에 관한 업무 등을 수행합니다.

Q. 변호사님은 어떻게 해서 건국대학교 산학협력단에서 근무하시게 되셨는지요?

저는 2012년부터 대학 감사실 소속 직원으로 대학의 법무 업무를 수행하고 있었는데요, 산학협력단에 법무 업무 수요가 점차 증가하여 2020년부터는 대학에서 산학협력단으로 부서 이동을 하여 현재까지 근무를 하고 있습니다. 연구윤리센터도 겸직을 하고 있습니다.

Q. 산학협력단에서 변호사의 역할은 무엇인지요?

산학협력단에서 변호사가 수행하는 법무 업무의 범위는 상당히 광범위합니다. 우선, 산학협력단이 산업체 및 정부와 체결하는 각종 연구 개발, 연구용역 과제의 법적 이슈에 대해서 사전 검토를 합니다. 또한 정부 과제의 연구비 집행 과정에서 규정이나 지침에 위반되는 사항이 있으면 지원 기관이 연구비 환수, 연구 참여 제한 등 제재 처분을 하는데, 이에 대한 이의 제기 및 행정소송에도 관여합니다. 산학협력단이 보유하고 있는 각종 특허 및 노하우에 대한 기술 이전 및 사업화에 대한 법률자문도 수행하고, 산학협력단과 근로 계약을 체결하는 직원 및 연구원들의 노무 문제에 대해서도 자문을 하고 있습니다. 연구 지원 활동의 일환으로 산학협력단이 연구 윤리 업무를 수행하는 경우도 많은데요, 연구 논문의 표절, 부당 저자 표시, 중복 게재 등 연구윤리 위반 여부에 대한 검증, 인간 대상, 동물 및 생물 이용 연구 등의 법정심의위원회의 법률자문도 수행하고 있습니다.

Q. 산학협력 분야에서 변호사가 더 해야 할 역할은 무엇이라고 보시는지요?

산학협력 분야에서 변호사는 정부 및 국회의 산학협력 관련 정책 입안에 더 깊이 관여할 수 있고, 관여해야 하는 책무가 있다고 생각합니다. 우리나라 국가 R&D 정책의 비효율성을 비판하는 '코리아 R&D 패러독스'라는 용어가 있습니다. '코리아 R&D 패러독스'는 우리나라의 R&D 투자가 GDP 및 인구 대비 세계적으로 1~2위에 해당할 정도로 규모가 큰데, 그에 상응하는 경제적 성과를 내지 못하는 현상을 비판하는 용어입니다. 2022년 기준 정부 R&D 예산은 약 27조 4천억이고, 대학 산학협력단의 정부 지원금 수익은 6조 2,227억으로, 산학협력단이 정부 R&D 예산의 약 23%를 차지하는데요, '코리아 R&D 패러독스'를 극복하고 우리나라가 기술 강국으로 한 차원 높이 성장하기 위해서는 산학협력과 관련된 정책의 입안이 필수적입니다. 더욱 정교하고 효율적이면서도 안정적인 산학협력 정책을 입안하는 데에 변호사들의 역할이 반드시 필요하다고 생각합니다.

Q. 산학협력 분야는 아직까지는 변호사들에게 많이 알려지지는 않은 것 같은 데, 대학 외에 산학협력단이 별도로 필요한 이유는 무엇인지요?

산학협력단이 존재하기 이전에도 대학에서 많은 교수님들이 국가연구개발과제와 정부용역과제에 참여를 하고 있었지만, 대학 자체는 법인격이 부여되지 않기 때문에 학교법인이나 교수님 개인을 계약 당사자로 해야 하는 문제가 있었습니다. 그러한 문제 때문에 정부 재원의 연구비가 효율적으로 관리되지 못하고 연구비 유용이나 횡령 등 집행 비리가 발생하기도 했습니다. 그러한 문제점들을 방지하기 위하여 대학 내 산학협력단을 법인의 형태로 운영될 수 있게 하여 직접 계약의 당사자가 될 수 있게 하였고, 대학 내 모든 연구비를 산학협력단이 중앙 관리 하도록 법적 제도를 정비한 것입니다. 2022년 기준 사립대학의 등록금 의존율이 53.5%에 불과합니다. 이는 사립대학 운영비의 46.5%를 등록금 외의 수입으로 채워야 한다는 것을 의미하고요, 실제로 이미 산학협력단의 수입이 등록금 수입을 넘어선 대학들이 꽤 있습니다. 대학의 기업화 및 시장화는 세계적인 추세이고, 교수진 및 박사급 연구 인력 등 고급 R&D 인력의 허브인 대학과 산학협력단의 역할과 비중은 더욱 늘어날 것으로 예상됩니다.

Q. 외국과 비교할 때 우리나라의 산학협력 제도는 어느 정도 수준인지요?

2017년 김종운 교수님의 논문(대학의 역량과 내외부 자원이 교수 창업

성과에 미치는 영향)을 보면, MIT 대학이 창업한 30,200개 회사가 460만 명을 고용하면서 연 1.9조 달러의 매출액을 기록하고 있다고 합니다. 미국의 빅테크 기업들이 첨단 기술의 선두 자리를 굳건히 유지하고 있는 배경에는 대학 연구 인력들의 자유로운 창업 문화가 자리 잡고 있습니다. 우리나라도 정부 차원에서 대학 R&D 예산을 지원하고 있으며, 대학 소속의 교원과 연구원들이 창업을 할 수 있도록 다양한 제도를 지원하고 있는데, 규모와 시스템만 본다면 미국 등 선진국과 큰 차이가 없다는 평가가 일반적입니다. 다만, 우리나라는 창업 단계에서 '죽음의 계곡(valley of death)' 단계를 넘어서지 못하는 비율이 높습니다. 연구비가 지원되는 개발 초기 단계에서는 논문 발표나 특허가 출원되는 성과가 나타나지만, 이를 기반으로 제품 개발과 상용화에 이르지 못하는 비율이 상대적으로 높다는 의미입니다. 산학협력 제도의 외형화는 어느 정도 성과를 이루었으므로 이를 내실화하여 성과를 창출해 내야 하는 단계에 있다고 생각합니다.

Q. 우리나라의 산학협력 제도와 관련하여 시급히 개선되어야 할 사항은 무엇이라고 보시는지요?

산학협력단은 대학 내에서 이중의 지위를 갖고 있습니다. 즉, 별도 회계와 법인격을 가지고 독립적으로 운영되는 동시에, 대학 총장의 지휘·감독을 받는 대학 내 일개 부서의 성격을 갖는 것입니다. 심지어 대학의 주요 인사들은 산학협력단이 별도 법인으로 운영된다는 이유로 대학의 자원과 인프라를 공유하는데, 거부감을 갖는 경우도 있습니다. 정부나 지원기관이 산학협력단의 이중적 지위에 대한 깊이 있는 이해를 바탕으로 정교한 법제화를 할 필요가 있습니다. 예컨대, 현재 고등교육법 제15조는 대학 교수의 임무를 여전히 교육과 학문의 영역에 한정하고 있습니다. 산학협력단을 통하여 막대한 R&D 예산을 투입하고, 대학 교수의 특허 출원, 기술 이전, 창업 등 산학협력활동을 장려하고 있는 정책과 엇박자가 나고 있는 것입니다. 실제로 대학의 핵심 인적 자원인 교수님들이 '산학협력'을 교원의 고유의 임무로 인식하는 단계까지 나아가지 못하고 있다는 분석이 있고, 정부 주도의 산학협력 지원 정책이 의도한 성과를 충분히 달성하지 못하는 이유 중 중요한 부분으로 '대학 내 산학협력 문화 정착 및 확산의 한계'를 지적하는 연구도 있습니다.

Q. 산학협력 관련 일을 하시면서 기억에 남는 일도 많으셨을 것 같습니다. 보람이 있었던 일이나 힘들었던 일이 있다면 어떤 것이 있으셨는지요?

2021년 건국대 산학협력단이 정부로부터 1년간 입찰참가자격제한처분을 받은 적이 있습니다. 산학협력단의 입찰참가자격이 제한되면 건국대학교 소속 교수님들과 석·박사 대학원생 전체가 정부용역에 참여할 수 없게 됩니다. 석·박사 대학원생들은 정부용역에 참여하면서 받는 인건비로 학비와 생활비를 충당하는 경우가 많은데, 해당 처분으로 1년간 산학협력단이 수행하는 약 100억 상당의 정부용역 수행이 불가능해지므로, 교수님들과 학생들의 피해가 너무 많았습니다. 처분 직후 산학협력단은 행정소송을 제기하였고 집행정지 인용결정을 받아 임시적으로 용역수행은 가능한 상태였지만, 교수님들과 대학원생들이 행정소송 결과에 큰 영향을 받는 상황이라 저도 상당한 부담감이 있었습니다. 행정소송 1심에서는 산학협력단이 패소하였지만 항소심에서는 원심을 뒤집고 승소하였는데, 약 2년 반 동안 마음고생이 많았습니다. 다행히 항소심 결과가 좋아 보람도 있었습니다.

Q. 산학협력 분야에 관심이 있으신 변호사님들에게도 한 말씀 부탁드립니다.

산학협력은 단순히 대학 내부에 국한되는 업무는 아니고, 산학협력의 결과물인 특허 등의 기술을 기반으로 창업 및 기술 이전, IPO까지 연결되는 종합적이고 전방위적인 분야라고 할 수 있습니다. 현재 전국 산학협력단에는 산업체에 기술 이전이 가능한 가치 있는 특허들이 많이 있습니다. 산학협력단이 보유하고 있는 가치 있는 특허와 기술들이 세상에 빛을 발할 수 있도록 홍보해 주시면 감사하겠습니다. 또한 교수님들이 연구비를 집행함에 있어서 각종 규제들로 연구 활동에 제약이 있을 때가 많습니다. 공공 부문에서 활동하시는 변호사님들이 연구자들의 어려움에 대해서도 충분히 공감하고 이해해 주신다면, 연구비 비리를 예방하면서도 연구비의 효율적인 집행이 가능할 것으로 보입니다.

Q. 마지막으로 앞으로의 계획이나 포부에 대해서도 한 말씀 부탁드립니다.

　대학과 산학협력단 소속 변호사로 만 12년이 넘게 일한 경험을 바탕으로, 추후 대학 및 산학협력단 전문 변호사로 성장하고 싶습니다. 저는 현재 교육행정·경영전공으로 박사과정 3학기 재학 중인데요, 고등교육 및 산학협력 분야에서 이론과 실무에 정통한 변호사로서 정부의 정책에도 적극적으로 의견을 낼 수 있는 법조인이 되고 싶습니다.

조세 전문 로펌 설립

오형철 변호사

Q. 안녕하세요. 바쁘실 텐데 시간 내어 주셔서 대단히 감사드립니다. 우선 간단한 자기소개 부탁드립니다.

안녕하세요, 저는 '법무법인 시우'의 오형철 대표변호사입니다. 변호사가 된 이후 국세청과 조세심판원을 거쳐 3년 전에 '법무법인 시우'를 설립한 후 운영하고 있습니다. 최근에는 조세 분야뿐만 아니라 국제 업무에도 관심을 가지고 있어 중국, 일본, 베트남 미국, 캐나다 등의 전문가들과 다양한 업무를 수행하고 있습니다.

Q. 현재 조세 전문 변호사로 활동하고 계신데, 어떻게 해서 조세 분야를 선택하시게 되셨는지요?

변호사가 된 이후 우연히 조세 관련 자문을 하게 되었는데, 내용이 방대하고 어려웠습니다. 한참 고생해서 자문을 마치고 난 후, 이러한 내용을 모르고 법률자문에 임했으면 의뢰인이 큰 문제에 봉착했을 것 같더라고요. 그래서 세법을 아는 것이 좋은 변호사가 되기 위한 필수적인 자질이라고 생각하던 중 마침 국세청에서 변호사를 선발한다는 공고를 보고 지원하게 되었습니다. 운 좋게도 입직하게 되어 다양한 조세소송을 수행하는 것은 물론이거니와 국세청 공무원들과의 교류를 통해 국세행정을 조금이나마 이해할 수 있게 되었습니다.

Q. 국세청이나 조세심판원에서 변호사로서 어떤 업무를 하셨는지요?

저는 국세청에서는 송무과에 근무하였습니다. 국세청 송무과에서는 납세자들이 부과된 세금에 불복하여 소송까지 이르게 된 사건을 주로 다루었고요. 국세청 내부에서 과세하기 전에 적법한 과세인지 검토하는지에 대해서도 자문하였습니다. 현재도 국세청에서 100여 명의 변호사들이 국세 조사 및 불복 소송업무에 투입되어 있는 것으로 알고 있습니다.

조세심판원에서는 사건 조사 및 심리 담당 사무관으로 근무하였습니다. 조세심판원은 앞서 말씀드린 조세소송을 가기 위해 필수적으로 거쳐야 하는 전심 절차를 담당하는 기관입니다. 그러다 보니 1명의 심판관이 1년에 해결해야 하는 사건이 수천 건에 이르게 되는데요, 그런 심판관들의 판단을 돕기 위해 사건을 조사하고 1차 검토를 하는 업무를 하였습니다. 일종의 재판연구원 역할이라고 보시면 좋을 듯합니다. 조세소송에 앞서서 거쳐 가야 하는 절차인지라 가공되지 않은 세무상의 자료를 정리하고 이해하는 것이 반드시 수반되어야 하다 보니 고생을 좀 많이 했습니다. 그러나 그 덕에 전문적인 세무상의 자료들을 이해하고 다루는 법을 배울 수 있게 되었습니다.

Q. 앞으로 우리나라의 조세 분야에서 변호사님들이 더 역할을 해 주셔야 할 부분이 있다면 어떤 것이 있을까요?

아무래도 우리나라는 세무사와 회계사가 조세 분야에서 실무적인 부분을 담당하고 있었고, 변호사는 쟁송의 영역이나 법률사문의 영역에서만 머물러 있었던 것이 사실입니다.

그런 점에서는 조세 분야의 아주 일부만 변호사가 담당하고 있었던 것인데요. 사실 조세 분야의 주요 부분에 법률상 쟁점이 많다는 점을 고려한다면, 조세 실무에도 많은 변호사들이 진입할 필요가 있습니다. 그런 점에서 지난 10년간 국세청에서 재직하고 있는 변호사가 한 자릿수에서 100여 명 정도로 늘어난 것은 고무적이라고 할 수 있습니다.

그리고 과세 전 적부심이라고 해서 과세 전에 통지가 오면 적부심사를 신청할 수 있는 단계가 있는데, 이 단계에서도 변호사님들이 관여하셔서 일부 소명이 받아들여지는 경우들도 늘어나고 있습니다. 현재는 세무사님들이 많이 대리하고 계시지만, 장기적 관점에서 조세 분야에 관심이 있으신 변호사님들은 과세 전 적부심 단계에서부터 법률자문 및 대리를 해 보시는 것을 추천드립니다.

Q. 젊은 나이에 로펌 대표변호사도 맡고 계시는데, 로펌을 설립하시게 된 계기는 어떻게 되시는지요?

사실 저는 변호사가 되면서 언젠가는 법무법인을 설립하여 운영하고 싶다는 꿈을 가지고 있었습니다. 공직을 퇴직한 후 자리를 옮긴 로펌도 정말 좋은 직장이었습니다만, 주도적으로 조직을 만들어서 운영하고 싶다는 꿈을 포기할 수 없었습니다. 그리고 마침 같은 꿈을 꾸고 있는 훌륭한 동료 파트너 변호사들의 뜻이 모여 법인 설립에 이르게 되었습니다.

Q. 아까 말씀하신 중국, 일본, 베트남, 미국, 캐나다 등의 업무는 구체적으로 어떤 것이 있는지요?

상속, 이혼, 투자, 이민을 비롯해서 베트남 등 외국에 투자하는 조인트벤처 등의 업무가 주로 있는 것 같습니다. 그래서 베트남 등 업무가 많은 외국에 해외 사무소를 개설해 보려고 노력 중에 있습니다. 일본 업무의 경우, 제가 변호사 초기에 직접 일본에 가서 일본 로펌이나 일본 변호사님들께 직접 명함을 주고 일본과 한국 간 업무를 해 보자고 제안하여, 이후 관련 업무를 시작하게 된 점도 있습니다. 서울회의 젊은 변호사님들도 한번 이렇게 해 보시면 좋을 듯합니다(웃음).

Q. 로펌 설립 및 경영 과정에서 우여곡절도 많으셨을 것 같습니다. 기억에 남거나 힘들었던 경험이 있으셨으면 소개 부탁드립니다.

로펌 설립 당시가 가장 기억에 남습니다. 각 구성원들이 생각하는 이상적인 로펌의 형태에 대해, 운영 방침에 대해, 분배 방식에 대해 이야기를 나누기 위해 오후 1시에 모여 새벽 2시까지 합의서를 작성하다가 다 못 끝마치고 돌아간 것에 모자라 며칠에 걸쳐 합의서를 작성하였을 때 참 고단하면서도 즐거웠던 기억이 납니다.

그 이후에도 운영을 하면서 참 많은 회의를 하고, 사소한 것들 가지고도 소위 말하는 끝장 토론도 많이 하였습니다. 그 당시에 협의하였던 것들이 지금 와서 보면은 크게 중요하지 않았던 것들도 참 많았지만, 그럼에도 불구하고 그러한 과정이 있었기 때문에 구성원들 간의 신뢰와 이해가 깊어졌다고 생각합니다. 그래서 저희는 언젠가 해산할 때도 어떻게 정리할지까지 이미 다 대화를 통해 정해 놓았습니다(웃음).

로펌을 설립해서 시작을 해 보니 배분 문제를 포함해서 로펌을 통해서 이루고 싶은 목표, 꿈, 비전 등이 무엇인지 구성원 간에 깊고 많은 대화를 나누는 것이 정말 중요하다는 점을 깨닫게 되었습니다. 그런 부분에서 대화를 통해 서로 번갈아 가며 양보하면서 지속 가능한 경영을 할 수 있는지가 관건인 것 같습니다.

Q. 조세 분야에 관심이 있는 변호사님들이나 로펌 설립을 앞두고 있는 변호사님들에게 해 주고 싶으신 말씀이 있다면 부탁드립니다.

조세 분야는 여전히 시장 개척의 여지가 있는 영역입니다. 좋은 법률가가 되기 위해 어느 정도는 알아 두어야 하는 영역이기도 합니다. 매년 법령이 개정되어 법리적인 다툼이 많아 변호사로서의 역량을 발휘할 수 있는 분야이기도 하고요. 관심 있으신 분들은 주저 마시고 도전해 보시길 권해 드립니다.

로펌 설립은 힘들지만 보람되고 흥미진진한 일이라고 말씀드리고 싶습니다. 기존에 있는 로펌에 합류하는 것이 기성복이라고 한다면, 로펌을 설립한다는 것은 나만의 맞춤옷을 맞추는 것이라고 생각합니다. 비싸고 시간도 오래 걸리지만 그만큼 자신에게 맞는 편안한 조직이나 팀을 만드는 것이지요. 이런 점도 감안하여 로펌 설립에 도전하신다면 좋은 결과가 있을 것이라고 생각합니다.

Q. 앞으로의 계획이나 포부에 대해서도 한 말씀 부탁드립니다.

'법무법인 시우'는 설립된 지 3년 만에 임직원이 40명에 이를 정도로 빠르게 성장하였습니다. 또한 단순히 변호사의 수만 많아진 것이 아닌, 조세를 비롯하여 민사, 형사, 국제 거래, 회사, 지식재산권(IP), 회생·파산 등 취급 영역도 넓어지고 있습니다.

앞으로도 '법무법인 시우'는 전문성과 신뢰를 바탕으로 더욱 성장해나갈 계획입니다. 첫째로, 우리는 각 분야의 전문가들을 지속적으로 영입하여 고객들에게 보다 나은 법률 서비스를 제공할 것입니다. 둘째로, 국내뿐만 아니라 국제적인 법률 문제에 대응하기 위해 글로벌 네트워크를 강화할 것입니다. 이미 중국, 베트남, 미국, 캐나다 등지의 전문가들과 협력 관계를 맺고 있지만, 이를 더욱 확대하여 글로벌 기업들도 안심하고 의뢰할 수 있는 로펌으로 거듭나고자 합니다.

마지막으로, '법무법인 시우'는 사회적 책임을 다하는 로펌으로서 공익 활동과 법률지원을 통해 사회에 기여할 수 있는 방안을 지속적으로 모색할 것입니다. 법률 서비스의 접근성을 높이고 도움이 필요한 사람들에게 실질적인 도움을 줄 수 있는 다양한 프로그램을 개발하고 실행할 예정입니다.

이러한 목표를 통해 법무법인 시우는 고객들에게 신뢰받는 동반자로서 자리매김하고, 나아가 사회적 책임을 다하는 법무법인으로 성장해 나가고자 합니다.

영화사 대표에서 뮤지컬 각본까지

'창작인' 조광희 변호사

『인간의 법정』은 SF 법정 드라마라는 참신한 소재로 인간중심주의에 대한 근원적 질문을 던지면서도 드라마틱한 공감대를 자아낸다. 100년 후 미래 세계 법정에서, 주인(한시로)을 살해한 안드로이드 '아오'도 형사재판을 받을 수 있는지 첨예한 논쟁이 펼쳐진다. 뮤지컬계와 콘텐츠 산업계에서 먼저 호응했고, 세계에서도 선보일 예정이다. 원작 소설가이자 뮤지컬 각본가는 바로 조광희 변호사이다.

Q. 필모그래피를 보며 깜짝 놀랐습니다. 특히, 영화 〈멋진 하루〉란 영화는 제가 10번 넘게 본 국내 영화였습니다. 조 변호사님은 한국 영화계 영화인들이 꼭 기억하는 법조인이기도 합니다.

1994년부터 변호사로 활동했는데, 한국 영화계가 새롭게 도약할 때였습니다. 좋은 감독님들의 작품이 나오며 관심이 높아졌지만, 산업화 전 단계였죠. 저작권, 계약과 비즈니스 측면에서 새로운 시스템에 대한 니즈가 높아지던 딱 그 무렵입니다. 뭔가 좀 잘 맞은 거죠.

영화인들과 기틀을 잡는 작업을 했던 것이 90년대 말부터 2000년대 초반입니다. 2000년대 말에는 불법 다운로드가 기승을 부려서 영화시장에 큰 위기도 있었습니다. 제가 영화사 '봄' 대표로 있을 때인데, 불법 다운로드 때문에 영화를 제작해도 손익분기점이 나오지 않는 거예요. 투자도 위축되고 그럴 때가 있었습니다.

영화진흥법 제정, 스크린쿼터나 영화에 대한 사전검열제도 문제도 있었습니다.[4] 이제는 검열제도도 처리가 되었고 저작권 개념도 확산이 되었으며, 특히 계약은 상당히 정비가 되었잖아요. 무엇보다 한국 영화가 가끔 해외 영화제를 나가는 수준을 넘어서 굉장히 글로벌 하게 됐습니다. 한국이 세계적 콘텐츠 생산 기지가 되어 버린 것이죠. 팬데믹 때문에 영화관 자체만으로 보면 어렵지만, OTT가 기폭제로서 전 세계적 수요를 열었습니다.

---

4   조광희 변호사는 1995년 영화진흥법 제정 작업에 참여하면서 영화와 관한 법률 업무를 시작했다. 특히 2001년 영상물등급위원회 등급보류제(구 영화진흥법 제21조 제4항)의 위헌 결정을 이끌어 냈고, 그 전후의 위헌 결정들에도 직접적, 간접적으로 관여했다.

이제 와서 돌이켜 보면 확립되지 않은 것들이 확립되어가고, 위기를 잘 극복해 가면서 양적으로나 질적으로나 확대되어 왔던 과정인 것 같습니다.

Q. 『영화인들을 위한 법률가이드』(2003)는 영화인들의 필독서로 유명했습니다.

이제 오래된 책이지요. 영화에 법률자문을 한다는 개념 자체가 굉장히 드물 때 나왔으니까요. 영화를 쭉 자문하다 보니 실무적으로 어떻게 처리하면 좋을지 여러 경험들이 쌓였고, 이 내용을 공유하고 싶다는 마음으로 집필했어요. 각종 계약서 형식도 만들고, 내용도 구체화해서 예측 가능성을 높이고요. 미국 할리우드 영화 계약서 관련 자료도 살펴보며 우리 실정에 맞도록 도입했습니다.

그 책을 사지 않은 제작사가 없을 정도였던 것 같아요. 기본적 개념부터 기획, 개발, 파이낸싱, 프리 프러덕션, 제작, 마케팅, 배급, 표현의 자유, 국제 계약 등까지 다루었으니까요. 옛날에는 영화계에서 필요한 계약서 자체를 만드는 게 다 일이었어요. 이제는 경험 많은 영화인들은 그 정도는 다 알아서 하고, 이제는 국제 계약이나 투자 계약, 외국 배우 캐스팅 등 보다 복잡하고 어려운 내용으로 변호사를 찾아와요.

Q. 최근 소설과 뮤지컬로 선보인 『인간의 법정』은 공감대와 반향을 불러일으켰습니다. 인간이 '아오'를 폐기 처분 하기로 결정하자, '아오'의 변호사 호

윤표는 폐기 처분 취소의 소를 제기하면서 집행정지 신청을 합니다. 호 변호사는 왜 '아오'에게도 형사재판을 받을 권리가 있다고 주장한 걸까요?

처음에는 안드로이드가 주인을 살해하고 형사재판을 받는 이야기를 쓰고 싶었지만, 정작 안드로이드가 피고인이 될 자격이 없는 겁니다. 그래서 안드로이드가 인간의 법정에 설 자격이 있는지 쟁점이 되는 스토리로 구상했어요. '아오'의 변호사 호윤표는 인간 이외의 존재에게도 열린 마음을 가진 사람이에요. 반대로 경찰청 변호사 서인구는 안드로이드를 인간처럼 대우하길 원치 않고 엄격하게 관리해야 한다고 보죠. 안드로이드가 의식을 가지고 자유를 주장하게 된다면, 노예 상태를 벗어난 해방운동처럼 사회의 불안 요소로 존립을 위협한다고 보는 겁니다.

기존 법에서 '아오'는 어쨌든 물건이잖아요. 동물권 쟁점도 있지만, 법적으로 인정받기 전까지는 동물도 그냥 물건이고요. 심지어 '아오'는 유기체도 아닌 기계니까 더욱 그렇죠. 인간의 관점에서 '아오'는 폐기 처분의 대상이지만, 호윤표 변호사의 주장은 새롭죠. 의식을 갖추고 인간성의 중요한 부분을 공유하는데, 단순히 폐기 처분의 대상이라고 볼 수 있냐고 문제 제기 하는 거죠. 헌법이 보장한 질서에 따라서 재판을 받을 권리를 주장하는 겁니다.

Q. 『인간의 법정』에서 '아오'란 도대체 어떤 존재였나요? 배우들은 어떻게 연기를 하던가요?

'아오'는 원래 아무 생각이 없었어요. 굉장히 많은 지식을 갖추었지만 제조 후 출고된 지 얼마 지나지 않았고, 삶에 대한 경험이 없어요. 의식생성기 장착 후 자신이 누구인지 찾고, 재판을 받으며 계속 성장합니다. 결국 '아오'가 하고 싶었던 말은 "객체로 취급하지 말고, 주체로 봐 주세요."라는 거예요.

마침 뮤지컬에서 '아오' 역할을 맡은 배우들은 모두 젊었어요.[5] 배우들이 각자 생각한 '아오'에 대해 솔직히 잘 모르겠지만, 핵심은 다 이해를 하고 연기했죠. 작가로서 소설도 집필하고 뮤지컬 각본도 썼기 때문에 작가가 생각한 '아오'와 배우가 표현하는 '아오'가 아주 다를 거라고 생각하지 않았는데, 실제 배우들이 해석해서 표현한 걸 보니 느낌이 참 다르더라고요.

Q. 미래 세계에서 벌어지는 인간의 법정을 굉장히 클래식 하게 표현하면서도 결말을 그렇게 마무리한 이유는 무엇인가요?

사람을 이론적으로 설득하는 것은 학문적으로 하는 일이고, 사람의 감정을 터치하는 것은 예술이에요. 해피 엔딩으로 마무리해선 감정을 터치할 수 없잖아요. 비극적으로 끝낼 수 있길 바랐어요. 100년 후 헌법도 진화할 것이고, 좀 더 진전된 생태적 헌법 체제하에서 가능한 법적 공방이 있지 않을까 하고 상상해 봤어요. 미래 세계지만 재

---

5 뮤지컬 〈인간의 법정〉(2022)에서 주인공 안드로이드 '아오' 역할을 맡은 배우는 총 네 명이다. 빅스(VIXX)의 이재환(1992), SF9의 유태양(1997), 류찬열(1999), 최하람(2001).

판 자체는 굉장히 절차적이고 클래식 하게, 현재 재판처럼 진행되도록 묘사한 이유가 있어요. 50년 전이나 100년 후라면 굉장히 무언가 많이 바뀔 것 같다고 여기죠. 어떤 부분은 굉장히 크게 변하더라도 뜻밖에 별로 바뀌지 않는 것도 있어요. 정보통신 기술이 비약적으로 발전하면서 엄청나게 세상이 바뀌었지만, 잘 살펴보면 삶이 그렇게 많이 바뀌었나 싶은 부분도 있거든요. 100년 후라도, 현재 법과 비슷한 부분이 많이 남아 있을 거예요. 고대의 로마법부터 현재까지 법들은 어느 날 갑자기 창조된 것이 아니라 굉장히 오랜 역사 속에서 인간들이 탐구해서 만들어 왔던 거죠. 그렇다면 나름대로 합리성을 갖춘 법은 미래 세계에서도 상당 기간 계속될 것 같거든요. 100년 후라고 해서 재판제도가 많이 바뀔까요? 그때라고 해서 가처분제도나 행정소송이 없어질 것 같지도 않아요. 시대에 맞게 세부적으로 바뀐 것도 있겠지만, 계약의 원리나 불법행위론 같은 근본이 바뀌진 않을 거예요.

Q. 결말을 보며 허망한 마음과 함께 '아오'에 대한 연민감이 들었습니다. 이 결말 이후 인간의 세상에 작은 변화라도 있었을까요?

루돌프 폰 예링의 『권리를 위한 투쟁』에 따르면, 법의 역사는 힘센 사람들이 권리와 자유를 독점한 세계에서 그렇지 못했던 사람들이 권리와 자유를 찾아가는 과정이에요. 노예들이 해방되고 여성들이 참정권을 가지게 된 것처럼, 투쟁을 통해서 권리를 찾아가는 과정이 수백 년, 수천 년 동안 법의 역사였을 거예요. 인간이란 개념도 가변적입니다. 옛날에 어린아이, 여자, 노예, 노동자들의 인권은 보장되지 않았죠. 현재 시점에서 인간 외 존재로 규정된 동물이든, 안드로이드이든 긴 역사적 과정 속에서 자신의 권리를 위해 투쟁하는 이야기를 쓰고 싶었어요. 물론 소설에서 다룬 첫 번째 법률 투쟁에서는 주인공이 졌지요. 하지만 모두 진 것은 아니에요. 여파가 있고, 동조자가 생길 수 있으니까요. 한 번, 두 번, 세 번 두드리다 보면 어느 순간에 변화가 생길지도 모르지요. 원래 역사는 나선형으로 발전한다고 하니까.

Q. 뮤지컬은 어떻게 하게 된 건가요? 게다가 뮤지컬 각본가로 데뷔까지 하셨죠.

장소영 음악감독님이 뮤지컬로 제안했는데, 뜻밖이었어요. 각본도 직접 써 보는 게 좋겠다고 해서 썼는데, 만만치 않았어요. 창작 뮤지컬은 영화와 달리 매우 많은 인물이 등장할 수도 없고 공간도 다양하게 만들기 어렵기 때문에 인물과 공간을 제작진과 미리 합의한 대로 대폭 줄여서 영화 각본처럼 쓰고, 계속 피드백을 받으며 뮤지컬 형식에 맞게 수정을 했어요. 대사에 운율을 넣기도 하고, 배우가 아리아를 불렀으면 좋겠다고 하면 또 그렇게 삽입하고요. 제작진의 도움 없이 혼자서 할 수 있는 일은 아니었어요. 젊었을 때 시를 습작했던 경험을 살려 쉬운 시를 쓴다는 느낌으로 가사를 쓰기도 했지요.

Q. 법률가로서 소설의 문장이나 뮤지컬의 언어를 쓰는 데 어려움은 없으셨나요?

정답이 있는 건 아닌 것 같아요. 문학이라서 모호하거나 화려하게 쓰거나 이런 것은 아닌 것 같고요. 변호사를 오래 했다는 것이 문장에 영향을 주지만, 그렇다고 해서 법률가의 언어를 구사해서는 안 되잖아요? 불명료한 문장은 취향이 아니에요. 준비 서면이 아니라 소설을 쓰지만 '이왕이면 문장이 명료하면 좋겠다', '같은 말을 어렵게 하는 것은 싫고 똑같은 의미를 전달할 수 있다면 간결한 언어를 쓰자', '복문보다는 단문으로 쓰자' 이런 식으로 제 나름대로 문장에 대한 입장이 있어요.

Q. 소설 출간과 뮤지컬 공연을 마치고 현재 시점에서 작가로서 갖는 소감은요?

시의적절했던 것 같아요. 천천히 고민해서 2030년쯤 내면 좋겠다는 게 아니라, 아이디어가 있으면 빨리 열심히 써서 내겠다고 생각했어요. 인공지능 등에 대한 담론이 형성되는 현재 사회적 흐름에도 잘 맞았어요. 출간 후 원래 생각했던 것보다 훨씬 많은 일들이 벌어졌어요. 그냥 좋은 작품을 썼다는 얘기를 듣거나, 운이 좋으면 영화나 드라마로 만들 수 있지 않을까 이 정도만 생각했는데, 뮤지컬도 되고, 심지어 각본도 쓰고, 영상화 판권이 팔리고, 외국 여러 나라에도 판권이 팔리고… 아이를 낳는 것에 비유하자면, 태어난 아이는 또 나름의 방식으로 살아가더라고요. 제 의사와는 상관없이 벌어지는 일들을 즐겁게 생각하고 있습니다.

Q. '아오'도 재판을 받으며 성장하는 것처럼 조 변호사님도 창작을 하며 성장하시는 것 같습니다. 작가로서 계획은요?

생업으로 변호사 일을 꾸준하게 하며 시간을 잘 할애해서 살면서 느끼고 생각한 것들을 잘 표현해서 사람들과 나누고 싶어요. 몇 가지 주제나 소재가 있는데, 책으로 쓰려고 해요. 뮤지컬을 쓰며 각본의 세계에 들어오게 됐는데, 영화나 드라마 각본을 쓰는 일도 병행해 보려합니다. 적어도 한 10년 이상 해 보고 싶습니다. 일회적으로 책을 한 번, 두 번 쓰고 그칠 생각은 아니고요.

Q. 조광회라는 변호사에게 칩을 꽂아서 안드로이드화를 하게 된다면 무엇을 남기고 싶나요? 삶의 가치관에 대한 질문이기도 해요.

지금까지 체득된 사고 패턴, 기본적으로 정신적 코어를 이루는 것과 삶에 대한 태도와 입장을 그대로 가지고 남기고 싶어요. 문제가 발생하면 여러 차원으로 접근하려 합니다. 승패 이분법보다는 종합적으로 가장 현명한 해결책을 모색하는 전략적 사고방식을 중요하게 여깁니다. 클라이언트가 문제 상황에 빠진 것은 곧 사회적으로 병이 난 것이나 다름이 없는데, 이 병을 어떻게 치료해 줄 것인가, 어떻게 아픈 걸까, 궁극적으로 건강을 회복시키기 위해서 어떻게 하는 게 최적일까 연구하는 게 맞다고 봐요. 변호사도 마찬가지로 재판에서 이겨 주면 되는 게 아닌 경우가 많거든요. 재판에서 상처뿐인 승소가 얼마나 많습니까? 사회적으로 행복한 상황에 도달하기 위해서 어떤 것이 현명한지 얘기해 줄 수 있으면 제일 좋은 거지요. 총체적이고 전략적이며 정서적인 부분이 배제되지 않는 현명한 변호사로서 접근하는 게 중요하다고 생각해요. 각자에게 닥친 삶의 문제의 해결에서도 마찬가지이고요.

대한승마협회 회장

박서영 변호사

Q. 변호사님의 간단한 약력 및 자기소개 부탁드립니다.

저는 현재 대한승마협회의 회장을 맡고 있으며, 싱가포르에서 변호사로 일하고 있습니다. 변호사시험(1기)을 합격하고 인하대학교 법학전문대학원, 미국 인디애나대학교 로스쿨, 싱가포르 매니지먼트대학교 로스쿨에서 각 법학석사학위를 취득한 뒤 현재는 기업자문 분야에서 주로 활동하고 있습니다.

Q. 변호사로서는 독특하게도 대한승마협회 회장직을 맡고 계신데요, 어떠한 연유로 이렇게 회장직을 맡게 되셨을지 궁금합니다.

대한승마협회는 오랜 시간 동안 복잡한 사회적인 문제들에 연루되어 어려움을 겪고 있었습니다. 내부적으로는 파벌 간의 갈등이 계속되면서, 계속해서 승마라는 종목에 대한 부정적인 뉴스만 만들어지고 있었습니다.

저는 법조인으로서 제가 가진 지식과 경험을 바탕으로 대한승마협회가 안고 있는 문제를 해결하겠다는 뜻을 품고, 뜻을 함께하는 승마인들의 지지를 얻어 회장직에 당선되었습니다. 우선은 협회를 정상화하고, 그 후에는 유소년 승마를 시작으로 하여 승마 저변을 확대해 나가는 것을 목표로 하고 있습니다.

저는 대한승마협회의 100년 역사상 가장 젊은 나이에 당선된 회장이기도 합니다. 이제까지의 회장님들과는 달리, 승마와 관련한 국제회의와 국제대회 유치를 적극적으로 진행하고, 그동안 승마계에서 중요하게 다뤄지지 않았던 승용마의 복지에 대해 적극적인 보호 조치를 도입해 나아가는 중에 있습니다. 승마 종목과 승마협회가 가지고 있는 부정적인 이미지를 바꿔 나가기 위해 노력을 기울이겠습니다.

Q. 승마라는 스포츠의 장점을 소개해 주실 수 있으실까요?

승마는 올림픽 종목 중 유일하게 인간이 아닌 동물과 함께하는 스포츠입니다. 말과의 커뮤니케이션은 사람들 사이에서의 커뮤니케이션과는 완전히 다른 형태로 진행되게 됩니다. 충분한 이해심을 가지고, 상대를 향해 완전히 열린 마음으로 대해야만 말을 이해할 수 있습니다. 실제로 말은 사람보다 훨씬 강하고, 크기 때문에 말을 상대로 강압적인 태도만을 취해서는 이길 수가 없습니다. 승마라는 종목은 언제나 말이 기수를 인정하고 받아들여야만 하기 때문에 배려와 겸손을 가르쳐 주는 스포츠라 할 수 있습니다.

그리고 승마는 경기의 시작부터 끝까지, 파트너인 말의 따뜻한 온기와 심장의 고동을 계속 느낄 수 있어요. 혼자가 아님을 깨달을 수 있는, 항상 누군가가 곁에서 지탱해 주고 있다는 걸 느낄 수 있는 스포츠입니다. 혹시 인생에서 큰 어려움을 느끼고 계신 분은 승마를 통하여 누군가가 함께해 주고 있다는 위안을 받으실 수 있을 것입니다.

Q. 스포츠 관련 협회의 내부적인 문제 등의 안타까운 소식 등을 들을 때가 간혹 있는데요, 어떠한 점이 문제이고 어떠한 개선이 필요하다고 생각하실까요?

대한체육회에서 산하 체육단체들의 규칙 보급을 위해 많은 노력을 기울이고 계시지만, 사실 체육단체들의 경우 일반적으로 규칙보다는 체육계 선후배 간의 관행적인 규율에 따라 움직이는 경우가 많습니다. 체육단체들의 기금은 거의 대부분 선수를 위해 사용되도록 정해져 있기 때문에, 컴플라이언스를 위한 비용을 책정하는 것도 어렵습니다. 저처럼 변호사가 회장이 되는 극히 예외적인 상황이 아니라면, 협회 내의 규칙이 제대로 적용되는지 확인하기는 어려운 일입니다.

사실 모든 체육단체에서 가장 소외되어 있고, 그리고 가장 배려받지 못하는 사람들은 협회의 사무국 직원들입니다. 체육단체는 일반적으로 선수를 가장 우선으로 두고 움직이기 때문에 실제로 협회의 회무를 담당하는 사무국 직원들의 처우에 대해 신경 쓰는 사람은 적습니다. 체육단체에는 거친 체육계 인사들이 많기 때문에, 사무국 직원들에 대한 폭언이나 폭력 문제가 자주 있지만 크게 알려지지는 않습니다. 선수들이 부당한 일을 당하는 경우에는 뉴스라도 나오는데, 사무국 직원들이 겪는 부당한 일은 누군가 알아주기 쉽지 않습니다. 저는 회장으로서 우선 우리 사무국 직원들의 처우를 개선하고, 나아가 대한체육회 산하단체 전부의 사무국 직원들이 부당한 처우를 받는 것을 막기 위해 돕고자 합니다.

Q. 싱가포르 로펌에서도 활동하신 것으로 알려져 계십니다. 싱가포르 법조 시장의 특색이 있다면 설명 부탁드립니다.

싱가포르 법조 시장은 우선 전 세계의 국제중재변호사들이 모인 시장입니다. 아시아 최대의 국제중재센터인 SIAC(싱가포르국제중재센터)가 있고, 많은 계약서의 중재조항이 SIAC를 중재지로 정하고 있기 때문에 뛰어난 국제중재변호사들이 싱가포르에서 일하고 있습니다.

전 세계의 로펌들이 진출해 있기 때문에 일반적으로 변호사의 숫자가 부족하지는 않습니다. 변호사로서 생존하기 위해서는 높은 고정비용을 커버할 만큼 많은 숫자의 의뢰인을 유치해야 하고, 많은 경쟁을 이겨 내야 한다는 점이 특징입니다. 사실 변호사로서 살아남기 쉬운 시장은 아니지만, 그만큼 많은 것들을 널리 배울 수 있다는 점이 장점입니다.

Q. 싱가포르에서는 주로 어떠한 분야의 업무를 담당하고 계실까요?

제가 활동한 법인은 싱가포르를 포함한 동남아시아 전역에서의 송무와 자문 업무를 수행할 수 있는 로펌입니다. 저는 영어와 일본어로 의견서를 드릴 수 있기 때문에 법인의 한국 의뢰인과 일본 의뢰인들의 업무를 주로 담당하고 있습니다. 업무 분야는 주로 기업자문 분야이지만, 최근에는 스포츠 중재 분야도 다루고 있습니다.

Q. 국제 로펌으로의 진출을 꿈꾸시는 변호사님들에게 조언을 하신다면?

외국 로펌에서 일하기 위해서는 외국어 실력도 물론 필요하지만, 그보다 더 중요한 것은 변호사로서의 경험과 실력입니다. 많은 젊은 변호사들이 충분한 경험을 쌓기 전에 외국 진출을 시도하고 또 실패하는 것을 보았고, 저 또한 초년 차에 무턱대고 외국 진출을 했다가 실패하고 돌아온 경험도 있습니다. 단순히 변호사 자격증을 가지고 있고 외국어를 잘하는 것만으로는 충분하지 않다고 생각합니다. 먼저 본인이 변호사 자격을 취득한 나라의 로펌에서 변호사로서의 경험을 쌓고, 법정에 충분히 나가신 후에 외국 로펌 진출을 계획하셔도 충분합니다. 단, 외국 로펌에서 일하시는 것이 목표라면 경험은 반드시 로펌에서 쌓으시기 바랍니다. 적어도 싱가포르 로펌의 경우, 사내변호사 경력은 프랙티스 기간에 산입되지 않기 때문입니다.

충분한 경험과 실력이 있으신데 외국어를 조금 못하시는 변호사님들께 꼭 드리고 싶은 조언도 있습니다. "그냥 외국으로 나가 보세요. 어떻게든 됩니다." 외국어 때문에 겁먹으실 필요는 하나도 없다고 생각합니다.

Q. 끝으로 앞으로의 계획과 특별히 이루고자 하시는 꿈이 있다면 말씀 부탁드립니다.

변호사로서든, 체육단체장으로서든, 또 다른 직업으로서든, 제 일을 통해 많은 분들께 도움을 드리고 싶습니다. 큰 야심을 이루기보단 그저 주변에 도움이 되는 사람이 되고 싶습니다. 개인적으로는 계획이라고 하긴 그렇지만 저는 그림도 그리고 있기 때문에 장차 소규모의 전시회라도 개최하고 싶은 바람이 있습니다.

매일 글 쓰는 '프로 작가'

정찬우 변호사

'매일 글 쓰는 사람', 정지우는 지금까지 대략 19권의 책을 낸 프로 작가이다. 그는 부단히 글을 써서 SNS에 공개한다. 구독자들은 자발적으로 그의 글을 공유한다. 내용의 진실성과 완성도 역시 매력적이었지만, 일정한 분량으로 하루하루 비슷한 시간대에 글을 읽을 수 있다는 것은 마치 무언의 약속을 한 것과도 같은 안정감을 주었다. 일상 속 작은 습관으로 정지우의 글을 읽는 것에 익숙해질 무렵, 그를 또 다른 정체성인 정찬우 변호사로서 회보의 구독자들에게 소개하고자 마음을 먹었다.

Q. '정지우'라는 필명으로 살아가게 된 계기는 무엇이었나요?

2012년 첫 번째 책『청춘인문학』을 낼 때 이름, 나이, 신분 등 모든 것을 감추고 싶어서 중학생 때 PC 통신에서 쓰던 닉네임 '지우'를 골라서 필명으로 썼죠. 스물넷의 대학생이 청춘과 인문학에 대한 이야기를 썼다고 하면 아무래도 평가 절하 당하지 않을까 싶었습니다. 2014년『분노사회』를 낼 때는 청춘 담론을 넘어 본격적으로 사회 담론을 이야기하게 됐는데, 제 이야기가 기성세대 지식인 등과 보다 동등한 위치에서 전달될 수 있길 바랐습니다.

Q. 지금 관점에서 '청춘'과 '분노'를 이야기했던 20대 시절의 글을 보면 어떤가요?

『청춘인문학』의 결론은 꽤 낭만적입니다. 지금도 공감하고 있지만요. 다만 그 책을 다시 쓴다면 현실적인 부분을 좀 더 상세하게 다룰 것 같습니다. 인생에서 현실적인 면을 무시할 수는 없지만, 그래도 여전히 우리 삶에서 자기만의 가치를 좇는 것은 중요하다고 생각하죠. 타인에게 휩쓸리는 삶이 아니라 자기 삶의 중심을 찾고 따라가는 것이요.

Q. 프로 작가로서 대략 19권의 책을 냈습니다.『인스타그램에는 절망이 없다』는 문화체육관광부 추천 도서이기도 하고, 한 대학교 수업에서는 '100년 뒤에도 읽힐 고전'으로 선정되기도 했지요. 글의 소재를 어떻게 찾나요?

사회 이야기를 하더라도 항상 나로부터 출발하고자 합니다. 내가 이 사회의 당사자로 살아가니까, 내 이야기가 곧 사회의 이야기라고 생각하거든요. 청춘으로 겪었던 문제도 그렇고, 요즘에 자주 쓰는 육아에 관한 이야기도 우리 사회의 문제이죠. 결국 우리가 타인과 공감할 수 있는 이야기는 내 안에 있습니다.

Q. 정지우 작가는 매일 자신의 마음을 글로 진솔하게 써서 SNS에 공유합니다. '글쓰기'란 행위 자체를 굉장히 귀하게 느끼는 것 같아요.

글쓰기는 제 인생에서 아주 큰 부분을 차지하고 있습니다. 실은 얼마 전 이사를 했거든요. 이사하기 전까지는 매우 초조했고 걱정도 많이 했습니다. 이사를 하고 난 다음 도대체 이사가 나에게 무슨 의미가 있었는지, 나는 무엇을 위해서 이렇게까지 열심히 이사를 했을지 1시간 정도 가만히 고민을 하면서 글을 썼습니다. 글쓰기 전까지는 지금 내가 어떤 상태인지 잘 모르겠고 어떤 마음인지 흐리멍텅했는데, 글을 쓰기 시작하면 비로소 마음이 구체화되면서 '내가 이런 마음으로 지금 여기에 있구나'라는 걸 느껴요. 누군가가 기도를 하거나 명상을 하는 것처럼, 저는 글쓰기를 통해 복잡한 마음을 알아차리는 것이죠.

Q. 정지우 작가의 글은 거의 매일 비슷한 시간에 정기적으로 SNS에 업로드됩니다. 그 글을 좋아하는 팬들도 상당히 많죠. 매일 글 쓰는 원동력이 무엇인가요?

항상 지금의 글을 쓰고 싶습니다. 지금의 마음, 감정, 생각을 글로 써 두지 않으면 나중에 다 잊어버리고 못 쓸 것 같아요. 나중에 새로 쓴다고 하더라도 다른 글이 되겠지요. 작가로서 살 때는 매일매일 하루하루가 소중했고, 이대로 흘러가는 것이 너무 아까웠습니다. 어떻게 하면 오늘을 더 가치 있게 보낼 수 있을지 매일 고민했습니다.

Q. 사실은 법조인들 중에서는 SNS에 자신의 생각을 있는 그대로 글로 써서 올리는 것 자체에 대해 유보적 입장을 보이는 분들도 꽤 있습니다.

실제로 제가 글을 많이 쓰기 때문에 주변인 중에 "너무 많이 글을 쓰면 언젠가 네가 남긴 글이 너의 약점이 될 수도 있다."라는 말을 하는 분도 있습니다. 실제로 제가 매일 쓰는 글을 1년 치로 묶으면 A4 용지 500장 정도는 될 거예요. 그런데 사람들이 그 모든 글을 다 읽고 기억을 할 만큼 남에게 그렇게 관심이 많은 것 같진 않아요. 사람들이 지금의 나에게 주목을 하고 있으니 내가 한 말도 기억할 거라고, 언젠가는 나의 글이 문제가 될 것이라고 염려하면서 엄청나게 신경 쓰며 살아간다는 것 또한 오만인 것 같습니다.

저는 흘러가는 하루하루 글을 남길 뿐입니다. 미래의 언젠가 문제가 될 글이 있다고 하더라도, 그 글을 쓸 당시에 제가 진심이 아닌 것을 썼던 것은 아니거든요. 그러니 혹시 문제가 있다면 그때 가서 해명할 건 해명하고, 인정할 건 인정하고, 설득하고, 반성하면서 나아가면 되죠. 우리 사회에서 어떤 결벽증적인 요구에 일일이 신경을 쓰게 될 경우 과연 내 마음이 가는 대로 살아갈 수 있을까요? 모든 순간에 자기를 억압한다든가 자신의 마음을 억누르는 것만이 답은 아닐 거예요.

Q. 이제는 뉴스레터 '세상의 모든 문화'를 통해 다른 사람과 함께 글을 쓰기도 하지요?

제가 올해 『사랑이 묻고 인문학이 답하다』란 책을 냈습니다. 출판사와 계약했을 땐 이 책을 어떻게 써야 하나 고민이 됐습니다. 로펌에 다니니까 너무 바쁘니 스스로 강제할 수단이 필요했죠. 그래서 글을 연재할 수 있는 방법으로 뉴스레터를 만들었습니다. 처음에 혼자서 하려니 콘텐츠도 너무 빈약하고 일정한 주기로 글을 쓰기 어려웠습니다. 그래서 동생(정유경 변호사)과 주변 작가들을 모아서 1년 동안 해 봤는데, 기대에 미치지 못했습니다. 수익도 나지 않았고, 같이 하던 작가들 몇 명은 그만두고 침체기가 왔습니다. 마침 제게 글쓰기 수업을 들었던 분들이 생각났어요. 그분들과 함께 대략 8주에서 9주 정도 함께 글을 쓰다 보면, 처음 만났을 때에 비해서 정말 글이 좋아지거든요. 그런데 그 기간이 끝나면 그분들이 더 이상 글을 쓰지 않는 거예요. 그게 아쉬웠습니다. 저렇게 좋은 글을 쓰고, 저마다 독특한 인생을 살아오며, 각자 직업마다 하고 싶은 이야기가 많은 사람들이 우리 사회에서 그동안 존재하지 않았던 이야기를 할 수 있도록 글을 쓸 수 있게 유도하고 연재할 수 있다면 어떨까 싶었습니다. 함께 데뷔하자고 의기를 투합했고, 좋은 콘텐츠를 보유하게 되면서 조금이나마 원고료도 드릴 수 있게 되었습니다. 다음 카카오와 계약을 해서, 올해부터는 다음 메인 화면에 매일 콘텐츠가 발행됩니다. 이렇게 발전해 가고 있죠.

Q. 작가의 삶과 변호사의 삶은 어떻게 다른가요?

변호사로서 삶은 작가로서의 삶과 본질적으로 달라요. 작가로서는 내가 주체가 되어 365일 계획하고 무슨 작품을 써서 어떻게 살아갈지 고민하죠. 한편, 변호사는 사람들을 굉장히 가까이에서 마주하고 살아가요. 세상에서 이렇게도 가장 절망적인 사람들을 많이 만나는 직업도 드물 거예요. 작가로 살 때는 그런 사람들을 만날 일이 거의 없었어요. 나 혼자 글을 쓰고 사는 거죠.

사람들은 인생에서 가장 좌절한 순간에 스스로 해결하지 못한 문제를 들고 변호사를 찾아와요. 타인의 문제에 대해 내가 어디까지 개입해서 도와줄 수 있는지 고민해 보는 것도 귀한 경험이에요. 다른 사람을 도와주고 싶어도 그럴 기회나 능력이 없는 사람들도 많잖아요. 그렇게 보면 변호사로서 남을 어떻게 도울 수 있는지 고민해 볼 수 있다는 것 자체가 하나의 특권이자 때론 감사할 일이라 생각합니다.

Q. 변호사로서 특히 잘 맞는다고 생각하는 분야는요?

형사에서 무죄를 받아 낼 때 정말 좋았습니다. 민사는 제로섬 게임처럼 사인(私人) 간 대립인데, 형사는 사인과 국가가 대립하죠. 이 사람을 국가로부터 형벌을 받게 할 것인가, 말 것인가. 받게 된다면 얼마만큼의 적절한 수준으로 형벌을 받게 될 것인가. 이 문제예요. 이때, 적절한 형벌을 받을 수 있게 한다는 것이 굉장히 정의롭다고 봐요.

이 사람이 분명히 잘못을 했다고는 하더라도 이 사람의 책임에 맞게 형벌을 받을 수 있도록 도와준다는 측면에서요. 이 사람이 잘못을 하지 않았다면 무죄를 받아 낼 수 있는 것이고요.

Q. 정지우 작가 입장에서 정찬우 변호사의 직업에 대해 평가를 해 본다면요?

삶의 이유에는 여러 가지가 있겠지만, 결국 누구나 좀 더 가치 있는 사람으로 느끼고 싶어 하잖아요. 내가 아무리 남을 돕고 싶다고 하더라도 정작 아무도 나 같은 사람의 도움은 바라지 않을 수 있어요. 예를 들어서 어떤 억울한 일을 당한 사람에게 제가 작가로 다가가서 도와주겠다고 했을 때, 그 사람은 "당신이 날 어떻게 도와줄 수 있습니까?"하고 묻겠지요. 그럼 작가로서는 글을 써서 언론사에 제보하거나 세상에 알리는 방법밖에는 없거든요? 하지만 제가 변호사가 된 순간부터 사람들은 저를 자기를 도와줄 수 있는 사람으로 여기고 방법에 대해 물어보기 시작해요. 변호사는 누군가를 도울 수 있고, 그 자체가 누군가에게 가치 있는 사람이 될 수 있는 근본적인 자격을 갖추었죠.

삶의 마지막에 외롭게 홀로 남는다고 했을 때 나에게 말을 건네줄 사람이 가장 절실하겠죠. 그런데 반대로 변호사의 경우, 항상 나에게 말을 하고 싶어 하는 사람들이 넘쳐나요. 사람들은 변호사에게 많은 이야기를 하고 싶어 해요. 때로는 돈도 되지 않고 괴로운 일일 수도 있지만, 반대로 생각하면 내가 그만큼 쓸모 있는 사람인 거죠. 이러한 쓸모를 내 삶에서 보다 이롭고 가치 있게 만들어 갈 것인지는 본인의 몫이겠지만, 가치 있는 존재가 될 수 있는 가능성, 그 자체만으로 변호사란 괜찮은 직업이 아닐까 싶습니다.

'1세대 사내변호사'

손승현 'NH투자증권' 준법감시인

Q. 상무님에 대한 간단한 소개를 부탁드립니다.

2005년 사법연수원을 34기로 수료하고 변호사로서 법조인 생활을 출발했습니다. 2007년 하반기에 '우리투자증권'에 입사하였고, 2014년 '우리투자증권'이 'NH농협증권'과 합병되어 그 이후부터는 'NH투자증권'에서 근무를 하고 있습니다. 2013년부터는 법무지원부서장으로 근무해 오다, 2022년 말에 본부장(상무)으로 승진하여 현재 'NH투자증권'의 준법감시인으로 근무를 하고 있습니다.

Q. 상무님이 증권회사에 처음 입사하신 때에는 사내변호사가 많지 않은 시절 이었을 것 같은데, '금융회사'에 '사내변호사'로 입사를 결심하신 특별한 이 유나 계기가 있었을까요?

제가 연수원을 수료할 무렵인 2005년경은 사내변호사 진출이 점점 늘어나고, 모 증권회사의 경우, 처음으로 변호사를 대리 직급으로 채용하던 시기였습니다.

다만, 저는 아주 혁신적인 성향의 사람은 아니기에 지방의 작은 로펌에서 일을 시작했고, 약 2년 반 정도 주로 송무 업무를 하였습니다. 송무를 하다 보니 계약 체결 전 자문 단계에서 '문제 될 수 있는 쟁점에 대한 검토를 하면 소송까지 가지 않을 수 있었을 텐데, 안타깝다'는 생각을 하게 되었고, 자연히 자문 업무 및 사내변호사 업무에 대한 관심이 커졌습니다. 그러던 중 증권사를 상대로 하는 투자자의 손해배상청구 항소심 사건을 대리하게 되었는데, 처음 접하는 종류의 사건이었고 딱 떨어지는 전례도 없었기에 처음에는 애를 먹었습니다. 심지어 기초 자료인 거래 내역서를 어떻게 보는지 몰라 건너 건너 증권사 직원을 소개받아 설명을 들었던 기억이 지금도 생생합니다. 여러 우여곡절 끝에 다행히 승소하였고, 지방에서는 흔치 않은 사건이었기에 하급심 사례로 법원 사이트에 등재되기도 했습니다.

그 과정에서 금융 사건, 특히 증권사 사건에 대한 흥미가 생겨 이리저리 공부를 하기도 하다가 마침 '우리투자증권'의 채용 공고를 보고 지원을 했습니다. 재미있는 건, 지원 계기가 된 사건의 상대방이 'LG투자증권'이었는데, 제가 지원을 했던 '우리투자증권'의 전신이었던 것이죠. 중간에 합병 등으로 회사 명칭이 변경되었는데, 당시 이를 인지하지 못하고 지원을 했다가 면접 현장에서 그 사실을 알게 된 것이죠. 마침 면접관으로 나오신 팀장님이 그 사건의 담당자셨는데, 다행히 소송 과정에서 저를 좋게 보셨는지 면접을 통과시켜 주셔서 '우리투자증권'에서 사내변호사 생활을 시작하게 되었습니다.

Q. 금융회사의 사내변호사들은 주로 어떤 업무를 하는지 궁금합니다.

일반적인 사내변호사들과 크게 다르지 않습니다. 경영 및 인사 관련 지원, 영업 관련 지원, 회사 자금의 투자 및 운용 관련 지원으로 크게 나눌 수 있을 것 같고요. 다만, 회사가 금융 서비스 제공을 영업으로 하는 회사라 영업 관련 지원과 자금의 투자·운용 관련 지원이 모두 금융이라는 카테고리 내의 내용을 베이스로 한다는 점이 특이할 뿐입니다.

Q. 다른 곳보다 금융 회사에서 사내변호사들의 역할이 더 필요하고 중요할까요?

다른 영역에 비해 할 일이나 수요가 많은 편인 것 같습니다. 사내변호사는 소속된 회사가 속하는 산업 카테고리에 따라 업무의 중점 부분이 달라지는데요. 금융 영역은 대표적인 규제산업 분야입니다. 그것도 매우 강력한 상시 감독을 받는 분야고요. 이렇게 규제를 바탕으로 하는 영역에서는 당연히 준법에 대한 점검이 매우 중요할 수밖에 없습니다.

한편으로는, 금융산업 영업의 내용은 다양한 형태의 계약을 통해 이루어집니다. 흔히 생각하는 증권회사 지점 또는 애플리케이션을 통한 개인 고객의 자산 관리는 회사 전체 영업 부문의 일부분에 불과합니다. 자본시장을 통한 기업의 자금 조달, M&A, PF 등 과정에서 금융자문을 제공하고, 자금 조달을 주선하는 영업이 중요한 영역입니다. 회사 자금으로 직접 투자하는 부문도 꽤 크고요. 이러한 다양한 영업 과정에서 많은 계약을 체결하는데, 이 과정에서 회사의 리스크를 관리하기 위해 계약서 검토 및 법령 점검은 필수적일 수밖에 없습니다. 소송도 적지 않고요.

Q. 근무 기간 동안 가장 기쁘고 보람되셨던 때가 언제인지 궁금합니다.

변호사로서는 어려운 소송 사건에서 이겼던 때가 제일 기쁘고 보람되었던 같아요. 해당 사건과 관련된 동료 임직원들로부터 고맙다는 감사 인사를 받았을 때 뿌듯했습니다. 특히 부당하게 기소된 직원들이 무죄 판결을 받았던 사건이 기억납니다. 1심 최후 진술에서 눈물까지 흘릴 정도로 억울하게 고생했던 직원들이었습니다. 많은 노력에도 불구하고 수사 단계에서 결국 기소되는 것을 막지 못했을 때 무력함을 느끼기도 했지만, 직원들이 의지할 수 있는 지지대는 결국 저희밖에 없다는 것을 느낄 수 있던 사건이었습니다.

제가 오래 부서장 생활을 하고 임원까지 되었는데, 처음 제가 일을 시작할 당시에는 회사에서 법무지원부는 보통 '영업에 방해되는 장애물'이라는 생각을 가진 분들이 많았습니다. 점점 내부적으로 신뢰를 얻고 곤란한 점에 대해 의논할 수 있는 사람들, 우리를 보호해 주는 사람들이라는 평을 받을 때가 제일 기쁩니다.

Q. 'NH투자증권'에서 사내변호사가 임원으로 승진하여 준법감시인이 된 첫 번째 사례로 알고 있습니다. 게다가 증권회사에 여성 임원 자체도 많지 않은 것으로 알고 있습니다. 후배들에게는 일종의 '개척자'이자 '롤 모델'이신데, 그 비결이 무엇이라고 생각하시는지요?

운도 많이 따랐고요, 개인적으로는 '존버'였던 것 같습니다. 증권회사에서 16년 이상 근무하면서 지루할 틈이 없었습니다. 일이 힘들 때가 많았지만, 결과를 만들어 내는 것이 재미있었고, 끊임없이 새로운 일이 생겨서 그로 인한 재미도 많이 누렸던 것 같아요.

그리고 무엇보다 인정해 주시는 윗분들이 있고, 격려해 주는 동료가 있었고, 따라 주는 후배들도 있었기에 가능했던 것 같습니다. 제가 임원으로 승진했을 때 후배 변호사들이 예쁜 난을 선물하면서 카드에 "저희 덕분인 거 아시죠?"라고 써서 줬는데, 그 말이 맞는 것 같습니다.

Q. 현재 하고 계신 증권회사의 '준법감시인'이 하는 일에 관하여 조금 더 구체적으로 알고 싶습니다.

대표이사로부터 위임을 받아 회사 전체의 내부 통제를 총괄하는 역할입니다.

규제산업에 대한 얘기를 많이 했는데, 그런 많은 규제들이 직원들의 업무 수행 과정에서 잘 지켜질 수 있도록 내부 통제 시스템을 구성하고 운영하며, 지속적인 점검 및 감독 과정을 통해 실제 구성된 시스템이 잘 돌아갈 수 있도록 감독하는 역할이랄까요. 산하에는 컴플라이언스부와 법무지원부 두 개 부서를 두고 있고, 직원들이 규정에 맞는 행동이 무엇인지 판단이 되지 않을 때 두 부서에 질의를 하거나 가이드를 받을 수 있습니다. 법무지원부에서는 계약 검토, 소송 등 분쟁에 대한 관리, 법률자문 등도 당연히 수행하고요. 일상적인 업무에 대한 표준이 되는 행동 지침은 주로 컴플라이언스부에서 담당합니다.

직원들이 안전하게 금융 업무를 할 수 있도록 '양치기'가 되어 주고, '단단한 울타리'를 쳐 주는 역할이라고 보시면 됩니다.

Q. 사내변호사 1세대이신데, 사내변호사는 '일반 변호사'와도, '회사원'과도 다른 점이 있지 않을까 합니다. 사내변호사로서 대성하기 위한 덕목 내지 자질이 무엇이라고 생각하시나요?

주니어 때는 로펌에서 일하는 변호사들과 크게 다를 바 없는 것 같습니다. 다만, 좀 더 내부자로서의 위치나 역할에 대한 인식이 필요하고요.

연차가 올라갈수록 조직원으로서의 자질이 더 필요한 것 같아요. 회사의 일원으로서 회사 내부 사정에 대한 깊은 이해와 애정이 있어야 하지만, 다른 한편에서는 변호사로서 최선의 조언을 하기 위한 냉철함과 객관성이 동시에 필요합니다. 외부에서 조언을 해 주는 자가 아니라 회사 내부자로서 의사 결정 과정의 일원이 된다는 것이 가장 큰 차이인 것 같습니다. 그렇기에 때로는 스스로가 의사 결정자가 되고 그에 대한 책임을 질 수 있는 용기가 필요한 것 같습니다.

Q. 변호사가 아닌 인간 '손승현'을 한마디로 표현한다면?

'걷는 사람'이요.

한곳에 머물러 있지 않고, 느리지만 직접 한 걸음 한 걸음 걸으면서 주변 풍경과 다른 길도 둘러보고, 주변과 함께 계속 나아가는 그런 사람입니다.

Q. 앞으로 더 하고 싶은 일이 있으실까요?

문제가 발생하지 않도록 사전에 점검할 수 있는 업무 프로세스와 시스템을 구축하는 일을 마지막 임무이자 소명이라고 생각하고 있습니다. 제가 증권 회사에 지원하게 된 동기이기도 한데요, 최근 금융 회사에 '책무구조도' 제도가 도입되어 회사의 모든 업무 프로세스에 준법과 내부 통제 시스템을 다시 점검하고 마련하는 업무를 하고 있습니다. 제 17년간의 근무 경험과 노하우를 모두 녹여 내어 실질적으로 도움이 되고, 회사 임직원에게 울타리가 되어 줄 수 있는 그런 시스템을 구축해 보고 싶습니다.

Q. 혹시 금융 회사에 취업을 고민하는 후배 변호사들에게 조언해 주실 내용이 있으실까요?

채용할 때 '금융 전문 변호사'가 아니라 '금융 회사에 특화되려 하는' 변호사를 찾고 있습니다. 사내변호사의 특수성을 이해하고, 이를 바탕으로 금융법령에 대한 지식을 함양하려는 태도가 중요하다고 생각합니다. 전례가 없는 케이스가 많으니 탄탄한 민법 실력과 호기심을